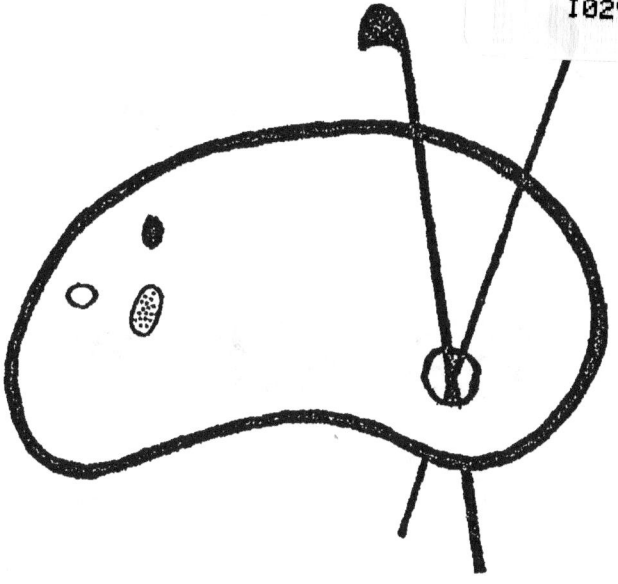

**COUVERTURE SUPERIEURE ET INFERIEURE
EN COULEUR**

# PAUL ADAM

# SOI

Es führt kein andrer Weg......
(SCHILLER.)

PARIS
TRESSE & STOCK, ÉDITEURS
8, 9, 10, 11, Galerie du Théâtre-Français
1886

*Tous droits réservés.*

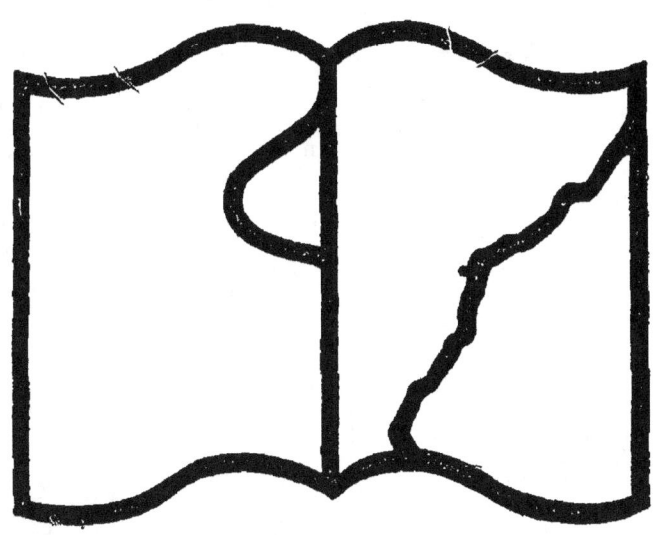

Texte détérioré — reliure défectueuse
NF Z 43-120-11

**VALABLE POUR TOUT OU PARTIE DU DOCUMENT REPRODUIT**

# EN VENTE CHEZ LES MÊMES ÉDITEURS

## Format in-18 jésus

J. AJALBERT. *Sur le vif*, vers impressionnistes. 1 vol. in-8º............ 6 »
H. BEAUCLAIR. *Le Pantalon de Mᵐᵉ Desnou*. 1 vol. in-32............ 2 »
ELZÉAR BLAZE. *Le Chasseur au chien courant*. 2 vol............ 7 »
— *Le Chasseur conteur*. 1 vol...... 3 50
— *Le Chasseur au chien d'arrêt*. 1 vol............ 3 50
L. BLOY. *Propos d'un Entrepreneur de démolitions* 1 vol....... 3 50
CH. BUET. *Contes ironiques*, illustrés par ALEX. LEMAISTRE. 1 vol. 3 50
E. CADOL. *Cathi*. 1 vol............ 3 50
E. CARJAT. *Artiste et citoyen*, poésies 1 vol............ 3 50
ROBERT CAZE. *L'élève Gendrevin*. 1 vol............ 3 50
— *La semaine d'Ursule*. 1 vol.... 3 50
— *Dans l'intimité*. 1 vol............ 3 50
— *Grand'mère*. 1 vol............ 3 50
COQUELIN CADET. *Le Livre des convalescents*, illustré par HENRI PILLE. 1 vol. in-8º vélin............ 20 »
AD CORTHEY. *Les Vieillards de Paris*. 1 vol............ 3 50
L. DE COURMONT. *Feuilles au vent*, poésies. 1 vol. in-8º vélin, orné d'eaux-fortes et de nombreux dessins hors texte....... 20 »
CH. CROS. *Le Coffret de santal*, poésies et fantaisies en prose. 1 vol............ 3 50
ED. DESCHAUMES. *L'Amour en boutique*. 1 vol............ 3 50
L. DESPREZ. *L'Évolution naturaliste*. (G. Flaubert, les Goncourt, M. A. Daudet, M. E. Zola, Les Poètes, Le Théâtre). 1 vol...... 3 50
H. DESNAR. *Le Secret de Sabine*. Dessin de J. WORMS. 1 vol.... 3 50
E. DURANDEAU. *Civils et Militaires*, avec une préface de TH. DE BANVILLE. 1 vol. orné de dessins sur bois............ 3 50
G. DUVAL. *Vieille Histoire*. 1 vol... 3 50
E. DU FAYL. *L'Opéra*, 1669-1878. 1 vol. in-32 avec plans......... 3 »
L FRÉVILLE. *Nouveau traité de récitation et de prononciation*. 1 vol............ 2 »
H.-G. DE GENOUILLAC. *Les Quatre Manières de les aimer*. 1 vol..... 3 50
— *Comment elles agissent*. 1 vol. 3 50
L. HENNIQUE. *La Mort du duc d'Enghien*. 1 vol. in-8º Hollande, orné d'eaux-fortes par MULLER, d'après les dessins de H. DUPRAY 20 »
I. JOUANNIN. *Neuf et dix*. Préface de M. FRANÇOIS COPPÉE, 1 vol..... 3 50
*La grève de Penhoat*. 1 vol..... 3 50
JULLIEN. *Trouble-cœur*. 1 vol.. 3 50

J.-B. LAGLAIZE. *Fantoches d'opéra*. Préface de CH. MONSELET. Dessins de LUDOVIC. 1 vol....... 3 50
— *Figurines dramatiques*, roses et épines de la vie théâtrale. 1 vol. 3 50
ED. LEPELLETIER. *L'Amant de cœur*. 1 vol............ 3 50
— *Les Morts heureuses*, avec une préface par ALPH DAUDET. 1 vol. 3 50
CH. LEROY. *Guide du Duelliste indélicat*. Dessins d'UZÈS. 1 vol. 3 50
CH. LE SENNE. *Code du Théâtre*. 1 vol............ 3 50
ALPH. LEVEAUX. *Le Théâtre de la Cour à Compiègne, pendant le règne de Napoléon III*. 1 vol... 3 50
P. MAHALIN. *Les J...trices de Paris*. 4 volum............ 3 50
— *Caprice de princesse*............ 3 50
— *Au bout de la lorgnette*. 1 vol. 3 50
— *Le Fils de Porthos* 2 vol....... 7 »
— *La Belle Limonadière*. 1 vol.... 3 50
— *Le Duc rouge*. 1 vol............ 3 50
— *La Reine des Gueux*. 1 vol.... 3 50
— *L'Hôtellerie sanglante*. 1 vol... 3 50
— *La Filleule de Lagardère*. 2 v. 7 »
J. DE MARTHOLD. *Contes sur la branche*, illustrés par E. MAS. 1 vol............ 3 50
— *Théâtre des Dames*. 1 vol..... 3 50
A. MILLANVOYE et A. ÉTHÉVANT. *Les Coquines*. 1 vol..... 3 50
CH. MONSELET. *Une Troupe de comédiens*. 1 vol............ 3 50
G. NADAUD. *Théâtre de fantaisie* 3 50
— *Chansons à dire*. 1 vol......... 3 50
L. DE NEUVILLE. *Comédies de château*. 1 vol............ 3 50
NICOLARDOT *L'Impeccable Théophile Gautier et les Sacrilèges romantiques*. 1 vol............ 2 »
ORDONNEAU, NADAUD ET VERCONSIN. *Théâtre des familles*. 1 vol............ 3 50
PONTSEVREZ. *On va commencer* 1 vol............ 3 50
A. POUGIN. *Figures d'opéra-comique* (Mᵐᵉ Dugazon, Elleviou, les Gavaudan). Eaux-fortes par MASSON. 1 vol............ 5 »
SAYNÈTES ET MONOLOGUES. Recueil de comédies de salon par différents auteurs. 8 vol. à...... 3 50
J. TRUFFIER. *Sous les frises*, poésies. 1 vol............ 2 50
J. TRUFFIER ET L. CRESSONNOIS. *Trilles galants pour nos gracieuses camarades*. Un vol. précédé d'une préface de TH. DE BANVILLE............ 3 50
A. VITU. *Molière et les Italiens*. Une brochure in-8º............ 1 50

Dijon. Imprimerie Darantiere, rue Chabot-Charny, 65.

SOI

*L'auteur et les éditeurs déclarent réserver leurs droits de traduction et de reproduction.*

*Ce volume a été déposé au Ministère de l'Intérieur (section de la librairie) en mai 1886.*

## DU MÊME AUTEUR :

**CHAIR MOLLE.**

*En Préparation :*

**ÊTRE.**
**EN DÉCOR.**

*Pour paraître prochainement :*

(EN COLLABORATION AVEC M. JEAN MORÉAS)

**LE THÉ CHEZ MIRANDA.**
**LES DEMOISELLES GOUBERT.**
**LA PARAPHRASE DES SAINTS ÉVANGILES.**

DIJON, IMPRIMERIE DARANTIERE, RUE CHABOT-CHARNY, 65

# PAUL ADAM

# SOI

Es führt kein andrer Weg......
(SCHILLER.)

PARIS
TRESSE & STOCK, ÉDITEURS
8, 9, 10, 11, Galerie du Théâtre-Français
1886

*Tous droits réservés.*

Il a été tiré à part dix exemplaires de cet ouvrage, sur papier de Hollande, numérotés à la presse.

A PAUL ALEXIS,

*L'artiste véridique et militant;*
*Je dédie ce livre,*
*En témoignage de ma profonde sympathie d'homme*
*et d'écrivain.*

*

 Rome, dans la salle à manger de l'Hôtel Britannique, Marthe Grellou paisiblement digère.

Elle garde dans sa bouche quelques gouttes d'une sauce délicieuse, et dilue à flots de salive ce jus. Les piquantes saveurs ainsi atténuées sont plus exquises.

Aux joues de la jeune fille il monte une chaleur; sa poitrine doucement se meut dans l'étreinte du corset. Et ces impressions lui causent un plaisir, même un orgueil : la gastronomie étant un vice de bon ton.

Elle a posé son couvert dans l'assiette vide, elle regarde autour d'elle, contente. Tout est ornement. On fait ceinture à la table oblongue, blanche, bordée d'assiettes à chiffres d'or, divisée par un alignement de surtouts, de plantes vertes, de fruits fauves. Des gentlemen silencieux croisent, au bord de la nappe, leurs mains d'une propreté blafarde aux ongles morts, et roidissent leurs têtes pommadées, lavées, polies. Les minces figures des mistress s'encadrent de bandeaux lisses, s'emmanchent à des cous emmaillottés de guipures et, sous la lumière cuivreuse des bougies à gaz, tout miroite, jaunit, semble fuir vers les bouts lointains de l'immense salle en s'affilant. Parfois, les torses guindés s'inclinent pour permettre au serveur de réunir les miettes épandues, et la chemise du domestique respectueusement courbé se casse entre les revers d'un habit noir. Mais des jeunes hommes, en face Marthe, pouffent sous leurs serviettes. Elle s'en blesse. Quelle inconvenance! Comment, à l'Hôtel Britannique, reçoit-on des gens si communs? Sans comparaison, elle se juge supérieure à ces mâles grossiers; elle les méprise, porte à sa bouche un verre de bourgogne. Une à une, les lampées de vin s'écrasent contre son palais, parfument, fluides.

Elle rit à son oncle qui la considère. Certes, le procureur Ribéride ne dépare pas l'ensemble distingué des hôtes. Un étroit ruban rouge décore le parement de sa redingote. Son visage angulaire se sertit de poils gris correctement taillés, brosse drue au sommet du crâne, favoris au long des joues. Vingt ans plus tôt, de sa main gantée, il a soutenu les premiers pas de sa nièce. Dans la suite, il lui dit souvent l'éloge de la mère, du père morts avant que leur petite Marthe les pût connaître. Et les grosses lèvres rases du magistrat ont souri avec une bienveillante réserve aux études de la fillette, à ses progrès, à ses amies, à ses institutrices.

De cette éducation elle lui était reconnaissante sans arrière-pensée, profondément.

Au bruit général des chaises reculées elle se leva. Et lui :

— Marthe, si vous voulez, comme il fait un clair de lune superbe, nous irons au Colisée ?

— Volontiers, mon oncle...

Le fiacre découvert ronronne sur la chaussée du Corso. Marthe écoute Ribéride vilipendant la légèreté française, rappelant la bataille de Fontenoy, produisant sur les mœurs des ancêtres les opinions de César et du Grand Frédéric. D'abord cette érudition intéressa la jeune fille. Même, elle tenta confirmer ces dires par l'émission de théories personnelles. Le procureur, chaque fois, s'interrompait brusquement pour mieux faire valoir le sacrifice de sa parole, et, avec ses hochements approbateurs, il avait la mine d'un pédant que satisfont ses propres doctrines servilement dégorgées par un bon élève.

Marthe se vexa de cette attention protectrice. Elle savait par cœur les plans de remèdes sociaux que l'oncle détaillait en secouant les bras par une vieille habitude d'avocat vaniteux. Elle préfère regarder la lumière des magasins ruisselant sur les ivoires, les pierreries et les soies des étalages, éclaboussant de lueurs vite disparues, les harnais du cheval.

Emerge le Forum. Des colonnes isolées, graciles, couronnées de chapiteaux feuillus ou coiffées d'une pierre simplement ; parfois réunies trois, huit, très hautes, donnant l'impression d'avoir été coupées soudainement au milieu d'une ascension voulue. Ailleurs, des tronçons trapus fichés en une clairière de dalles lisses. Et, sur cette gisante désolation, une blafardise bleutée tombe de la coupole firmamentale, des astres pulvérisés à l'infini, de la lune plate, écornée.

Et la roulante voiture fuit, descendante, laissant tout : une précipitation d'arriver.

— Colosséo !

Le cocher indique devant. Le cirque dort accroupi, lourd, gigantesque, ras du faîte, troué d'arcades à festons de ciel; un vaste ruban de pierres lové, biseauté d'une pente déclive. A la base, les fanaux des fiacres stationnants semblent collés au sol sous l'amplitude noire de la bâtisse.

Marthe y pénètre, admirante.

L'intérieur circuitant s'évase de gradins en gradins, bâille comme une gueule. Les maçonneries montrent, sous la nuit claire, des teintes verdâtres de boyaux, des acuités de crocs, des massivités de mâchelières.

Le feutre au ventre, la tête agitant ses boucles molles, le cicerone déclame avec le geste de ses doigts maigres, en se courbant :

— Là, il se tené l'empéreur, là, les vestales, et là-bas, en face de mon doigt, regardez bien, mademoiselle.....

— Oui, oui, mais je vois bien, laissez-moi donc.

Le contact de cette main répugne à Marthe : un homme du peuple ! Elle se recule. Il continue.

— Là, mademoiselle, il y avait la cage des bêtes...

Il l'ennuyait... Elle contemple l'azuration lunaire dévalant par les ruines, s'accrochant aux étais de pierre, se filtrant par les crevasses, anémiant les teintes, allant s'arrêter par coupures nettes à l'entrée des vomitoires.

— Le papé Benoît XIV, il l'a consacré à la Passion de Notre-Seigneur et ces pétites échapelles, c'est lui qui les a fait construire.

Elle pense ces chapelles bien laides et sottement placées... Mais la mémoire des martyrs, des héros, des saints ! Elle rêve une vision de vierges toutes blanches, émaciées, les yeux visant des anges porteurs de palmes. Pauvres femmes ! Elle aussi serait morte pour la foi, certainement. Ensuite le bonheur du ciel...

— Il y a écore aujourd'hui pour une véleur de huite millions de matériaux.

— Huit millions ! réfléchit-elle. Somme féerique, prometteuse de joies sans nombre. Huit fois la fortune de son oncle et la sienne réunies. Si le Saint-Père lui donnait le Colisée par galanterie, pour récompenser sa dévotion, elle aurait un vaisseau à elle seule, elle irait aux Indes. Et les jungles, les tigres.

★

Malgré la pluie qui embue le dehors, la vérandah s'éclaire. Le fer peint des poutrelles et des sièges, le vert tendre des plantes grasses et le lisse des panneaux accaparent tout le jour possible, un jour faux, très blanc.

Marthe, revenue depuis une semaine dans sa villa de Sceaux, s'occupe à ouvrir les caisses expédiées d'Italie. A un coup de marteau choqué trop violent par la servante, elle se navre, craignant trouver en morceaux son grand miroir de Venise. Et puis, cette bêtasse, au lieu de porter aide, demeure à genoux, les mains replètes écartées sur le tablier de grosse toile, stupidement anxieuse.

— Mais voyons, Sophie, soulevez donc le

foin plutôt que de rester là comme une sotte.

Le secours requis est maladroit, la bonne *conjurée* de se tenir désormais tranquille. Heureusement l'objet se montre sans fêlure, limpide, aplani sur un épais biseau.

— Oh ! que c'est joli !...

Une satisfaction parfaite. Il s'étale encore plus splendide que là-bas, dans la cristallerie de la place Saint-Marc. Uniquement en verre coulé, même le cadre. Aux cinq pointes aiguës du couronnement, aux cannelures hanchant vers le jour, la lumière décomposée fait tinter toutes les nuances en gamme. Et le charme de l'œuvre tient à ce contraste : le fouillis des torsades étroites aux vivaces et mobiles reflets cadrant une surface plane, polie, large.

La jeune fille s'étant reculée pour mieux concevoir l'ensemble, ses regards se fixent aussitôt vers le centre de la glace où elle est reproduite tout entière.

Très rapidement elle révise l'ordre de sa toilette, l'immaculé du col, le ballonnement de la crinoline. Puis elle s'attentionne à son visage. La peau mate jumellement ornée par la gouache des pupilles bleues, et rosée à peine par les lèvres minces, engaîne un nez courbe, des joues plates, se perd en haut dans la masse blonde des cheveux roulés vers la nuque, tassés lourds dans une résille. Un teint d'ambre que frôlent aux oreilles de longues boucles d'or à émail noir. Elle sourit, convaincue du bel arrangement de sa denture, et, joyeuse, elle mime son jeu habituel, un air sérieux. Sa face s'allonge, les traits se tendent, donnent à son visage cette expression hautaine, où domine quelque chose de pas sympathique qui l'enorgueillit. Elle esquisse des cambrures malgré les baleines qui la serrent péniblement. Et sa toilette la ravit. L'étoffe de la robe, soie grise à fines et drues rayures vertes se plisse dans le creux du dos en un sillon ombré, puis volute élégamment autour des formes grasses, avec de brillantes cassures, des évanouissements lumineux du dessin. Les manches s'évasent pour contenir les globes de mousseline dont émergent ses poignets, ses mains longuettes retroussées des phalanges, carminées des ongles.

Dans la pâleur de l'atmosphère pluvieuse, Marthe, mieux encore qu'à l'ordinaire, se peut comparer à une marquise du dernier siècle, toute distinction et tout esprit. Elle possède l'allure noble, elle expire le tempérament heureux des grandes races, la bonne humeur exempte d'insatisfaites envies.

Alors son adoration passe au miroir. Par gratitude, elle le choie, l'essuie, touchée de ce cadeau : une belle image de sa personne dont il l'a gratifiée tout de suite.

Et du crayon vert, la couleur heureuse, elle note sur le calendrier ce jour : 5 mars 1862.

★

Faites une risette à Marthe, monsieur Karl.... Allons, allons.... Ah... Est-il gentil comme ça !

Et la jeune fille, heureuse, embrassa l'enfant de sa cousine, Henriette de Cavanon. Il est gentil à croquer avec sa peau transparente que résillent de minces veines bleues, et frais, et sentant bon. Une joie dans ses gencives roses qu'il montre tout humides entre deux fossettes.

— Tu l'aimes bien, Marthe... Hé ! Il rit... Il dit oui... Il m'aime bien.

Comme Henriette chiffonnait les guipures du maillot :

— Laisse, laisse, protesta Marthe, je ferai ça bien mieux que toi.

A la nourrice elle enlevait la lourdeur tiède du

petit être, écartant les doigts dans une peur de blesser les chairs fines. Très habilement elle ragrafait un bouton, faisait aux nœuds des bouffes coquettes, si bien que M. de Cavanon remarqua :

— Mais c'est une vocation. Il ne faut pas la contrarier : qu'en pensez-vous, mademoiselle ?

— Oh !

Marthe sourit très gênée, rougissante; et, pendant que son amie contait une aventure de voyage, elle songea : cette jeune femme toute vêtue de soie, ce grand garçon aimable, elle ne se les représentait pas du tout s'occupant à la besogne mystérieuse de l'enfantement, quelque opération quasi chirurgicale en une chambre soigneusement close, solennelle... Mais ce n'était pas raisonnable de vouloir comprendre ce qu'elle ne devait connaître. Elle s'attacha à suivre le récit de sa cousine :

— Oui, ma chère, une averse en pleine campagne et rien que les trains qui passaient, qui allaient à Florence et qui semblaient se moquer de nous. Heureusement nous avons rencontré une voiture, tu sais ces carrioles de paysans peintes en rouge.

— Ah oui, put reprendre Marthe, il n'y a pas de plancher, n'est-ce pas, mais seulement un filet à larges mailles où les bottines s'accrochent.

— C'est cela et le cheval a une plume de faisan plantée sur l'oreille, c'est très pittoresque... Nous sommes revenus en riant comme des fous. Nous étions transpercés ; il a fallu nous changer à l'hôtel et nous étions si fatigués que nous n'avons pas pu dormir de la nuit.

— Vraiment ?

— Pas du tout, n'est-ce pas Félix ?

— Non, pas du tout, répondit-il, et subitement il se mit à rire en regardant sa femme qui rit aussi, toute rose, très longtemps.

Marthe attendait l'explication de cet accès de rire. On ne la lui donna point. Elle se froissa : c'était malhonnête. D'elle sans doute, on se moquait. Simulant alors une inattention dédaigneuse pour cette inconvenance, elle berça le petit Karl qui commençait geindre. Et elle trouva moyen de lancer ce reproche indirect :

— Ils ne sont pas sages, hein, dis, Karl; tu m'aimes mieux qu'eux ?

Elle se délectait à tenir l'enfant contre sa poitrine, à embrasser ses joues avec un appétit de chair, une envie d'étreindre, une jouissance à sentir des mollesses sous les baisers qu'elle multiplia. Embrasser ce lui valait un bonheur. Ignorant l'énigme de ce continuel désir, s'étonnant qu'il l'assaillît sans cesse, elle embrassait Henriette, Ribéride, les dames amies, tout le monde.

Bientôt la conversation se perdit. Marthe voulait être seule avec sa cousine. Elle préparait une foule de questions sur la noce, la corbeille, sur bien d'autres choses aussi, en sorte qu'elle ne parlait presque plus. Et puis M. de Cavanon, ce gentleman culotté de gris perle, qui se présentait là en mari et en mâle générateur l'intimidait. Elle n'osa le regarder par crainte de saisir sur cette figure quelque révélation abominable ou des ironies pour sa pudique ignorance.

Henriette et lui se fixaient souvent des yeux avec des mines étranges et la jeune fille se sentait en dehors de leur intimité, une intruse, comme profane devant ce ménage.

Un soulagement quand Félix complimenta :

— Mademoiselle, je me félicite d'avoir fait avec vous une plus ample connaissance...

— Vous partez déjà ?

Elle ne put à son gré travestir l'intonation naturellement satisfaite, mais elle pria M. de Cavanon de lui laisser Henriette et Karl jusqu'au soir.

— Défais ton chapeau, vite, s'exclama la jeune fille quand il sortit.

La nourrice fut envoyée à l'office boire un verre de vin. On embrassa encore le bébé endormi. Et Marthe requit des admirations pour sa glace vénitienne. Devant ce miroir, elles s'ingénièrent à prendre des poses jolies, enlacées l'une à l'autre, en harmonisant les plis de leurs robes. Dans le cou elles se déversaient des souvenirs. Et Marthe examinant l'image de M$^{me}$ de Cavanon, plaignit en elle-même Henriette fanée. Avec ses paupières brunies, son nez plus mince, sa poitrine saillante, elle était moins jolie mais plus belle. Sa prestance de femme grande, son teint chaud s'étaient anoblis et répondaient gravement à sa robe brune rayée d'or.

Toujours elles s'étaient chéries. La beauté vivace de l'une se trouvait complémentaire à la distinction pâle de l'autre. Marthe s'enchantait du contraste actuel. Elle prévoyait dans leur attitude un délicieux tableau de genre, quelque chose qui s'intitulât « Intérieur. » Seul le pinceau de Cabanel assez délicat pour rendre les nuances ambrées du cachemire tendu sur les meubles bas et les broderies hindoues qui traversaient les sièges par larges bandes. En fond s'étalerait le vieil or de la tapisserie où, de place en place, une simple fleur noire se piquait. Au premier plan, leur groupe, deux teintes tranchées : dans l'une toute la gamme graduée des bruns, dans l'autre une synchronie de blanc et de vert tendre. Henriette embrassa Marthe.

— Je suis bien contente de te revoir. Si tu savais comme j'ai pensé à toi.

— Tu t'ennuyais donc beaucoup ?

— Méchante ! Ce n'est pas bien de dire ça, et ce n'est pas aimable non plus pour Félix. Tu n'as pas l'air de sympathiser avec lui ; comment le trouves-tu ?

— Mais bien, très bien.

— Comme tu dis ça.

M$^{me}$ de Cavanon fit une moue.

Au fond, la jeune fille pensait ce mari un peu banal, rien de l'artiste. Et surtout elle le maudissait pour lui avoir pris son unique confidente, pour avoir différencié d'elle son amie, en lui dévoilant cette science qu'une jeune fille comme Marthe ne pouvait apprendre. Maintenant, plus isolée encore qu'autrefois, le dépit d'ignorance la harcèlerait seule ; elle ne pourrait plus partager l'intime de ses désespoirs avec personne sans faire paraître une curiosité malséante.

A Henriette, qu'elle avait prise par la taille, elle avoua ses appréhensions. Et elle la baisa longuement, à pleine bouche. Mais l'autre semblait inquiète de ces caresses, elle les écarta doucement et ne les rendit point; elle rougit même comme si cela fût mal. Marthe, offensée par cette réserve inattendue, pleura.

— Il faut te marier aussi, recommanda M<sup>me</sup> de Cavanon. Nous reprendrons notre bonne amitié d'auparavant et nos confidences entières.

— Non, je ne veux pas, j'ai peur du mariage.

— Va, va, ce sont des idées sottes. Veux-tu que je te dise ? Eh bien, au commencement, on a bien du regret....., mais ensuite, eh bien... eh bien... c'est difficile à dire... on ne voudrait pas que ce ne fût pas arrivé. Voilà, oui, c'est bien ainsi.

— Alors, tu ne regrettes pas ?

— Du tout.

Elle louangea l'existence conjugale.

Marthe ne communiait pas à cet enthousiasme le moins du monde.

N'était-elle pas maîtresse de maison comme sa cousine. Les notables que celle-ci recevait grâce aux belles relations de son mari, elle frayait avec eux dans le salon de Ribéride. Un instant, l'idée s'associa de prendre son oncle pour mari. Un homme d'une distinction hors ligne, très calme, très érudit. Elle se le représente dans son cabinet de travail, une pièce tendue en drap vert où des statuettes et des amphores s'érigent sur des piédouches, où des bas-reliefs tachent les murs entre les bibliothèques. Elle se retrace sa physionomie aristocratique et s'arrête à une réminiscence de ses rares alliances familiales. Il était bizarre qu'elle n'eût encore voulu cette union. Elle le voyait peu, lui étant tout le jour au Palais de Justice. Cependant, il se montrait très aimable pour sa nièce, d'une exquise galanterie. Et son attachement croissait visiblement pour elle.

— D'abord il refuserait, objecta Henriette. Il t'aime trop pour accepter. — Vois-tu, il faut que tu épouses un jeune homme, c'est indispensable à ton bonheur et à celui du mari que tu choisiras. Tu me comprendras plus tard, et, si tu te maries, tu me remercieras.

— Ah !

— Oui, il te faut un mari gai et bien portant, pour que tu puisses l'aimer comme il convient, ou votre ménage serait bien vite désuni, ma pauvre chérie.

— Il n'est cependant pas ainsi mon idéal.

Non, elle s'estimait assez riche et raisonnable pour que la pauvreté ou la laideur physique d'un jeune homme ne lui interdît pas l'union. Elle ne l'aimerait pas difforme, certainement, mais à l'esprit, elle s'attacherait avant tout.

— Car moi, vois-tu, je suis très ambitieuse. Je rêve une célébrité ; je voudrais que le nom qui sera le mien soit connu, une gloire littéraire.

L'harmonie du ménage ne reposait-elle pas sur la ressemblance des goûts et des habitudes. Or, elle aimait les belles œuvres dont elle concevait les moindres délicatesses, les beaux objets, les élégantes manières. Toutes ces dilections, elle comptait les joindre chez un écrivain. Les peintres trop débraillés de langage et de conduite. Puis elle s'attarda à décrire quelques personnes fréquentant les salons de Ribéride. Elle bifurqua en une critique de leurs allures, de leurs jugements. Elle parla sur l'ornementation de son boudoir. Ensemble elles s'extasièrent. L'avis d'Henriette fut déclaré indispensable au sujet d'une confection nouvellement acquise et Sophie mandée pour étendre les robes.

Jusques au soir les deux femmes, oublieuses de la très grave conversation, s'amusèrent à palper des étoffes, à faire miroiter des bijoux. D'enfantins souvenirs furent mus, des impressions de voyages redites. Enfin Karl, revenu près elles, les attentionna toutes.

Marthe s'occupa encore à l'embrasser, à le serrer. Comme Henriette nouait son chapeau, elle lui confia quel serait son bonheur d'avoir un petit garçon aussi.

— Au revoir, Marthe (deux gros baisers). Tu viendras dîner avec M. Ribéride dimanche. J'inviterai, à ton intention, tous les amis de Félix qui écrivassent. Et, tu sais, gare les moqueries.

— Méchante ! Oh ! méchante. Je ne vous aime plus du tout, plus du tout, madame. — Au revoir. A dimanche.

Et du perron, Marthe, longtemps, suivit le panneau luisant de la voiture qui filait par la route grise.

★

À cette recommandation de Ribéride : « Vous savez que nous donnons un dîner mardi, » Marthe rit, gaie. Une promesse d'hommages et de délicates flatteries susurrées par des hommes corrects que cette remise en mémoire. Elle se renseigne sur les convives. L'énumération ne dénonçant que des personnes graves, à peine esquisse-t-elle une moue fugitive pour un nom de célibataire. Les gens mariés lui plaisaient surtout. Leurs femmes, présidentes de bonnes œuvres, d'une amabilité parfaite, la câlinent, veulent avoir été semblables à Marthe dans leur printemps.

Les jeunes hommes se présentaient beaucoup moins drôles, ou trop guindés ou presque communs après le Clicquot : polytechniciens malingres à binocles, licenciés chauves déjà, déversant des théories ou conversant à tâtons ; lieutenants au galbe de ballerine, à la gesticulation de gymnaste ; substituts aux visages trop roses encadrés de favoris trop clairs ; journalistes imberbes mais insolents : une clique insupportable de fats. Parmi eux Marthe se trouvait mal à l'aise, comme abandonnée tout à coup, pendant la récréation, dans la cour d'un collège. Elle se devinait alors des allures de pion, une inexplicable envie d'infliger des réprimandes, même des pensums.. Des maris ceux-là ?... Voilà qu'elle pense encore à ces vilaines choses... Elle entame avec l'oncle une minutieuse discussion du menu.

Toute la journée un fiacre la promena dans Paris. Elle s'arrêta chez les marchands de comestibles. Suivie d'une gouvernante muette par son ordre, elle soupesa des homards, obligea les vendeuses à découvrir les terrines. Les yeux mi-clos ; elle induisit du parfum, du poids, aux saveurs présumables. Et très habilement Marthe dénonçait les fruits blets ou acides, les viandes tenaces.

Par les vastes boutiques murées de marbre blanc où sur des rayons de verre s'alignent les jambons vitrifiés en leur suc, les dindes ulcérées de truffes, les poires monstrueuses, elle aime choisir, lente.

Après ces importantes courses, des séances chez la couturière.

Là seulement elle trouve des miroirs disposés de façon scientifique afin que l'on se voie partout sans efforts. La jeune fille se délecte à faire draper sur ses formes les damas et les luxueuses soieries. Les nuances blondes, fauves, havanes lâchent d'imprévus reflets, de délicates nacrures avec des teintes pas franches, mystérieuses, coquettes, inappréciées du vulgaire. Les ponceaux, les grenats, les verts sombres étalent des majestés rigides, des couleurs graves, seigneuriales qui en imposent. Les émeraudes, les azurs, les roses donnent l'illusion de puretés légères, de gracilités mythologiques, pastorales, printanières. Les blancs, les mauves, les crêmes dénoncent l'élégance fastueuse et admise, tandis que les rayures claires sur ces fonds là notent le modernisme, l'actuel cachet d'opulence. Les violets et les noirs entraient dans une catégorie spéciale, décorative, s'harmonisant aux églises, aux palais, à l'ordre des cérémonies: un luxe exclusif employable en de très rares circonstances.

Et tout cela sied à Marthe. D'un plissement des lèvres, selon qu'elle en retrousse ou abaisse les commissures, elle travestit son visage en gracieux, en noble, en madonial. Elle harmonise aux étoffes ses jeux de physionomie. Là elle sombrait en une voluptueuse contemplation d'elle-même, une béatitude de ses yeux. L'heure avancée seule tintant à l'horloge avait le pouvoir de rompre la fascination...

A l'Opéra, Marthe Grellou commodément amollie en son fauteuil se laisse rapidement imprégner par les rhythmes. Elle vibre entière avec comme une fuite de ses forces quand la mélodie s'allonge, s'affaisse, dévale en mesures faibles ; avec, au contraire, des tensions exubérantes de sa nervosité lorsque le son s'élève puissamment et triomphe. Ou bien des torpeurs planent en elle si la mélodie ruisselle métallique, argentine, sinueuse. Le flou de l'ondoyante musique l'absorbe en des rêveries calmes, toutes scintillantes de joyaux, toutes saillissantes de lignes plastiques dérobées et sans cesse renaissantes. Dans sa poitrine elle ressent des énervances, des soulèvements délicieux et extatiques ; puis cela s'apaise, chevrote longtemps encore à la suite des dernières vibrations perçues.

★

Un chatouillement, une secousse algide glissa par tous les membres de la jeune fille, la réveilla. En songe elle avait cru à une caresse fantasmatique, douce et chaude sur ses mains abandonnées hors la couverture. Un effroi la tint quelques secondes tremblante, engourdie encore par le demi-sommeil. Une hallucination de cauchemar amplifiait tout bizarrement.

Mais bientôt les formes courbes des meubles Louis XV se réduisirent à leur habituelle dimension sous la clarté morte de la veilleuse ; et les yeux de Marthe visèrent l'endroit lumineux pour prendre le type vrai des choses. Les chaînettes suspendant la lampe nocturne apparurent d'abord aux mains d'un ange d'argent. Au long de la tapisserie il ascensionnait en relief jusque vers une très ancienne miniature de la Vierge à qui il faisait l'offrande de cette flamme.

La cretonne à menus bouquets Pompadour ornait les murs de tons très doux, recueillis. Les boiseries blanches du mobilier accrochaient sur leurs bosses des lueurs imprévues, perdues là. Des cuivrures mystérieusement brillaient, moins que les incrustations de nacre pourtant.

Ces perceptions reconnues, Marthe se rassura. Souvent, il lui vient de semblables réveils : c'est, en rêve, comme un effleurement sur les doigts, puis cet effleurement se fixe, demeure, finit par étreindre les chairs, par les pénétrer si profond, qu'il rompt le sommeil. Un sursaut, alors, le cœur battant, le souvenir d'avoir déjà éprouvé ce malaise, un étonnement de ses mains libres.

Dans la journée même, d'inexplicables sensations possédaient la jeune fille. Ainsi, quand elle touchait du piano seule, la conviction d'être vue par un gnome planté derrière elle, conviction terrifiante qui l'empêchait de se mouvoir, de cesser la mélodie par crainte qu'un bruit nouveau ou un silence inattendu contrariât, forçât cette présence démoniaque à s'affirmer au moyen de quelque niche surnaturelle. Entendre un son humain dans la salle voisine, permettait y fuir sautellante, sans tourner la tête, en peur de voir.

Ces terreurs s'imposaient fréquentes, très pénibles. Marthe n'osait les dire, redoutant les moqueries. Ce matin-là, comme elle y réfléchissait, une semblable terreur grandit en elle. Il lui parut qu'elle l'allait ressentir violente. En s'appliquant à d'autres idées, elle l'esquiva.

L'horloge minuscule de marbre blanc, socle d'une statuette, sonna sept coups. Le jour se filtra par les rideaux, bleuâtre, donnant aux meubles une patine miroitante. Sur le lambrequin de la cheminée des camélias se révélèrent épanouis en des tasses japonaises. Les arêtes d'un crucifix, d'une cassette en écaille, les ciselures des flambeaux se découpèrent franchement. Toute bleue et toute blanche s'étala la chambre, du tapis aux rideaux de mousseline brodée, au nœud de satin qui les reliait sur la flèche d'or.

Et la jeune fille s'attarda à jouir de cet ensemble. Trouver très beau son avoir lui était habituel, elle disait : « mon beau chapeau de velours, » « mon beau crucifix, » s'absorbant en des attentions pour qu'ils n'éprouvassent pas d'accidents. Sans cesse ses meubles, ses bibelots, ses toilettes se paraient, à son avis, de qualités nouvelles. Et la gaieté de l'appartement, mise en plus-value ce jour-là par le sombre des premières sensations, rendit Marthe très reconnaissante. Le regard aux énormes grains sculptés d'un rosaire padouan, elle pria. Un désir de confidences lui fit murmurer ses besoins nombreux, ses petites joies. Mais les mots canoniques présentaient un sérieux rébarbatif qu'elle désavouait secrètement : elle ne les prononçait que par devoir. Les litanies s'offraient plus charmeuses avec leurs comparaisons dithyrambiques : « Tour d'Ivoire, » « Vase d'élection, » tout un bibelotage curieux qui l'intéressait. Très compréhensible et imaginable ce luxe de chapelle-boudoir. A la Reine divine seule Marthe osait s'ouvrir, certaine d'une bienveillance silencieuse. La pureté de la Vierge l'enthousiasmait, une pureté vague, indéfinissable, émise par les plis de ses voiles, par l'immense des yeux perdus en quelque douloureuse extase, par la blanche finesse des mains. Toute semblable à Marthe, elle devait mieux comprendre ses aspirations, les excuser et les satisfaire. Le Christ, lui, se présentait martyr douloureux, toujours acquis à de trop puissants besoins, moins intime et tangible ; et repoussant, malgré sa gloire sainte, par cela qu'il était l'homme, l'énigme défendue.

A se découvrir très pure, elle aussi, à savoir ses fautes minimes, Marthe s'exaltait, désireuse d'infinies béatitudes inconnaissables mais suprêmes, mais éblouissantes de candeur, pour le plus tard, l'au-delà de la présente vie. La jeune fille n'imaginait pas la mort sans les rites funéraires de haute classe; et, de l'expiration dernière jusqu'à l'entrée dans les limbes, elle réservait un espace de quelques jours, ceux de l'enterrement et des cérémonies : une impossibilité de comprendre l'immédiat changement de nature. Des remembrances de funérailles l'émouvaient, les résonnances du *De Profundis* tranquillement lugubre. Mais, depuis le voyage en Italie, le souvenir d'un convoi nocturne vu à Florence la hantait. Un pont sur l'Arno, le cortège presque effacé dans la nuit malgré le rougeoiment des torches que portent les pénitents masqués de blanches cagoules, les prêtres psalmodiant, les croix très simples, très grandes, les bannières aux peintures violentes jaunies de reflets fauves, la brise léchant les torches, et le cadavre en une civière.

Une grande compassion pour les pauvres

morts attristait la jeune fille. Elle prévoyait sa fin proche, très douce : une fuite des sensations tactiles, un assoupissement, un repos, la fin de cette lassitude engendrée par le continuel poids de la chair.

Cette métaphysique était surtout approfondie à l'heure du bain, lorsque Marthe, dans la tiédeur de l'eau, à l'amollissement des chocs et des contacts, se sentait toute légère, flottante. Elle s'attendrissait sur la douleur de Ribéride apprenant sa mort, et des larmes sympathiques lui fluaient aux joues. Bien triste pour ce vieillard la vie sans Marthe, et peut-être pour un autre aussi, inconnu d'elle, mais qui, l'ayant vue, l'aimait. A concevoir une douleur d'homme regrettante dont elle serait la cause, elle se plaisait d'avance très bonne, larmoyante.

Mais la certitude qu'un abandon à cet allégement des muscles, à ce vague des rêveries amènerait insensiblement et rapidement le terme de l'existence, la faisait surgir de sa baignoire.

Elle se levait, les yeux clos par une réprobation de sa nudité. Elle était chaste, étant pieuse, même dévote, car elle jugeait mal appris les irréligieux s'avouant tels. Et l'amour, qu'elle savait littéraire, musical, plastique, elle ne le conçut jamais hors ces formes. Vouloir connaître la passion constituait un crime de lèse-divinité, et, comme les personnes élégantes n'entamaient pas cette matière dans leurs colloques avec elle, elle se persuadait une pareille étude de mauvais goût.

L'éclosion de sa puberté lui avait à peine valu une surprise éphémère. On lui apprit aussitôt l'universalité de l'indisposition mensuelle : une pareille définition comprenait peut-être les deux sexes. Et puis, cette sécrétion la répugnait trop pour qu'elle s'y intéressât; un vil besoin de la chair comme les autres. D'ailleurs, elle ne songea jamais qu'il pût s'établir un rapport entre cette misère et l'artistique amour.

Cependant, à une époque, les deux mots *épouse* et *maîtresse* l'intriguèrent. D'abord *maîtresse* fut pour elle synonyme de « fiancée. » Les auteurs du xviiie siècle lui consacraient ce sens. A la suite de plus modernes lectures, elle devina que ce substantif indiquait des êtres serviles, surtout plébéiens ; elle en fit alors l'équivalent féminin de « voyou. » Au reste, elle ne prononçait jamais « maîtresse, » elle disait une « fille » avec une moue dégoûtée. Une souris sur sa robe, une catin reconnue la frôlant l'eussent émue de répugnances identiques. Mais pourquoi ces femelles étaient ignobles, Marthe ne le voulait savoir par une appréhension de surprendre quelque sale mystère. Car c'était pour elle l'immuable règle, s'efforcer à méconnaître les turpitudes afin de maintenir son « âme » hors de tout ce qui n'était pas élégance sévère et sainteté, complètement.

Quand, par hasard, la réflexion, un incident la heurtaient au pourquoi des problèmes interdits, elle se prenait aussitôt à fuir cette question franche avec des indignations contre elle-même, une pécheresse.

\*

L'IDÉAL ? Un salon blanc et or, des lampes à globes et, au piano, une femme charmante comme vous, Mademoiselle. Il semble qu'on resterait ainsi toujours sans autre désir...

— Ce serait bien bourgeois, Monsieur, répondit Marthe.

Luc Polskoff releva ses très longs cheveux noirs et nia d'une voix dolente. De sa moustache blonde les paroles s'expiraient, berçantes, et ses yeux enfouis en la proéminence d'un front slave regardaient vaguement les cristaux de la table, les convives de Cavanon rigides dans leurs redingotes. Il railla.

— Oh la vie d'artiste ! Elle est belle la vie d'artiste : un garni pollué... la bougie tremblottante et l'éternelle solitude... rompue aux jours de fortune par les amis qui accourent emprunter... par les créanciers aux jours de misère...

Sur la langue, Marthe Grellou conservait la saveur d'un potage aux bisques et, tout écoutante, elle se gardait cependant d'amener la salive à trop grands flots, ce qui eût perverti la sensation. Mais ces plaintes la trouvaient pitoyable. En elle d'artistiques vénérations s'indignaient et cet écrivain maudissant la praticité où choppent les expansions intellectuelles, elle l'admirait, elle vivait sa vie.

Il dit les souffrances, les envies torturantes de jouir au moins comme les imbéciles riches, et il narrait la pension de tout un mois perdue en une partie de cartes, négligemment, tandis que, chaque louis disparaissant, on suppute ce qu'il faudra retrancher à la quotidienne subsistance. « Et l'Idée... l'Idée... annihilée par les préoccupations de paiement !... »

Il se tut. Il plut à Marthe. Elle hâta la mastication d'un filet de sole, l'absorption velouteuse d'une sauce épaisse et s'empressa de travestir son admiration en ironie :

— Vraiment, Monsieur, vous êtes funèbre !

— Vous avez raison, Mademoiselle, je suis un

sot. Tout cela ne peut vous intéresser. Excusez-moi.

Marthe aurait voulu protester : il n'était point sot, bien au contraire ; mais faire un compliment l'engagerait sans doute, car l'amie Henriette avait certainement prévenu le jeune homme de ses goûts.

Un faisan s'érigeait, la queue épanouie, chatoyant sous les candélabres. Et la jeune fille, anxieuse, suivit les gestes du serveur portant le plat vers un dressoir, dévêtant la volaille de son manteau de pennes. La peau apparut croustillante, ayant sur le bréchet des dorures brunes de rissolement. Une impatience d'en manger avec l'anticipation du goût ; la langue promenée instinctivement sur les papilles buccales comme pour les éprouver.

A un bout de table, Ribéride plaida. Avec la dextérité propre aux gens de robe, le procureur lança ses mains entre les carafes, les surtouts, les amas de fleurs et de fruits sans rien effleurer. Ses lèvres épaisses et grasses de mangeailles vociférèrent contre le socialisme naissant, contre la liberté de la presse, attestant la conscience des gens honnêtes.

Elle pensa : combien plus digne, plus raisonnable Ribéride, cet homme supérieur que Luc Polskoff, un insensé, un gâcheur de l'existence. Cependant il y avait dans les fatigues désespoirs du jeune homme une poésie attirante. Il venait à Marthe un désir de soulager cette navrance et surtout de la comprendre, de la ressentir ainsi qu'une sensation originale, très neuve, inconnue.

Vibrac, le peintre orientaliste, parlait dans le respectueux silence. Et les pays qu'il décrivait par des teintes, les attitudes asiatiques qu'il ébauchait du pouce, dans l'air, les versets qu'il traduisait en l'évocation d'une calme et grandiose religion, tout cela s'apparentait très évidemment aux paroles du slave.

Marthe Grellou induisit : ne serait-ce pas une œuvre superbe, rendre la vie fiévreuse du moderne Occident au moyen du style Oriental, rajeunir la vieille civilisation par cette forme hiératique et produire ainsi une littérature qui s'imposerait... Luc Polskoff semblait avoir les prédispositions naturelles pour réaliser cette idée. Cela sonnait bien Luc Polskoff ; cela sur la couverture d'un livre luxueux, sur le socle d'une statue ; cela serait d'un excellent effet, écrit en lettres d'or.

Et Henriette, qui comparait les pays asiatiques aux pays italiens, ayant requis les souvenirs de Marthe sur Padoue, la jeune fille, dans une puissante volition d'éblouir et de subjuguer, expliqua la ville vénitienne et le pittoresque étrange de ses rues. Par une inspiration qui l'étonnait elle-même, elle trouvait à point les mots qui peignent ; elle dénonçait les fuites de soleil sous les arcades basses, les fils de lumière piquant les devantures des minuscules boutiques, éclairant parmi les ors des reliquaires les pelures luisantes d'aulx en chapelets. Les expressions lui arrivaient justes avec des balancements de phrases musiciennes dont l'oreille s'enchantait, des chaleurs de vocables qui faisaient sourire Vibrac de charme. Son geste, nimbé de dentelles, scintillant de cercles à pierreries, allait gracieux vers le mur où des fresques bleuâtres s'esquissaient en fleurs, en fruits, en hellènes paysages aux lignes pures.

Un triomphe vibra par sa poitrine à entendre le silence attentionné, à voir les yeux humides de plaisir. On la complimenta.

— Mademoiselle, confessa Luc Polskoff, vous accroissez mon ennui d'avoir été si maladroit tout à l'heure.

— Mais, monsieur, la franchise n'est jamais

maladroite et je vous assure que vous êtes tout pardonné.

— Je vous remercie. En ce cas, voulez-vous me faire l'honneur d'accepter mon bras : on se lève de table.

— Très volontiers.

Vers le plat d'argent où fumèlent les tasses transparentes, Luc Polskoff s'approche. Marthe regarde son dos féminilement creux se cambrer. Les coudes au torse, il marche par petites saccades avec un balancement de ses cheveux lisses, une crispation répétée de ses mains blanches. Il ne montrait pas dans l'allure cette vigueur virile qui la gênait tant des autres hommes.

Il se chuchotait de joyeux bavardages sous les tentures claires, dans la mollesse des coussins profonds. Henriette interrogea sa cousine pour connaître son avis sur le cavalier qu'elle lui avait élu. Marthe l'affirma aimable. Ensuite à un éloge que M$^{me}$ de Cavanon élabora pour la finesse de son pied, la jeune fille, de plus en plus se persuada très belle, capable de plaire, certainement. Vibrac vint causer. Félix de Cavanon présenta un garçon très bien mis.

— M. Philippe d'Ebrandes, un de nos chroniqueurs les plus estimés...

Une coterie se forma. On se penchait pour s'entendre et les plastrons blancs de ces messieurs se cassaient.

Marthe Grellou, blottie en son coin de divan, faisait battre l'éventail. La constante caresse de l'air parfumé rafraîchit sa gorge moite. Toutes ces personnes aimables, dépensant leur esprit pour lui plaire, elle les aima. Mais elle s'attachait par une attentive réserve à bannir cette émotion. Indolemment elle parlait, un orgueil dans la voix, une immobilité princière aux membres.

Henriette convia au silence. Polskoff s'était assis devant l'harmonium jusqu'alors imperçu, caché par les hautes plantes.

Une antique messe de Palestrina fut jouée et une douceur solennelle monta par lentes mesures sous le plafond élevé du hall.

D'abord Marthe se plut à découvrir son pied si fin, aux courbes plastiques, ce pied qui lui avait valu l'admiration d'Henriette, une personne peu flatteuse de nature. Puis elle laissa errer ses regards par l'enluminement des tentures citrines où les habits des messieurs portaient de longues taches sévères, contrastantes. Bientôt elle revint à Polskoff, à la musique. Elle écouta. Les sons mélodiaient en une assomption languissante, défaillaient, mouraient avec la béatitude de leurs ondes, longuement.

Il serait délicieux, rêva-t-elle, goûter souvent cette musique, le soir, aux heures tendres, quand les guipures des rideaux s'épaississent, très blanches, devant les fenêtres où la lumière du jour ne s'écrase plus. Une fois mariée, elle possèdera un hall, aussi, des tentures lilas, une grande cheminée d'albâtre soutenue par des hermès grimaçants.

L'heure sonnant dans le piédouche qui élevait un groupe de Clodion annonça l'approche d'un avenir heureux, un avenir de gloire et d'amour s'écoulant parmi les meubles artistiques aux formes dérobées, parmi un parfum d'ambre, tandis que les vieilles musiques, des sons émus alanguiraient encore les nymphes de Cabanel suavement roses, les paysages de Corot feuillus de pâles dentelles.

★

Et les journées passèrent emplies par les méditations sur l'acte prochain, le mariage convenu avec M. Polskoff.

Cela se devinait comme une inconnaissable crise, puis dans la suite, une résurrection de tout l'être plus libre, plus franchement heureux.

Il parut à Marthe que cette cérémonie marquerait le commencement de son âge mûr et elle redouta pour l'époque de sa vieillesse un regret peut-être du temps actuel. Elle se prévit ridée et maigre, solitaire, éprise d'un roquet rageur, en oubli de ses enfants mariés à leur tour, loin d'elle: c'était la loi. Elle-même s'étonnait d'être si indifférente à la mémoire de sa mère. Dans le boudoir, une peinture représentait M$^{me}$ Grellou à vingt ans, blonde et blanche comme Marthe, avec des yeux bleus sévères, une bouffante robe de dentelles, les épaules nues.

Cette mère avait sans doute bien chéri sa fillette comme la jeune fille, maintenant, chérissait Karl...

Et le père, ce beau lieutenant de dragons, quel était-il ?

Ensemble ils périrent autrefois par accident : tout un train qui s'était englouti dans des tourbières bordant la voie...

Bien vite Marthe fuyait ces imaginations répugnantes, ces cadavres en pièces, sanglants, et elle songeait à Max, le petit garçon qu'elle aurait.

De nouveau l'éternel problème de l'enfantement se posa.

S'étreindre, s'embrasser. Elle ne pensa point que cela eût quelque rapport direct avec la génération. Puis elle se reprocha ces réflexions biscornues. Le confesseur encore la condamnera gravement. Quel serait-il ce mois-ci ?... Elle l'ignore. Pour chaque pénitence elle change d'église car il lui faudrait subir une honte pénible si un prêtre, sachant ses fautes habituelles, la reconnaissait incorrigible. Et aussi une crainte vague la hante de ce colloque intime dans le confessionnal avec un homme...

Comme la table est poussiéreuse, elle appelle Sophie et lui commande essuyer.

Puis les bengalis, voletant dans la cage, accaparent ses soins. Elle lève le store pour qu'ils puissent jouir du soleil et un flot lumineux rayonne tout scintillant d'atomes pâles. Les oiselets piaillent, le vernis de leurs becs rutile plus vif. Marthe leur parle, les agace par le grillage. D'un cri tenu, sec, ils répondent avec une inclinaison jolie de leur tête, de leurs yeux noirs mobiles.

Trois heures. La jeune fille attend la quotidienne visite de Luc Polskoff. Devant la glace, elle rajuste sa robe. Une éraflure sur l'aigrette de cristal couronnant le miroir la contrarie fort. Elle frotte avec son mouchoir tout émue. Enfin, le verre brille, net de taches, la rassure.

Son cœur tressaute à chaque coup de sonnette. Très heureuse, elle découvre qu'il bat d'amour.

Se serrer à Luc, l'embrasser; ce ne lui sera point désagréable. Il a la peau fraîche comme Karl, trop fraîche même pour un homme. Le dos creux, la démarche féminine de son fiancé la captivent surtout promettant des étreintes semblables à celle d'Henriette si affectueuse, si bonne. Une intimité conçue différente de celle-là l'eût abasourdie... Voilà qu'elle pensait à de très vilaines choses... Puisqu'elle devait les connaître bientôt cependant, le droit d'y songer lui devenait acquis... Non. Il fallait la sanctification du sacrement.

On sonne encore. Cette fois, allaient apparaître les longs cheveux de Luc, son front lisse, son col rabattu noué d'une pendante cravate. Elle l'aime donc puisqu'elle reconnaît son pas. Quel bonheur !

Mais une crainte la prend d'être seule avec lui, Ribéride n'étant pas encore revenu du Palais. Si jamais, durant la conversation, ce signe de virilité, qu'elle ne doit connaître, se révélait tout à coup ? Curieuse un peu et ne voulant forfaire à la politesse, Marthe demeure. Elle se tient droite, le dos tourné à la porte, rendue frissonnante et maladroite des mains par la vibration de ses nerfs.

— Eh bien, Marthe, vos petits frères sont toujours en bonne santé ?

Cette apostrophe aimable, annonçant la présence de Ribéride, la soulagea de sa contrainte. Elle courut l'embrasser.

Le procureur jeta sur la table son portefeuille.

gonflé de paperasses que dépassaient des ficelles roses. Il déboutonna sa redingote. Il étira les mains dans le mouvement habituel qui, à l'audience, rejetait en arrière les larges manches de sa toge pour la liberté du geste. Tout de suite il eut à parler :

— Polskoff va venir. On m'a encore donné des renseignements sur sa famille, ce matin. Il paraît que son aïeul était aide-de-camp du grand duc Wladimir. Une lignée pure, très aristocratique.

— Tant mieux, tant mieux. Nous verrons sa famille quand il aura publié son roman. Alors il se réconciliera avec elle. Ils seront bien heureux de l'aimer quand il sera célèbre.

— Vous avez bien foi en lui, Marthe.

— Oui, oui, certainement, j'ai foi en lui et en son talent. Je suis sûre qu'à l'aide de ma fortune, il pourra travailler et produire quelque chose de remarquable.

— C'est bien, Marthe : Vous êtes une digne fille, tout comme votre mère Marthe. Le malheur c'est qu'il y en ait si peu comme vous.

Ribéride s'émeut. Ses lèvres se plissent dans une moue pleurante. Il eut des hochements dignes de son crâne poli. Théâtralement, il étreignait la main de sa nièce à la faire souffrir. Ensuite, il déversa de chaleureuses approbations : cela était grand, noble, généreux ; à son âge surtout, l'âge où les autres femmes ne s'occupent qu'à des frivolités et à des sottises, où elles veulent avoir des maris riches pour leurs toilettes et en belle situation pour leurs flirts. Il s'estimait fier d'être son oncle et son tuteur. Elle lui avait rendu la tâche facile et agréable. Enfin, c'était très bien cela.

Une poignée de main, encore, très longue.

Luc arrivait, et l'entrevue offrait, chaque fois, à Marthe une impatientante épreuve. Ribéride, se piquant de discourir toujours selon le goût de ses interlocuteurs, embouchait aussitôt la critique littéraire. Il proféra des attaques contre les tendances nouvelles. Il projeta de méprisantes phrases pour les modernes écrivains qui s'avisaient de traiter la fille et les prolétaires sans munir leurs personnages des qualités dantesques seules capables d'intéresser les honnêtes gens. Il dénonçait là une spéculation sur l'érotisme des collégiens et des vieux. Ce qu'il voulait : des intrigues, de l'action, l'action agie, pensée, prévue par des âmes soigneusement choisies. Et faute de cette règle, il prédisait l'anéantissement des lettres, les auteurs fouillant toutes les fanges, étalant toutes les ordures, au mépris du *Beau* qu'ils haïssaient parce qu'ils n'y pouvaient atteindre. Inaptes à concevoir les grands dévouements, les héroïques caractères, le *Devoir* pur, ils tentaient astreindre et les lecteurs et l'humanité à leur ignominie. Et que lui importaient d'abord les sensations d'une fillasse abjecte. Ce monde-là existait-il seulement pour les personnes d'éducation, les liseurs. On appelait cela de la franchise, de la force, il fallait dire de la dépravation, de l'impuissance à concevoir mieux.

Marthe admirait son oncle.

Malgré cela elle lui en voulut de rejoindre Luc dans les coins pour lui vociférer au visage; elle lui en voulut de le poursuivre par chaises et par fauteuils, de construire ses arguments sur la poitrine du slave à grands coups de doigts.

D'abord, M. Polskoff venant pour elle, ce n'était pas à M. Ribéride qu'il faisait la cour. Pourquoi ne les laisser tranquilles tous deux ? Et puis, elle se trouvait dans un accul embarrassant : elle eut craint d'interrompre son oncle, un magistrat de grand talent, dont elle partageait d'ailleurs les opinions, mais elle s'apitoyait sur le supplice de ce jeune homme réduit au rôle d'élève pendant chaque visite. Cependant, le procureur citait Georges Sand, Octave Feuillet avec des enthousiasmes pour la saine morale de leurs livres. Luc Polskoff, tout rouge, tentait bien se défendre, mais il parlait trop bas. A voix forte, Ribéride triomphait.

Et, tandis que le magistrat essuyait ses grosses lèvres baveuses des dernières conclusions, le slave, en souriant, s'approchait, à Marthe :

— Comme monsieur votre oncle a encore de la chaleur dans ses opinions.

Une accalmie. La conversation butinait sur toutes nouvelles. Bientôt, à certaine question qu'il avait pris soin de faire naître, le procureur répondait en litaniant les qualités de Marthe. Il la montrait belle, instruite, chaste, raisonnable. De futiles paroles dites par elle en son enfance, il déduisait le caractère actuel de sa nièce avec assurance.

Voir découvertes les phases de son développement intellectuel qu'elle eût désirées secrètes longtemps encore, jusque la plus intime connaissance de son futur, dépitait la jeune fille. Par contenance elle riait, rougissante, furieuse au fond. A ces moments-là, les regards de Luc la gênaient. Elle craignait encore qu'une virilité se révélât subite, inconvenante, atroce et afin de ne pas subir plus longtemps ces regards, elle le priait pour qu'il se mît au piano.

Les attitudes du jeune homme, ses cheveux tremblant sur la nuque, les sursauts des mains tapant les touches, les pieds unis au socle du siège et l'enchevillant, les coudes maintenus à la taille, servaient à Marthe pour le prévoir très nerveux et sensitif. Puis son langage dolent, la négligence naturelle de ses repos pendant lesquels il s'effondrait dans les fauteuils, les mains soutenues au hasard des coussins, les approbations qu'il donnait tout de suite, brèves pour fuir le travail des discussions, tout cela gardait l'indice d'une languissante vie. Cette double nature rendait Marthe très perplexe et s'opposait à ce qu'elle fixât un définitif horoscope. Un doute de posséder entièrement cet être flou.

A plusieurs reprises l'intention de rompre l'obséda; mais elle n'eût osé.

Toutefois pareille détermination émise par Luc eût été pour Marthe la honte insoutenable. Aussi paraissait-il plus las de l'oncle qu'à l'ordinaire, elle s'empressait, elle s'ingéniait à dire quelque gracieuse parole qui retînt et charmât sans la promettre aimante cependant.

Pour le plus tard Marthe réservait ses expansions. Elle exigeait que son époux la conquît par bribes, en récompense de chaque effort accompli dans un but de célébrité. Avoir Marthe, la très pure intelligence, la suprême aristocratie, la délicate beauté, n'était-ce pas l'idéal unique.

Après le départ de l'amoureux, elle s'avançait vers le miroir de Venise. Enveloppant des doigts les rondeurs de son corsage, elle jouissait à les sentir glisser sur le tissu soyeux et affermi. Elle constatait avec un triomphe sa peau indemne de rougeur, la lumière passant dans l'ondulance de ses cheveux en nimbe d'or pâle. Et elle se persuadait la vivante réalisation de tout rêve viril.

D'autre part Luc Polskoff lui paraissait très bien, le seul mâle exempt de brutales manières; préférable de beaucoup à Félix de Cavanon, cet athlète élégant.

A Henriette visitante, la jeune fille parlait sans cesse de son futur mari. Elle se forçait à le chérir en s'énumérant les preuves incontestables de ses perfections conjugales et elle finissait par se croire en proie à la plus délirante passion.

Ce qui l'effrayait.

La certitude alors d'appartenir entière à cet homme supérieur, admirable. Certitude d'esclavage qui toujours fondait en un espoir de bonheur. La jeune fille imaginait Luc étendu sur le cachemire crémeux du divan en d'exquises flexions de sa taille souple et se redressant pour la mieux voir, comme dans les tableaux. Et elle lui tendrait ses mains belles. Des yeux elle inspectait le boudoir, la parfaite convenance du décor. Elle aimait la tapisserie, ses fleurages noirs.

En sincères actions de grâces une prière montait vers la Vierge, une adorante et pieuse oraison. Des extases l'enivraient infiniment douces puis s'exhalaient à lents effluves, laissant après eux une béatitude légère, voluptueuse, chatouillante.

Marthe se comprenait très sainte, divine presque.

Elle prenait l'*Histoire de Sybille*, une œuvre d'Octave Feuillet, son auteur; la lecture de ce livre s'offrant conforme à son actuelle situation. Sa maternité future y puisait des enseignements. Comme Sybille son petit garçon serait ambitieux et fier, par atavisme. Elle s'imposerait sévère, sans faiblesses et il ne l'aimerait que mieux, homme.

Elle se fiait en son bon naturel et aussi en cette affirmation de l'écrivain, l'anatomiste impeccable des âmes :

« Grâce à la bonté même de Dieu une mère
« peut châtier bravement sa fille coupable sans
« courir l'horrible risque d'en être haïe.... Il y a
« dans le cœur d'un petit enfant le même sen-
« timent de profonde justice que dans l'âme
« d'une grande nation... Les enfants aiment
« leurs parents comme les peuples leurs souve-
« rains. »

Il aimerait donc bien sa mère le petit Max. Il déposerait sur sa fenêtre, le matin, avant qu'elle s'éveillât, des bottes de fleurs comme Sybille faisait pour son aïeule. Elle serrerait dans ses bras son petit corps nu, et il l'embrasserait très fort.

A cette espérance, un grand désir d'embrasser quelque chair blanche empoigna Marthe. Ses lèvres d'elles-mêmes s'avançaient dans le vide. Elle finit par baiser ses belles mains et, s'estimant très jolie, la jeune fille se contempla au miroir, lointaine dans la perspective, enfouie parmi les étoffes crêmes, les tapisseries d'or.

Ensuite son esprit revint au livre, par une comparaison d'elle-même avec l'héroïne.

Une critique à elle personnelle, la fit se croire complètement impartiale. Avec une pitié pour l'auteur elle remarqua que les principaux de ses personnages se présentaient en surgissant d'un buisson. Cette ficelle commode la divertit finement. Elle se remémora les apparitions des pantins qui, au théâtre Guignol, s'érigent brusquement par le plancher de la scène. Une souriante compassion.

Mais Sybille convertissant à la suprême religion de Marie, le fou Raoul et Miss O'Nell, épurant la dévotion du digne prêtre, Marthe l'assimilait à soi.

Elle se persuada qu'en peu de temps Luc Polskoff serait conquis à la vénération des mystères chrétiens. Elle vivait si pure que certainement elle ferait des miracles.

A la prévision de tous ces triomphes sur la volonté de son mari, sur la volonté de son fils, des larmes émues gonflaient ses paupières. Elle laissait choir le livre. Les mains unies sur les jupes, la tête perdue dans les coussins, elle s'alanguissait en une rêverie.

Derrière le store, le jour baissant dardait ses rayons orange. Les bengalis blottis en pelotes grises, capuchonnés de l'aile, perchés d'une patte s'endormaient, immobiles; et parfois un soupir de l'atmosphère tiède retroussait leurs plumes.

★

Vinrent les jours de cérémonie.

D'abord le mariage civil, une formalité sans importance accomplie la veille de l'union religieuse. Le maire, un voisin, un familier. Il serra sympathiquement les mains des futurs, lut vite le code matrimonial. On signa.

De bonne heure Luc Polskoff fut à Paris pour ses personnels préparatifs; et, par le reste de l'après-midi Marthe se vouait à une minutieuse revue du trousseau et des robes. Elle s'absorba en une constante admiration pour la toilette du lendemain: faille blanche recouverte de dentelle, fourrure de cygne.

Et le défilé des amies: un froufroutement d'étoffes chères, le dépliement ininterrompu du linge à guipures qu'elles veulent palper.

Pour les satisfaire, il fallut détruire l'ordre des malles conçu à si grande peine, et les demoiselles lissaient les broderies des chemises, les tuyautés des camisoles, étendaient les pantalons angulaires devant la fenêtre.

Cela parut à la fiancée comme une profanation. Elle se persuada que ces rieuses et malicieuses personnes devinaient ses formes d'après les courbes des intimes vêtements. Une contrariété. Sonnèrent quatre heures.

Marthe embrassa toutes les amies. Elle mit son chapeau et courut à l'église.

Au curé de Sceaux elle murmura sa confession générale, un long rappel balbutié des fautes minimes, — commises quand elle était très petite.

A mesure qu'elle repassait son temps d'enfance, elle découvrit de nouveaux péchés que jamais elle n'accusa. La foule des crimes omis l'épouvante. Toutes ses communions étaient donc sacrilèges ! L'orgueil, la gourmandise, même la luxure d'âme l'ont conquise ! Une honte angoisse la pénitente et la contraint à cacher son visage dans les mains jointes ; la bouche libre seule, sanglotante, avouante.

Malgré les assurances du prêtre elle est résolue à ne se point marier le lendemain : dans un couvent elle ira expier son ancienne vie par une dévotion sévère. A prévoir sa cellule de carmélite, les saintes occupations des religieuses et la béatitude inconnue des extases, elle se complait longuement.

Les paroles du confesseur qui susurrent des pardons, elle ne les entend pas tout d'abord. Elle songe que sa voix, mêlée aux chœurs pieux, sera une offrande digne de la Vierge ; elle songe que les murs du cloître seront blancs de soleil, et qu'elle verra par les lucarnes la campagne tranquille gisant au loin. Mais le prêtre a parlé plus haut. Il exalte le mérite de se maintenir sainte parmi la multitude des impies, de tâcher à conduire les pécheurs dans la voie du salut, à convertir l'époux, à le soutenir dans son labeur, à former l'intelligence de ses enfants selon la loi du Christ. Il lui sera pardonné parce qu'elle a lutté. Il l'affirme en la foi d'elle-même avec de réconfortantes exhortations. Il l'absout.

Mais au sortir du confessionnal des doutes la harcèlent encore : jamais elle ne pourra suffire à ces devoirs qu'on lui impose. Et les tapes affectueuses dont l'oncle lui frappe le dos pendant qu'elle se chagrine sur son épaule, demeurent impuissantes à consoler.

Elle jeûnera jusque la cérémonie ; elle passera en prières préparatrices sa dernière nuit de jeune fille.

Ribéride pris d'une silencieuse émotion la regarde : ses grosses lèvres molles tremblent.

Dans sa chambre, Marthe s'éponge au miroir les yeux rougis. Elle se compare à la Mère des Sept Douleurs telle que la représentent les maîtres italiens. Elle inspecte cette retraite où elle reste vierge pour quelques heures encore. Demain elle voyagera avec Luc sur la route d'Italie. Et soudain une réminiscence de ses parents, de leur fin ; un pareil sort lui adviendra peut-être. Mais la certitude qu'elle périra en état de grâce la rassure.

Elle s'agenouille devant le rosaire padouan. Le satin blanc qui en noue la croix se trouve fané. Cette remarque attriste la jeune fille : n'est-ce pas l'image de la virginité prête à se flétrir ? Très triste, elle fouille parmi ses rubans et choisit une moire bleue de ciel qui exprime, par ses teintes pures, voilées un peu, ce que va être son âme d'épouse chaste. Elle prie.

Elle prie afin qu'on lui accorde l'influence

nécessaire pour guider son mari et ses enfants dans la vénération du bien.

Infatigablement, elle récite toutes les prières connues, halète les *ave* et les *pater,* soupire les litanies et les actes, se frappe la poitrine à grands coups rédempteurs.

Il lui semble que chaque mot prononcé s'élève en une fervente ascension jusque vers le Ciel. Il lui paraît que des chants suaves bruissent autour d'elle comme des musiques lointaines d'église. Ses nerfs se tendent, se détendent, l'oppressent et l'expansionnent suivant les modulations de la mélodie liturgique.

Elle se comprend pardonnée.

Elle prie toujours les yeux aux grains sculptés du rosaire, délirante. Des étirances mystérieuses tordent ses membres et la terrassent sur le tapis, muette, secouée toute, insensible.

Elle dort sans rêves.

. . . . . . . . . . . . . . . . . . . . . .

— Mademoiselle !

La jeune fille ne se laissa pas deviner sommeillante par la bonne et elle se hâta de répondre avec un ton fâché :

— Eh oui ! Que voulez-vous ? Quelle impatience, mon Dieu !

— Oh ! pardon, mademoiselle, je croyais que vous dormiez.

Marthe ne dit rien afin de ne pas mentir. Cependant elle entendit annoncer les fleurs venues de Nice.

Cette nouvelle la ramena aux préoccupations de la cérémonie.

Rapidement elle médita les circonstances et les conjectures qui permettaient prévoir sa vie conjugale. Elle les trouva favorables à son bonheur. Bientôt elle satisferait tous ses désirs : être libre dominatrice d'un époux aimant, connaître le mystère d'amour, enfanter. Une quiétude l'imprégna. Elle estima superbes ces nouvelles dignités de femme, d'épouse et de mère qu'elle allait revêtir.

Elle descendit.

Dans le boudoir, les fleurs rigides sur leurs tiges peintes étalaient une note de gaieté solennelle.

Ribéride tamponnait du mouchoir une coupure ensanglantant son menton rasé. La nièce s'assura que les bottines vernies ne le gênaient point, que la chemise était suffisamment roide, que rien ne paraissait trop neuf sous la robe de chambre.

4

— Vous êtes bien bonne, Marthe, je vous remercie. Tout ça va très bien. — Et vous, êtes-vous contente ?

Elle était très contente.

— Vous n'avez aucun regret, n'est-ce pas ?

— Oh ! mais du tout. Pourquoi aurais-je un regret ?

— Je crois que vous êtes bien tombée, voyez-vous, ma chère amie. Votre détermination m'enchante. Ce jeune homme, si je ne me trompe, a tout ce qu'il faut pour faire un bon mari.

Il affirma de la tête : oui, oui, plusieurs fois, et ses favoris lui balayèrent les épaules. Il flaira une fleur, une autre, les replaça, revint à sa nièce dont il serra les mains.

Ce trouble, Marthe songea qu'il dénonçait pour elle une sollicitude dévouée : sans doute, il veillerait toujours sur sa pupille comme jusqu'alors.

Elle entremêlait les boutons d'oranger en flexible guirlande ; elle évoqua le plus tard, si proche maintenant, l'intérieur calme, le mari travaillant à l'œuvre qui s'imposerait.

Et la domestique annonce le coiffeur.

Une perplexité sur la manière dont on édifiera

ses cheveux lourds. Elle a construit des arguments contraires à certaines ornementations proposées la veille et elle les explique à l'industriel en redingote lâche qui se rabat les manchettes. Il acquiesce. A peine soulève-t-il quelques objections réfutées aussitôt par lui-même si la cliente esquisse une moue. On se décide pour ramener les tresses sur le devant en diadème. Ce mot l'a conquise. Elle méditait pour ce jour des attitudes majestueuses, un port de reine sous les longs voiles, dans la toilette seigneuriale bordée de fourrures.

Le démêloir la chatouilla par longues caresses avec un bruissement mou qui toujours décroissait et renaissait. Elle contemple la finesse de sa physionomie, la matité superbe de sa peau, sa tête altière ; toutes choses qui s'harmonisent à sa longue robe simple, qui l'identifient aux donatrices agenouillées par les peintres flamands dans les triptyques.

Et, tandis que le coiffeur débite à grande facilité d'élocution les compliments et les vœux entendus déjà prononcés par tous, elle remarque que seul, son fiancé aux cheveux lisses, à la moustache claire, s'est abstenu de ces paroles banales. Alors, elle classifie la totale humanité :

d'une part les intelligences, elle, Luc, son oncle, les grands écrivains; d'autre part, les diseurs de fadaises, le monde semblable à ce perruquier qu'elle méprise.

Une telle réflexion lui gâta la visite d'Henriette. Cette amie, très élégante, chatoyante de velours havane, baise Marthe, l'étreint et larmoie :

— Pourvu que j'aie fait ton bonheur ! Si tu n'es pas parfaitement heureuse, vois-tu, je me le reprocherai toute ma vie.

Et voilà Marthe contrainte à se lever, à se déranger, à rassurer. Quelle sotte supposition ! Puisqu'on épouse Luc Polskoff, c'est qu'on l'a choisi, c'est qu'il convient. Une personne aussi insignifiante qu'Henriette de Cavanon ne peut influencer les résolutions d'une Marthe Grellou. La jeune fille se rassoit sous les mains du coiffeur : un silence avec le seul bruissement mou du démêloir.

— J'ai fait mettre du satin blanc aux harnais des chevaux, au fouet. Félix avait justement l'intention de faire repeindre le coupé ; ça est tombé tout juste.

— Oh ! que tu es aimable, ma bonne Henriette.

— Ta robe virginale sur les coussins bleus, cela fera très bien.

De la cour, arrive un cliquetis de chaînettes qui dénonce les steppers encensants de l'encolure, et parfois montent les « heêp » traînards du cocher tentant les maintenir. Un sabot gratte le pavé sans cesse. S'entend aussi le râteau qui grince continûment sur les cailloux du jardin et, par moments, s'élève un gai tapage de casseroles heurtées, sonores.

Marthe très contente, très fière, de cette fastueuse fête.

Un remerciement et un compliment sur son art donnent congé au coiffeur.

La femme de chambre fut appelée. Elle aussi pleure. Pourquoi ce deuil des femmes ? Voilà Marthe encore obligée à tarir le chagrin de cette domestique ! Quel rôle, un jour pareil.

— Mais puisque je vous dis que vous resterez à mon service. Qu'avez-vous, voyons ?

Un frémissement humide et un reniflement la forcent à se retourner. Henriette de nouveau larmoie.

Marthe elle-même se sent au nez des picotements précurseurs de larmes. Elle enrage d'être gagnée par cette faiblesse et, elle saisit fébrilement la robe, la détache du mannequin sur lequel on l'avait étendue. Ses mains, d'un adroit mouvement, évasent la jupe ; elle s'y glisse, s'y redresse, les oreilles assourdies par la faille froufroutante, les yeux clignés par une instinctive crainte des agrafes et des cordons.

Et son image apparaît au miroir, svelte, luisante, superbe. Le corsage, rapidement boutonné, moule à la taille la soie craquante qui ondoie jusqu'à terre par longs plis. Il y éclate des cassures lumineuses, il y dort des ombres bleuies. La traîne serpente en un flot blanc où volutent des branches d'orangers piquées de vert tendre. La gaze du voile recouvre la mariée ainsi qu'une statue précieuse.

Dans sa poitrine tressaillent de triomphantes vibrations.

Mais voici que Luc Polskoff s'avance et sa lisse chevelure et ses hanches comme gantées dans la culotte noire. Il s'incline, il murmure :

— Comme vous me faites orgueilleux, mademoiselle Marthe.

Elle le regarde magnanime, souriante. Elle l'aime décidément, elle lui tend la main.

Rapidement le trajet en voiture s'effectue jusqu'à l'église proche.

Vibrac, garçon d'honneur, élaborait des compliments que Marthe entendit à peine, car une guirlande décousue fixait son attention à la robe. Le peintre offrit son appui pour la descente, mais il devint rouge en son effort, ce qui offensa la jeune fille : elle n'était pas si lourde.

Au bras de Ribéride, elle se sentit dans une aise complète tout à elle-même, sans obligation de prendre garde à son cavalier.

Elle marcha entre les habits noirs, les féminines étoffes et tout de suite les quatre évangélistes, peints sur vitrail au fond du chœur, accueillirent ses regards. Il faisait beau ; le soleil illuminait leurs profils d'ascètes et les roussissures de leurs barbes légères ; mais le dos du suisse couvert de galons s'interposa et elle baissa les yeux, rappelée à la prière par cette présence ecclésiastique.

Sous les orgues, il y eut un stationnement dans le silence. L'ombre froide imprégnait les corps et seulement une lueur mince fluait de la porte sur un pli de jupe. Au maître-autel, des rayons jaunes et rouges tombaient des vitraux.

Subitement les orgues ronflèrent. Une mélodie roula par le chœur, monta aux piliers, emplit les voûtes bleues. Ce fut en Marthe une exaltation de son bonheur et de sa pureté sainte, une immatérielle assomption vers le vague divin où la musique l'emporta avec ses vibrations ondoyantes.

On s'avança, la canne du suisse frappait les dalles à coups pesants. Le jour se filtrait entre les colonnes sous les arcades basses. Au fond, il s'épanchait d'une rosace, nimbait la statue de la Vierge, la couronne de l'enfant Jésus, ruisselait aux angles du tabernacle et s'étalait sur la nappe d'autel. De ci, de là, une bosse, une tête de soldat romain, le dos du Christ accrochaient dans les reliefs du chemin de Croix une lumière perdue. Et toute cette clarté radieuse, le cortège la rejoignait lentement.

Des appréhensions saisirent Marthe approchant à l'autel où sa candeur devait se rendre pour une souillure ineffaçable à jamais.

Mais bientôt elle désira la consommation de cette cérémonie craignant si on tardait de ne plus vouloir.

La clochette tinta, annonçant le sacrifice. Le prêtre s'agenouilla dans la blanche étole où dormait un agnel d'or.

Marthe reprit toutes ses invocations de la nuit, soigneuse de n'en omettre aucune et souvent elle coulait un œil vers Luc. C'était l'avenir, lui ; la gloire de ce nom qu'elle allait prendre, la gloire d'elle-même. Les cheveux du slave dans le soleil, ne semblaient plus noirs ; mais ils brillaient d'une patine éclairante, de reflets bleuâtres et cela comme un signe d'élection, un présage de haute fortune.

Le prêtre s'inclinait devant la nappe, se relevait en d'humbles postures, avec des balbutiements pieux. Parfois, il lançait quelque parole latine distincte qui s'éteignait soupirante et des besognes l'accaparaient. Il essuya la patène, le calice, qui luirent au bout des poignets sertis de guipure, tandis que l'enfant de chœur, la face rougeaude sous sa calotte pourpre, regardait le monde.

Un calme silence régnait presque sans chaises remuantes, sans pieds glissants.

Marthe supplia la Vierge pour obtenir la grâce et le bonheur futur. Son mari semblait ému et elle redouta cette nuit de sacrifice. Il lui prit une terreur de cette opération cruelle qu'il faudrait subir. De là, résulterait une dépendance absolue de cet homme. Puis elle s'esquiva par de nouvelles oraisons.

L'officiant récita le *Pater*. La jeune fille demanda que cette prière fervente fût exaucée pour toujours.

— *Sed libera nos a malo.*
— *Amen.*

L'enfant de chœur avait pris un plateau. Il descendit devant le prêtre qui murmurait, le front au ciel, les doigts joints sur sa poitrine, dans une attitude d'extase.

On tendit le velum au-dessus des mariés.

Luc Polskoff déposa un anneau d'or dans le plateau ; le prêtre le bénit en croix.

Marthe, à ce moment suprême, ferma les yeux, près s'évanouir. Elle sentit la fraîcheur métallique de la bague que son époux lui mettait aux phalanges tremblantes. Quelques secondes il lui étreignit la main. Elle répondit à cette pression par une autre, implorante.

Maintenant, l'orgue éclatait en symphonies puissantes célébrant la conquête de la vierge, le triomphe de l'époux.

Elle s'assit, écrasée, comme abattue par une défaite.

Et il y eut dans l'assistance un mouvement, le suisse fit retentir sa canne. Et l'orgue ronfla de stridences victorieuses.

★

Ils passèrent en wagon presque toute la nuit.

M<sup>me</sup> Polskoff, confuse devant les voyageurs, n'osa parler et Luc s'efforça seulement à de galantes prévenances; mais elle lui sut gratitude de ne pas fixer l'attention des autres par un pressement trop vif; déjà elle saisissait sur le visage de ces gens d'équivoques sourires, des adieux moqueurs pour son innocence.

Au matelassage grisâtre s'adossèrent des messieurs ursifiés de paletots velus. Ils prirent dans leurs sacs des toques, des pantoufles, du poulet froid. Une grosse vieille dormait, la face lippeuse, les sourcis péniblement rejoints; et un mari calait sans cesse de nouvelle façon sa femme enceinte.

La mariée, examinant cette voisine, se prévit mère, elle aussi ; et le souvenir lui vint d'une lettre remise furtivement au départ par Ribéride. D'abord, elle avait cru cette missive explicatrice de l'amour. Mais il y était écrit que la situation présente devait encore accroître chez Marthe le regret d'avoir perdu sa mère. En outre, il s'y rencontrait des phrases de sermon, des sentences bizarres, d'inexplicables énigmes :

« Aujourd'hui, ma chère enfant, vous parta-
« gerez, selon l'usage, le lit de votre époux :
« ainsi, il se marquera que vous devez marcher
« unis dans l'existence, partager toutes les joies
« et toutes les adversités comme vous partage-
« rez la même couche, car, comme vous le disait
« ce matin l'abbé Prote, vous êtes la chair de
« sa chair et le sang de son sang. Et il en est
« au physique comme au moral.

« Ici s'arrête mon rôle d'avertisseur. A Luc
« Polskoff il appartient de vous faire connaître
« la nature et ses mystérieux décrets ; recevez
« ses affectueux enseignements avec soumission
« quelque étranges qu'ils puissent paraître à votre
« inexpérience ; il vous les rendra faciles parce
« qu'il vous aime et parce qu'il vous respecte,
« et soyez persuadée que de la soumission de la

« femme, en ces premiers instants, dépend quel-
« quefois le bonheur futur du ménage. »

Il fallait donc qu'elle se soumît à des choses étranges ; cela ne lui apprenait rien. Et comme elle pataugeait en de stériles suppositions, elle préféra rêver au triomphal avenir.

Luc la distrayait par des remarques humoristiques sur les voyageurs qui déroulaient des papiers gras, mastiquaient, faisaient glouglouter du vin dans leurs bouches goulues. Bientôt, des émanations épaisses de fromage et de charcuterie s'exhalèrent. Ce fut répugnant.

Il tendit à sa femme un foulard imprégné de verveine. Alors une plus grande intimité s'établit entre eux. Elle loua le parfum choisi ; ils passèrent en revue appréciatrice toute la série des odeurs fines. Une surprise satisfaite, reconnaître la sympathie de leurs odorats.

Logiquement elle en induisit à la conformité de leurs caractères.

Ils entreprirent un facile colloque sur de très vagues banalités et, tout en elle, Marthe pensa. Une multitude d'idées heureuses, espoirs et réminiscences s'associèrent, fuirent, reparurent, empreintes de la curiosité d'amour. A cette incertitude s'adjoignaient des craintes de souffrir en se donnant, et aussi, par avance, un regret de l'irréparable souillure.

Et cependant les facéties du jeune homme l'intéressèrent davantage. Maintenant, on jetait par les vasistas les papiers à victuailles. Un monsieur tira le store sur la lampe. Il chut une obscurité bleuâtre. Des couvertures se déployèrent et des jambes s'étendirent : la femme enceinte ayant revêtu une large pelisse se délaçait par dessous.

Rien ne bruissa plus sinon la morsure cahotante des roues, la vibration des boiseries et parfois le vacarme strident d'un pont ébranlé au passage du train.

Luc avait entouré Marthe de fourrures soyeuses. Ils parlèrent étoffes et meubles. Il loua ses harmoniques toilettes, évoquant la vision des nuances pâles qu'il avoua délecter. Son élocution dolente avait, pour les belles couleurs et les lumineuses joailleries, des tendresses, des évanouissements de mots flexibles. Il forçait les soieries à se casser, les gemmes à miroiter devant l'esprit de Marthe comme s'il les lui eût fait percevoir autrement que par l'imagination.

Un artistique charme imprégna la vierge et apaisa ses terreurs. Elle se persuada que toujours entendre une voix si mollement berçante dans l'intimité des soirs, que triompher dans la plèbe sociale au bras de cet ondoyant génie cela méritait bien les angoisses de ses dernières pudeurs et le don de soi.

Il lui parut alors que les paroles de l'époux fluaient en elle et s'immisçaient par tièdes effluves dans sa poitrine où elles éveillèrent des sensitivités jusqu'alors aphones. C'était comme une puissante attirance de lui vers elle qu'elle sentait sienne et dont elle s'enorgueillissait. Elle l'absorbait.

Elle s'étonnait de se comprendre plus forte, plus intelligente, meilleure. Elle tressaillait aux frôlements de lui, de la moustache chatouillante, de la voix chuchotante.

Et cette torpeur délicieuse l'envahit dans l'obscurité bleuâtre, parmi les brutes dormantes.

Une douceur très tendre que cette première communion de leurs êtres.

Il contait l'avenir superbe, la gloire littéraire, ses œuvres lues, admirées. Il dit tout bas des enthousiasmes qui illuminèrent longuement ses pupilles.

Marthe pompait ces rêves qu'elle emmêlait aux siens.

Puis cette tiédeur suave qui avait conquis son intelligence s'épancha par tous ses membres, dans son sang et dans sa chair. Des chaleurs lui montèrent aux joues, mobilisèrent ses yeux et toujours elle s'affaissait plus confiante avec des voluptés tactiles sur la jaquette du mari, sur le glacé de ses gants. Elle ne voyait plus, elle n'entendait plus, anéantie, en une béatitude.

A l'arrivée, rien ne la put distraire de cet état; elle eut seulement la sensation de sa marche sautillante et de l'air fraîchissant sa peau.

Dans une chambre inconnue, elle se retrouva près lui. Il la dégrafait à genoux et lui dépouillait les bras de leur gaîne de soie avec des louanges pour la matité de l'épiderme, pour le galbe pur des chaires, pour l'attache délicate des poignets et les candeurs blanches de la gorge.

Flattée par l'enthousiasme de Luc, elle se laissait dévêtir. Ses regards allaient de ses membres à la réflexion de la glace qui les bleutait.

Soudain, elle se vit nue étrangement, seule et sans défense dans les étreintes du mâle. Elle se rappela toutes ses craintes et s'affola. Une étouffante brûlure de lubricité, qui surgit de ses entrailles, lui envahit la gorge et les paupières. Elle pleura.

Elle pleura la soumission commandée et l'adieu à sa vie chaste. Et la musique des orgues qui l'avait terrassée à la messe s'imposa, — hantise — modulant de sons graves ses soupirs.

Marthe, vaincue par l'oppressante douleur, se sentit polluée de baisers, et une cuisante, une bien longue déchirure lui rompit les flancs.

★

A suivre sur la proue de la gondole balançante les irradiations d'un soleil rose, à se sentir filante entre les grands palais roses, M^me Polskoff goûtait de vénitiennes joies. Les longues nefs à crêtes d'acier glissaient silencieuses, recouvertes d'étoffes noires, toutes noires. Et la jeune femme, coulant l'œil, percevait l'auréole de son ombrelle écarlate, imaginait fort jolie sa chevelure teinte en rouge par la lumière tamisée.

La mer glauque charriait d'innombrables choses étincelantes, et les pilotis armoriés de bariolages héraldiques affichaient les seuils des seigneuriales demeures. Au loin, l'arche unique d'un pont serti d'inextricables feuillages en marbre, voûte si basse qu'on approchait avec la crainte délicieuse d'un heurt ; mais la barque fluette volait par dessous d'un élan et fendait l'atmosphère bruissante. Gémissait au détour des canaux l'avertissement plaintif des bateliers : « Gia è » et une invisible voix de rameur répondante, solennelle : « Stali. » A la rencontre, les deux gondoles se frôlaient avec un clapotis de leurs sillages.

La caresse, dont Luc enlaçait sa taille, tira Marthe de cette contemplation. Une peur la saisit du rut brutal habituel. Mais la voix de son mari, qu'elle ne voulut regarder, modula d'intéressantes remarques, et leur originalité curieuse la ravit.

M<sup>me</sup> Polskoff huma cette éloquence lente qu'il soufflait de sa moustache sans mouvoir sa main gantée jaune pendant hors le bordage. Elle l'envisagea, heureuse. En ce profil slave au long de ces fins cheveux, elle lut la garantie d'une triomphale intelligence. Mais, lorsqu'il cessa dire, elle reprit son admiration du canal et des palais. Les corridors luisants et sombres s'affilaient au delà des portes jusque vers les frondaisons des jardins intérieurs que noyait un jour subit, cru. Dans les façades de stuc rougeâtre, sous les architraves aux épanouissements géométriques, des fenêtres ogivales s'élançaient entre les minces colonnettes, hors de massifs balcons. Parfois, une jalousie bigarrée de rayures vives saillissait.

Ce bras viril, lui enserrant la taille, contraignit Marthe à demeurer étendue dans une désagréable pose, le busc de son corset la blessant. Et, sous peine de paraître revêche, elle ne pouvait découvrir cet ennui. Elle appréhenda pour son corsage des froissures, des taches peut-être à la suite de cette longue pression. Elle eut une envie secrète du retour pour vérifier la fraîcheur compromise de son costume.

Et ce fut alors son continuel tourment. Autrefois, elle prenait un soin extrême de sa garde-robe. Lorsque sa toilette se conservait sans souillure, sans accroc, elle en tirait orgueil; et elle dépensait sa minutie pour le choix des doublures capables de maintenir ses jupes solides. Maintenant, après les expansions conjugales subies même en plein jour pendant les brèves stations dans la chambre de l'hôtel, elle constatait la ruine de son linge à guipures, des éraillures à ses soieries et des bosselures à ses menus bijoux. Ce qui la navrait. Pour cet amour désastreux, il fallait se feindre aimable! Et, tandis que le mari chantait victorieusement dans le cabinet de toilette, les paupières de la jeune femme se gonflaient de grosses larmes. Rien ne lui appartenait plus, ni son corps ni son bien. Jusqu'à tout ce qui la touchait, jusqu'à tout ce qu'elle aimait le sacrifice s'imposait exigible. Et ses dilections, et ses goûts anéantis, déçus. Même si une quiétude momentanée en des rêves de gloire future, en des admirations de la lumineuse Venise enlevait Marthe à ses regrettantes mélancolies, le contact de doigts fébriles lui signifiait la présence de Luc, son amour, et annonçait de trop prochaines pollutions.

Bientôt, malgré ses ennuis, une joie fière la pénétra. La luxure, qui l'avait conquise durant les premiers jours du mariage, était aujourd'hui vaincue. Plus elle ne ressentait ces chaleurs torpides et affolantes qui ne laissaient ni force ni volonté dans les embrassements. Marthe jouissait d'une victoire sur les plaisirs de passion. Elle ne s'abandonnait que pour tenir plus entière l'affection du génial Polskoff, pour être pitoyable à ses désirs, pour être mère. Ses anciennes pudeurs lui restaient et ses juvéniles scrupules, et ses pieuses réprobations. Oh! combien grand le dégoût de l'homme se démenant et ahannant parmi les tiédeurs gluantes! Combien faciles à s'assimiler les répugnances de la chair justement maudites par l'Eglise. Et la concordance des théories religieuses avec les sentiments de sa récente expérience renforça la dévotion de Mme Polskoff. Comme la Vierge, elle s'estima chaste, et, comme elle, elle se jugea une enviable épouse et une mère sainte. Consolantes réflexions. Et s'établit plus fermement en Marthe la croyance à sa supériorité au-dessus des hommes, des autres femmes.

Et pendant que Luc, assoupi à la lumière naissante, laissait immobile sur les draps sa tête belle, la jeune épouse bâtissait un héroïque avenir. Froide, elle ne se livrerait aimable et simulant une affection sensuelle que s'il agissait bien, en récompense; ou bien elle châtierait par d'implacables abstinences ses paresses et ses révoltes. Donc il désirerait ses désirs et il voudrait ses volontés afin qu'elle se donnât sans cesse.

La voix criarde du marchand de journaux résonnait dans les rues étroites : « Vénetzia ! Il Tempo ! Barbara ! » dénonçant l'éveil de la ville.

Mme Polskoff s'habillait silencieusement pour ne pas rompre le réveil de son mari. Cela lui paraissait bon être à l'aise un instant, seule et tranquille à l'abri de virils frôlements. Le miroir l'accaparait ne la montrant pas flétrie comme le fut Henriette après son voyage de noces : sa peau, aussi indemne de boutons, de taches ; sa poitrine plus ample et plus ronde, et ses yeux plus graves mais non embrunis, comme elle avait craint. Par exemple, les cheveux frisottaient moins dociles au démêloir et, les appliquer lisses vers la nuque, cela exigeait un long travail qui accroissait la satisfaction de réussir.

Quand elle était prête, virante et froufroutante devant la glace, Luc soupirait :

— Tu pars déjà, ma chère ?

— Oui, mon ami, je vais à la messe.

Elle disait cela un peu raide, avec un sourire pourtant, mais de façon à lui faire sentir déplaisante son impiété.

Et la voici, trottant de sa marche élastique, par les ruelles désertes à l'heure matinale. A peine les très nombreux perruquiers décrochent-ils les auvents de leurs boutiques. Pieds nus stationnent les porteuses d'eau attendant leur tour à la citerne dont la haute margelle est sculptée de festons et de guirlandes. Une ferrure, ouvragée de volutes vaguement fleuries, s'ouvre en manière de couvercle ; une plébéienne, le visage masqué par ses rudes mèches noires, hâle de ses bras forts la corde qui monte ruisselante.

Entre les façades rapprochées des ruelles, d'autres femmes s'éloignent, les poings aux hanches, équilibrant sur l'épaule le brancard aux clous brillants qui soutient en balance les chaudrons de cuivre rouge. Elles s'éloignent, se rapetissent en silhouettes houlant contre les murailles. Sur le sol pâle une traînée de liquide serpente à leur piste. Elles s'éloignent, elles montent les marches d'un pont, elles descendent, diminuent, disparaissent.

M$^{me}$ Polskoff traversait vite la place Saint-Marc, les yeux fixés à l'église, de peur que l'aspect moderne des arcades et des magasins ne lui gâtât cette unique vision de ville ancienne.

Au-dessus des portails, dans l'encadrement des cintres, les mosaïques à fonds d'or avaient des personnages extatiques, rigides, vêtus de couleurs riches. Plus bas, c'était à profusion, des colonnes ciselées, un fantastique échafaudage de sculptures profondes, de marbres émaciés où la nuit fuyante assombrissait encore les étincellements fauves des métaux. Sur le toit, des clochetons se découpaient à jour, munis de balustrades à dentelles, et leurs pinacles s'érigeaient en minces aiguilles d'or parmi des statues d'or piédestalées en l'air. Et les cinq coupoles étaient assises, puissantes, rebondies, tout enluminées d'azur sous le ciel bleu.

Cette opulence des tons et cette déchirure artistique de la pierre se continuaient indéfiniment le long du palais ducal, et en face, sur les arcades de la Loggetta, jusque vers les deux colonnes granitiques du lion ailé et de saint Théodore, jusque la mer. C'était un coin de cité fabuleuse, ornementée comme un bijou précieux.

Marthe se passionnait à y revivre le temps des doges, satisfaite de la science qui lui permettait l'évocation des mystérieux républicains et de leurs mœurs.

Saint Théodore, debout sur son crocodile de bronze, présidait autrefois, les exécutions sanglantes, à cette place, où des bateliers dormaient immobiles, ainsi que des morts, dans leurs loques noires. Au large, une gondole rapide; son toit abaissé devait sûrement couvrir des amours illicites. Des fillettes, menues en leurs mantes sombres, passaient, dardant des prunelles peureuses; et leurs cheveux plats, épais, leur enchâssaient le visage comme de lourds tissus. Un silence lugubre des êtres dans le vif soleil.

A Saint-Marc, ce contraste persistait. L'église

s'écrasait sous les joyaux pesants, les mosaïques d'or, les croix d'or, les impériales couronnes. Les parquets en malachite et en lapis-lazuli s'étalaient ternes d'ombre. Et puis des reflets vivaces, minuscules perdus sur quelque améthyste en un angle. Par endroits, une lumière tendre, tombant de très haut, des coupoles, caressant les vieilles statues de Sansovino, coiffant les têtes de ses bas-reliefs, s'accroupissant au sol inégal, tout couvert d'inscriptions, y révélant d'augustes antiquailles enfouies là, polies par l'usure et la patine des âges.

En ce lieu, Marthe avait d'inhabituels recueillements, une dévotion neuve.

A la Vierge son adoration se gardait ; mais elle ne la concevait plus la candeur sainte et riante, effleurant les nuées de son pied nu, c'était, maintenant, la majesté divine, introublée, soutenant l'enfant de gloire, radieuse dans l'étincellement du diadème, des rubis ; c'était la reine, la volonté austère, infrangible, écrasant le reptile, l'envie ; c'était la triomphale dominatrice des mondes, la Madone.

Et Jésus obtenait aussi des ferveurs. Mme Polskoff lui savait d'indicibles gratitudes pour sa compassion aux féminines faiblesses et pour sa continence. Après les secrètes douleurs des obligations conjugales, elle venait lui dire ses chagrins, le supplier pour l'inspiration d'un prétexte qui empêchât la répugnante servitude. Elle résumait ses prières en cette phrase évangélique, lentement récitée, scandée de soupirs : « Mon Père, détournez de moi ce calice. » Et souvent elle oubliait lire la fin de la Passion, méditative. Car l'idée de Luc, la réminiscence de ses paroles, de ses gestes, la tenaient conquise. Malgré l'apostasie qu'elle imputait à cette préférence de son imagination, l'obsédante image se substituant à la pensée liturgique la hantait. En vain, prononçait-elle des oraisons, en vain tâchait-elle à maintenir son attention sur un emblème pieux dont la signification l'eût absorbée ; Luc heurtait son esprit aux coins de toutes les idées, au détour de tous les raisonnements, au but de tous les espoirs. Et cela sous une forme invariable, ainsi qu'elle l'avait aperçu le soir de l'arrivée, en frac collant, en pantalon gris perle, cheveux flottant sur le blanc du col, la main tendue vers un bouton de porte. Soit qu'elle le prévît au milieu de ses fanatiques admirateurs portant des toasts aux lettres, soit qu'elle le voulût élaborant d'harmonieuses périodes ; toujours sa pensée le devinait ainsi : la main au bouton de porte, en pantalon gris perle.

Marthe s'agaçait d'une si monotone et perpétuelle impression et, comme sa mémoire s'avouait incapable de façonner une autre figure de lui qui ne fût pas fugitive, une impatience subite crispait les mâchoires et les phalanges de la jeune femme. Elle se moquait d'elle-même sitôt qu'il lui était permis constater ce malaise : elle se déclarait ridicule ainsi qu'une enfant volontaire. Cependant l'excitation se distribuait par tout le corps, sursautante ; des crampes ondaient par les jambes : un désir fou, inexplicable, sans causes de voir son mari, de l'entendre parler, désir étrange, quasi personnifiable. Par intime mensonge, elle le travestissait en une simple envie d'échanger avec Luc quelques réflexions esthétiques. Puis, elle écartait ce futile prétexte, elle s'interrogeait, auscultait son esprit et finissait par croire à un grand amour qui l'animait. Bonheur de se découvrir une dévorante passion.

Elle cédait alors à l'irrésistible désir, tout en joie, percevant ses lèvres s'étirer pour un invincible sourire. Et cette joie s'avivait de la joie des autres. Il bruyait dans la rue. Les cicéroni gesticulants dégoisaient des chiffres devant des familles ébahies, convaincues, porteuses de lorgnettes. Et le peuple grouillait, noirâtre, faisant cercle près les marchands de boissons, près leurs éventaires bas où s'encastraient des carafes à liqueurs opalines. Des boutiques, plus loin, bavaient sur la chaussée étroite le déballage scintillant de leurs verreries. Une forte odeur de fromages secs, de fruits murs, de varech, violait l'atmosphère et obligeait Marthe, dégoûtée un peu, à précipiter sa marche.

Mais, à la vue de Luc, tout son enthousiasme tombait. Le sang lui montait aux joues honteuses ; elle préparait une réponse humiliante au cas où son mari eût argué vaniteusement de cette hâte à le rejoindre.

Au contraire, il lui reprochait sa trop longue absence et elle enfilait gaiement son bras par le sien pour quelque charmante promenade.

Elle allait toute fière, persuadée que la prestance élégante du slave complétait sa beauté mate. Elle-même avait présidé au choix des pantalons, des chapeaux et des jaquettes en sorte qu'ils pussent s'accorder par leurs nuances à telle robe, à tel corsage. Elle s'occupait aux règles capables d'anoblir leur ensemble. Elle tentait des expériences, elle faisait répéter des jeux de canne. Il s'y prêta sans fatigue. Elle l'aimait pour cela. Et, si, dans les promenades, la concordance de leurs toilettes s'harmonisait, Marthe se sentait très aimable et facilement loquace. Même son mari ne la complimentait-il pas suffisamment sur l'habileté particulière qu'elle possédait à découvrir les cuivres rouges poinçonnés et les ivoires antiques, l'aperçu de leur aristocratique tournure la rassérénait, et l'aidait à vaincre la froissure d'être si mal chérie.

Ils passaient l'après-midi des beaux jours au Lido, devant la mer nue.

Au retour, le soleil couchant faisait du ciel une grande page pourpre où les palais et les coupoles se dessinaient en massives silhouettes noires. Mais, le décours de la lumière s'accentuant, l'horizon prenait une teinte citrine, très claire, sous un frottis de cinabre lucide. En bas, une longue coulée d'or ondait, un flot très pur comme la transparente laque de l'éther.

A la nuit commençante, ils allaient ouïr un orchestre sur la place Saint-Marc. Les magasins réfléchissaient les lueurs cuivreuses du gaz. Une foule au parler musical processionnait. Les grands mâts rouges, devant la cathédrale, se bleutaient d'azur lunaire. Le Campanile : tour violâtre, argentée à la pointe.

Et à Marthe heureuse de tout, les transtéverines en larges tabliers verts offraient des fleurs.

★

Le clergyman, leur compagnon de voyage, suspendit au filet du wagon une minuscule lanterne, le soir venant. Une faible lumière jaunit les feuilles du Shakespeare, sa lecture, un bord de son feutre large et le bas de son visage.

Marthe établit tout de suite une ressemblance entre cet ecclésiastique aux traits rudes et le Charles VII des anciennes miniatures. Et Shakespeare accrocha sa pensée. « Shakespeare, — les amants de Vérone, — c'est le chant du rossignol et non celui de l'alouette, » — Roméo : des chausses grises, dans le tableau de Cabanel, de longs cheveux... comme Luc, — une vieille nourrice, la scène finale du tombeau.

Ils allaient joindre Vérone... et on ne s'y

arrêterait pas. Milan, plus loin, les hébergerait selon l'itinéraire convenu d'avance.

Elle ouvrit le guide pour connaître au moins la ville célèbre.

Une impatience de n'y point découvrir aux premières lignes la description des demeures Capulet et Montaigu. Il y était décrit une arène chère à Dioclétien, le tombeau des Scaliger, des églises romanes, gothiques. Et, comme les indications requises s'assuraient presques introuvables, le malheur des légendaires amants poigna davantage l'imagination de M$^{me}$ Polskoff. Plus atroce s'offrit l'implacabilité des rancunes aristocratiques; et, cependant, il était difficile ne pas nourrir une sympathie pour ce haut orgueil; mais Juliette blonde, mais Juliette tuée. — L'indifférence des contemporains, ce maigre paragraphe échu au souvenir de l'héroïne révoltèrent Marthe. Une véhémente indignation et un besoin de protester personnellement contre cette injustice lui firent vouloir un pèlerinage là où ce noble amour s'était vécu.

A son mari, indolemment étendu, la main dans une embrasse, elle proposa visiter Vérone.

— Pourquoi donc?

— Mais il y a une foule de choses très intéressantes : le balcon des Capulets, le tombeau de Juliette.

Il sourit et enfouit la tête dans son gilet.

Elle se froissa.

— Pourquoi riez-vous ?

— Voyons, quand vous aurez vu un vieux balcon rouillé, Roméo et Juliette qu'y gagneront-ils dans votre esprit ?

Elle pensa que certainement ce spectacle aviverait sa mémoire et qu'elle recueillerait des impressions agréables et touchantes. Mais, devant cette attitude ironique, elle préféra servir d'autres raisons concluant au même résultat : une visite à Vérone. Lui ne se laissa jouer :

— Allons, allons, Marthe, avouez que le mausolée des Scaliger et son architecture vous importent peu ; avouez que vous voulez pleurer sur la tombe de Juliette. Avouez-le, voyons.

Elle ne voulut pas avouer. Quelle moquerie spirituelle, vraiment. Parce qu'elle avait un peu de cœur, elle : eh bien, tant mieux. Et elle s'en tint au mausolée des Scaliger, vanta l'arène de Dioclétien, dénonça derrière le maître-autel de San Zeno Maggiore un triptyque par Mantegna, l'artiste aimé de Luc. Elle montra le guide, appuyant de la voix sur les phrases laudatives du livre. Bientôt, il se manifesta pour elle que toutes ces choses devaient être merveilleuses, dans des rues étranges, parmi des maisons blasonnées, des sculptures à dentelles, des ferrures délicates, des peintures naïves, et, par delà, le balcon des Capulets, ce balcon atteint par Roméo sur une échelle de soie.

En ses dénégations Luc s'entêtait méchamment.

— A quoi bon stationner encore ici et y augmenter vos dépenses.

Son argent ! Elle l'estimait l'argent, pour les plaisirs qu'il procure ; mais elle n'était pas avare comme une épicière. Par exemple, elle avait voulu sans hésitation aider de sa fortune un homme de lettres :

— N'est-ce pas ?

Luc rougit et ses lèvres s'étirèrent en un sourire gêné. Elle le devina subitement en colère, prêt aux reproches contre cette vanterie de bienfaisance. Un peu saisie à l'appréhension d'une scène, elle tenta pallier sa gaucherie, très digne, très aimable, s'ingéniant à s'excuser sans offrir d'excuses. Elle feignait n'avoir pas pesé l'importance de ses paroles. Lui ne répondit plus, mais se contenta de sourire en silence.

Le clergyman dormait dans la lueur de sa vacillante lanterne, les bajoues épanouies sur le faux-col.

Marthe voulut à toutes forces vaincre cette première obstination étonnante et ridicule. Elle reprit :

— Voyons, Luc, vous ne m'avez pas répondu : voulez-vous nous arrêter à Vérone ?

— Oh ! voyez-vous, j'ai hâte de retourner travailler à Sceaux. Mon roman est tout prêt ; il ne me reste qu'à l'écrire ! Ce serait ennuyeux de retarder encore !

— Mais cela ne retarderait pas beaucoup, voyons !

— Mais si.

— Nous coucherons à Vérone au lieu de coucher à Milan ; voilà tout. Et nous repartirons demain matin.

— Et puis il faudra marcher, n'est-ce pas, courir partout et je suis si fatigué.

— Oui, mais enfin, pour voir.

— Oh ! vous ne savez pas combien j'ai les voyages en horreur. Je suis las de m'extasier devant les Titiens et devant les Véronèses, devant les Véronèses et devant les Titiens.

— Soit, je veux bien, mais les aspects des villes, les impressions nouvelles.

— Des impressions nouvelles ? Il n'y a pas besoin de venir ici pour en trouver. Dans une simple promenade de l'Opéra aux buttes Montmartre, il y a autant d'impressions nouvelles que dans tout un voyage en Italie.

Et il entama l'éloge du modernisme. Il s'enthousiasma pour les fiacres, pour les balayeurs, pour l'asphalte humide de pluie. Il déclara la Seine et ses quais le plus beau spectacle du monde. A nouveau, le flou de ses phrases charmeuses berça les rancunes de Marthe. Il l'initiait à la poésie étrange de la vie contemporaine et la jeune femme jugea très supérieure cette intelligence capable de voir splendides les choses considérées banales par tous.

Le train s'arrêta : Vérone !

Subitement les théories de Luc parurent à Marthe grotesques : cet homme était fermé à l'idéal. Et elle regretta les bonheurs qu'elle aurait ressentis devant le balcon de Roméo, levant la tombe de Juliette.

Une minute elle pensa saisir sa valise et descendre : il serait encore bien content de la suivre. Mais lui, impassible, continuait dire, les yeux clos. Il ébauchait Paris aperçu de Montmartre, la plaine des toits hirsute de tours, de flèches d'or et de dômes, oculée par le soleil claquant sur quelque lucarne de mansarde, cernée à l'horizon par l'ondulance bleue des collines.

Elle s'accouda contre le vasistas affectant un intérêt pour la gare.

Des hommes à casquettes rouges et à grandes bottes fermaient déjà de lointains wagons.

— Partenza ! Milano !

Le cri se répercute, s'approche. Un graisseur aligne dans le compartiment les falbalas de M<sup>me</sup> Polskoff, la portière se reclaque. Une secousse ébranle les coussins et les roues grondent.

Marthe sent ses paupières piquées de larmes ; et, comme Luc conclut : « la rénovation de l'art, » elle hausse les épaules et murmure : « imbécile. »

★

De semblables âpretés s'échangèrent plus d'une fois entre eux. Marthe se persuada que Luc simulait le mépris envers tout ce qu'elle dilectait par simple amusement de contredire et aussi pour asseoir dans leurs rapports matrimoniaux sa prédominance autoritaire. Prétention inadmissible. De querelles point. Elle, trop raffinée et trop respectueuse des convenances pour lâcher sa bile en mots violents et en gesticulation poissarde ; lui, trop veule pour risquer les ennuis et les émotions d'une colère.

A la suite de flegmatiques méchancetés entendues d'eux seuls ; ils se boudaient des jours, des semaines. Insensiblement, ils s'habituèrent à vivre lui, dans son cabinet, elle dans son boudoir. Par suprême bon goût, la jeune femme ne toléra point qu'il la tutoyât ; et ce terme « vous » mettait une note cérémonieuse dans leur commerce. Cependant ils furent toujours affables l'un pour l'autre ; lui, la comblant de prévenances, s'élançant pour relever ce qu'elle laissait choir, quittant, pour lui rendre un minime service de politesse, ses poses nonchalantes.

— C'est drôle, remarquait Ribéride ; le mariage n'a fait aucune impression sur vous ; vous êtes comme avant.

— Hein, vous trouvez.

Elle s'estima satisfaite qu'il en fût ainsi. Même avant les noces, elle désira cette retenue, sachant combien la gênaient les amours des de Cavanon, et ne voulant point servir à d'autres le même supplice. C'était peuple s'embrasser partout. Peut-être, autrefois, avait-elle prévu des tendresses conjugales et de longues caresses à chaque heure de l'existence. Maintenant, elle jugeait tout cela rêvasseries de jeune fille. Las ! elle connaissait la passion et ses immondes dessous.

Son horreur de l'accouplement s'accrut à mesure qu'elle le subit. Elle en vint à réfléchir que le bonheur d'être mère ne compensait pas de si ignobles besognes.

L'été, la moiteur de leurs peaux transpirant sous la même couverture la dégoûta davantage. A la suite d'une suffocation nocturne qui la rendit malade, elle obtint que Luc occupât seul une autre chambre. Lui, galant homme, n'insista point, contrairement à ses craintes. Elle lui sut une gratitude de ce sacrifice car, par ses expansions quotidiennes, et les murmures de passion qu'il lui confiait chaque nuit, elle le savait très épris d'elle.

De cette solitude elle éprouva un bien-être. Dans la grande pièce nuptiale verte et blanche, sous le dais du lit, elle rêva seule, obsédée toujours de la gloire et y concluant grâce à l'obéissance propice de son mari. Ainsi se laisserait-il conduire par elle dans la vie du monde comme dans la vie de famille. Et son regard humide d'émotions futures s'attardait à jouir de la chambre luxueuse, de l'immense pendule en marbre blanc, où la nymphe de Prudhon frissonnante se drapait. Elle aima les poufs en soie blanche à fleurs vertes, les chaises à bois d'or, les consoles à pieds volutants, les courte-pointes pelucheuses. Tout cela était à elle, et le réduit de toilette plaqué de laque rouge où voletaient des grues d'or.

6.

La possession de ce faste intime resta la plus grande joie de son mariage.

Jusqu'à midi, l'heure du déjeûner, elle ne le quittait pas. Puis, elle remontait vite s'y vêtir pour la promenade. Mais, parmi le déplacement des robes, des cachemires et l'étalage des bijoux, elle virait ici et là, indécise, prise par le regret d'une déchirure ou saisie d'admiration par une nuance élégante.

Sans trop le savoir, elle chercha ressusciter sa vie et ses impressions de jeune fille. Il lui manquait quelque chose : la curiosité d'amour et une extrême défiance de soi qui, auparavant, emplissaient ses méditations.

Et cependant elle s'efforçait à reprendre ses anciennes habitudes, à s'enfermer seule, à songer seule avec le désir de se perdre en ces mélancolies délicieuses qui faisaient fuir le temps d'un vol rapide, imperçu.

Une de ses joies nouvelles, une joie de femme, c'était sortir seule, gaie, triomphante dans la souplesse de ses vêtements et de ses mantelets riches, d'entendre cliqueter autour d'elle le jais de ses robes et bruire le froufrou de la faille, de se voir dévisagée par les femmes envieuses, par les hommes admirants. Sur les boulevards, elle avançait, droite, ainsi qu'une duchesse. Si un doute lui survenait par hasard, une œillade rapide sur les larges glaces des vitrines lui montrait son profil droit, les lignes très pures de son dos, la lourdeur massive du chignon. Et, certaine d'être belle, elle marchait, son visage fixé vers le soleil blond.

Elle se sentait fière, indépendante, responsable d'elle-même, de son honneur. Elle trouvait une crânerie à parcourir la foule des inconnus malveillants peut-être. Et ce plaisir, elle le prolongea souvent jusqu'au soir.

Ainsi, ni les caresses, étant immondes, ni la familiarité matrimoniale, étant commune, ni la ressemblance stricte des goûts et des habitudes n'existèrent entre M$^{me}$ Polskoff et son mari pour les lier étroitement. Marthe estima fort aristocratiques ces rapports vagues et cérémonieux qui les unirent. Elle prit un intérêt chaque jour accru à la guerre sourde qu'ils se faisaient, guerre spirituelle, toute de bons mots et de méchancetés fines où Marthe finissait par vaincre en une malicieuse comparaison de sa fortune et de la situation précaire de Luc.

Il reconnut bientôt son infériorité incontestable et ne tenta plus reconquérir sa femme. Il se soumit à son intelligente direction. Elle fut l'âme dominante et volontaire du ménage.

Luc, piqué d'amour-propre, conserva envers elle la galanterie la plus exquise. Il se montra homme d'esprit et ne garda point rancune d'une défaite fatale. Il s'effaça mieux encore. Ses manières furent de plus en plus aimables, même un peu serviles. Cette abnégation ne déplut pas à Marthe qui, en retour, veilla à la toilette de Polskoff, à sa beauté, et lui déversa, dans leurs courts tête-à-tête, les compliments les plus élogieux sur sa ravissante éloquence et son prodigieux savoir. Elle voulut le circonvenir d'attentions et de prévenances, se fit plus câline, le récompensa de temps à autre en s'asseyant une minute près lui, en recevant et rendant un baiser. Flirt d'ailleurs infiniment agréable à la jeune femme. C'était tout ce qu'elle concevait de l'amour. Lui s'y prêta gentiment. Il ne la fatigua plus de ses obsessions ardentes mais, s'il restait seul avec elle, il se mettait à lui dire de sa voix mélodieuse comment il entendait la réalisation de leurs espérances. Il narrait son roman en composition : la vie d'un professeur pauvre dans une triste ville de province où ses facultés s'enkylosent au contact d'esprits étroits :

d'abord l'atténuance lente de son activité et l'affadissement progressif de ses illusions ; ensuite l'oubli de sa science, le renoncement à la lutte contre les arrivés et les riches impitoyables aux malheureux, et la chute, l'abrutissement définitif dans l'absinthe prise chaque jour aux mêmes heures dans le même café.

— Ça finit si mal que ça ? interrogea-t-elle.

Alors il exposa ses théories : le réalisme, le pessimisme. La vie se présentant telle, ainsi la fallait-il peindre.

M<sup>me</sup> Polskoff s'étonna grandement. Que Luc défendît le réalisme : bien ; mais elle n'eût pas cru son mari capable d'en commettre. Les réalistes ! des braillards, nécessairement fumeurs de pipes et hanteurs de brasserie, mal vêtus. L'idée de se découvrir unie à l'un de ces mâles inconvenants, l'épouvanta. Et toutes les diatribes choyées par Ribéride lui vinrent dans la mémoire contre cette horde de révolutionnaires.

Luc prétendait joindre au plan primitif de son œuvre une partie tout entière ; et c'était sa femme, et c'était leur amour qui la lui avaient value. Marthe s'intéressa : le professeur s'éprenait d'une demoiselle et sa modeste position l'empêchait du mariage. De là, toute une série de tortures psychologiques que l'auteur comptait rendre de magistrale allure.

Cette collaboration reconnue posa M^me Polskoff en émule de son mari et lui permit cette objection énoncée victorieusement :

— Mais, mon ami, comment, vous qui prétendez ne peindre que le réel, ne mariez-vous pas les deux jeunes gens ? D'abord, ce serait un dénouement, et, de plus, dans la vie cela ne se passe pas autrement. Voyez nous deux.

Il rougit et resta muet.

— Ah ! ah ! comme vous êtes conséquent avec vos théories !

Elle riait, très contente de sa confusion. Lui riait de même, mais ce sourire paraissait ironique. Cependant il concluait :

— Vous avez raison, vous avez toujours raison.

— Oh ! vous dites ça, mais vous n'en croyez pas un mot. Je vous connais, mon cher ami.

— Oh ! vous êtes méchante, Marthe.

Et il lui baisait les mains. Très bien vêtu de fracs collants, de larges cravates, de pantalons à la mode et de chaussures fines, il lui plaisait, bien qu'elle le comprît encore très puissant, au fond de lui-même et hors la volonté de sa femme.

Cette condescendance était trop superficielle, sans doute. Mais elle aima cette force qui, devant elle, rentrait ses griffes.

Et souventes fois, quand il la rejoignit au seuil de leur chambre, elle ne lui refusa point une heure d'amour.

En ces moments, la voix délirante de Luc psalmodiait à Marthe de subtiles louanges et très longtemps il prolongeait le flirt. A cela, elle se prêtait, très attendrie, très prise par ses voluptueuses paroles, par ses délicats baisers, et lorsque venait l'inévitable instant de se rendre à la pollution triviale qu'il avait le tact de précipiter, elle fermait les yeux comme lorsqu'elle avalait quelque répugnante médecine.

Puis, ces paroles voluptueuses, elle finit par les savoir. D'un premier mot elle devinait toute la tirade. Les sensations des baisers délicats s'épuisèrent. Leur charme s'émoussa. Elle trouva fastidieuses ces redites de l'amour.

★

LE jardin s'éclairait au vert tendre des feuillaisons nouvelles.

L'avenue des tilleuls allait s'étrécissant jusqu'à une Diane en plâtre, tout au bout, dans le lierre noir ; le sol y avait des taches étincelantes unies au ciel à travers la verdure voûtante par des fils d'or. Dans la blanche volière, les cacatoès dignes cancanaient d'interminables monologues, et le singe, pétrissant une souris morte, lui cherchait les puces sérieusement.

La pelouse gisait rase, retroussée aux coins de cactus épineux et de rhubarbes épanouies. Sur une eau plane de pâles nénuphars dormaient. Au fond, une vaste corbeille ourlée de bégonias farineux et pomponnée de pimpantes marguerites, avec un collier de fuchsias écarlates, un diadème de roses. Un lointain réseau de peupliers graciles, frissonnants, argentés.

Et ce décor lumineux succédant aux grisailles de récentes averses enchantait M^{me} Polskoff assise dans un fauteuil-bascule à parasol de toile écrue.

Luc se présenta. Sa joue en mal de fluxion s'étayait d'un bandeau.

Elle :

— Comment va ?

Il ne répondit mais éleva la paume de sa main par un geste languissant, descriptif de l'atroce douleur. Et il vint siéger près Marthe, se mit à geindre. Doucement elle lui ôta l'ouate accrochée au col du paletot, au bord de son béret pyrénéen. Il écarta la tête, comme importuné de ces attentions.

La jeune femme reprit son ouvrage et feignit s'absorber en le plaisir de voir son petit doigt galamment arqué, agile à chaque maille. Elle pensa vexée : la maladie n'excusait pas l'humeur et cette obstination à rester malpropre. Au contraire, il était exigible rendre ses malaises supportables à autrui par une gracieuse conduite et l'aspect de soi le moins déplaisant.

Il la regarda, repentant sans doute, mais avec un sourire d'indulgence qui révolta. Il parut comme octroyer son pardon à un être irresponsable et inférieur, aveugle devant les délicates nervosités d'une intelligence. Et comme il voulut sanctionner ses intentions par une caresse.

— Laissez-moi : vos simagrées m'agacent.

Lui se froissa, rougit. Rapide, il remonta le perron, étendit sa main dans l'espace par désespoir d'être si malheureux, puis il la laissa retomber inerte, au long de sa culotte, par résignation navrée.

Un instant, Marthe regretta sa brusquerie. Mais le soulagement de ne plus l'entendre gémir et de ne plus apercevoir ses attitudes *poseuses* la satisfit. A déplorer la trop lente réalisation de ses espoirs elle s'attarda, sans fin. Elle devinait ces constantes indispositions un prétexte pour s'abstenir du travail. A peine le quatrième chapitre du roman se terminait-il. Et n'était-ce pas ridicule, ce grand garçon atteint de fluxions comme une petite fille et toujours pleurnichant. Félix de Cavanon, M. Vibrac n'avaient jamais de fluxions, eux, ni l'oncle Ribéride, un vieillard pourtant, ni cet autre ; cet autre non plus. Cela le tenait des semaines sans lui permettre écrire une phrase. Ou bien il choppait contre une marotte qui obstruait son esprit à l'exclusion du but littéraire. Ainsi prétendit-il éclairer la genèse du sens pudique chez l'homme, et s'occupa-t-il, pendant une année entière, à joindre les documents de cette étude bizarre, inutile; prétention qui lui fit empiler dans sa chambre des livres de toutes langues et de tous formats, afin d'établir, avec des données certaines, l'opinion des nègres africains sur l'utilité purement décorative du costume. Puis il se fatigua de ces courses, de ces travaux rébarbatifs et songea de nouveau à son livre. Si Marthe le pressait alors au labeur, il grimaçait en rougissant un sourire muet et il posait cet axiome : « On n'écrit pas un livre comme on rabote une planche. » A cet argument, il fallait souscrire sinon il vous tenait en mépris.

★

Et sa liberté de dame lui autorisa l'expérience de récréations jusqu'alors interdites ; elle connut les théâtres, toute la littérature. Au bout de six mois, elle fut lasse de voir les identiques comédies : des jeunes gens pauvres refusant la main des jeunes filles riches sous de vagues prétextes, aux bravos d'une foule hypocrite. Les éternels quiproquos des vaudevilles, les catins prises pour d'honnêtes femmes et les honnêtes femmes prises pour des catins, la faisaient trop rire étant stupides et sales. Comme, après leurs représentations, elle gourmandait sa joie inavouable, elle proscrivit ce délassement, un péché. Les drames sanglants où les blousards ont toutes les vertus et les riches tous les vices, lui répugnèrent. Les journaux, chaque jour, contredisaient cette poétique de révolution.

Mais les romans lui convinrent davantage. Les critiques de Luc, jugées raisonnables aujourd'hui par Ribéride lui-même, l'influencèrent. Cependant elle ne put souffrir M<sup>me</sup> *Bovary*. Elle n'admettait pas qu'une femme ayant subi les étreintes charnelles ne fût largement satisfaite et courût encore après de semblables besognes. Pour la même raison, elle estima « archi-fausses » les héroïnes de Feuillet se précipitant au rut « comme des bêtes. » L'auteur était sans doute un fat qui voulait faire croire toutes les femmes débauchées afin de se poser en Lovelace. Elle lui en voulait de n'avoir pas conçu une seconde *histoire de Sybille*. Et Graziella fut jugée « une petite catin sentimentale. » Mais elle acceptait l'inconduite en corollaire de la pauvreté : *l'Ouvrière* de Jules Simon lui parut admirable. Luc avait bien raison en déclarant la servante Geneviève de Lamartine « une pure imbécile. » Il n'existait de pareilles dévouées qu'en la cervelle des littérateurs cupides : cela se vendait si bien. Splendide, par exemple, l'évocation de Salambô, cette prêtresse souffrant la souillure pour la patrie ! Au-dessus de toutes les proses elle piédestalait Tolla d'Edmond About. Cette figure douloureuse et chaste de vierge délaissée, sa mort au moment même où le bonheur la va joindre, c'était un poème qui mettait en larmes. Marthe rageait contre la mollesse du prince Leelo oubliant Tolla, mais elle lui pardonnait après sa tentative de suicide et le volume clos, elle murmurait longtemps la phrase du sauveteur : « vivez pour souffrir. »

Et pour rien au monde elle n'eût feuilleté l'œuvre de Georges Sand, une femme sans conduite.

Les poètes tenaient ses prédilections comme des demi-dieux indiscutables au-dessus des autres mortels. Lamartine, Hugo, Musset souvent relus par elle. Ces réflexions qu'elle pouvait offrir à tous la rendirent expansive, bavarde. Les rêveries l'accaparèrent moins qu'autrefois. Elle ne réservait plus ses méditations à l'avenir : il lui restait seulement à suivre le cours des choses puisqu'elle avait tout disposé pour qu'il fût heureux. La réalisation dernière ne dépendait pas de sa puissance.

Alors elle se versa dans la vie active. Elle étudia l'amour des autres, le passé des autres, l'avenir des autres. Et ce lui fut une charmante occupation car elle lui épargna tout chagrin. Autant elle s'apitoyait et se tourmentait sur sa propre fortune, autant les adversités d'autrui la laissèrent froide. Un très amusant exercice échafauder des phrases condoléantes ou joyeuses si artistement débitées, que les maupiteux comme les contents se persuadaient M<sup>me</sup> Polskoff toute leur amie. Comme à part soi elle se moqua de leur simplicité, de leurs mines convaincues, comme elle se jugea très forte à leurs dépens : oh la plaisante bêtise humaine ! A ses intimes elle voulait bien produire ses joies, à Luc surtout qui se pourléchait de ces histoires ; l'intelligent garçon.

Réfléchissant peu à d'autres choses, il ne lui vint plus de ces pensées avouables seulement à une très grande amie : Henriette partagea avec plusieurs l'office de confidente. Mais si Marthe admit un plus grand nombre de confidents, elle garda très jalousement secrètes quelques réminiscences, quelques convictions siennes. Jamais elle ne songea à les faire connaître.

Tel le sentiment qui l'unissait à Karl, un homme plus tard. Elle osait moins de caresses avec lui par une pudeur. Quand elle le tenait sur ses genoux, il lui paraissait alangui avec des frôlements doux de mâle. Tout de suite elle le mettait à terre, honteuse comme si elle eût failli. Tel encore le sentiment qui la liait à Félix de Cavanon dont un regard la troublait, fouillait son âme dans une sorte d'ironique recherche. Et par-dessus tout, il régnait en elle un grand amour de l'existence, à quoi elle asservit sa dévotion même. Elle eut horreur de la maladie. Elle évita avec un soin extrême les heurts, les égratignures ; prévoyant à la suite la gangrène, l'amputation, la mort. Parlait-on défunts, elle n'osait rire : si jamais la Mort se vengeait ! L'idée du cadavre lui était terrible, toute verdâtre, ricaneuse, calvite, gluante. Et l'immense torture, c'était dans les conversations, cacher cette crainte afin qu'on ne se moquât.

A restreindre ainsi constamment vers soi, la vie et ses pensées, et le monde, peu à peu les gens s'effacèrent hors elle, perdirent d'importance et s'atténuèrent dans l'ambiance des choses. Elle s'étonnait d'ouïr en sa mémoire de chaudes affections d'enfance et de vierge. Ces amies maintenant la laisseraient bien indifférente.

Et s'implanta dans son esprit une tendance à comprendre les personnes par teintes, par gestes, en collectivités de phénomènes, sans liaison.

Luc n'échappait point à cette loi. Au contraire,

par l'habitude de les percevoir, Marthe remarquait à peine ses couleurs, ses formes, sa voix; il devenait pour elle une sorte d'abstraction vague et parmi les sensations confuses qu'il suscitait celle-ci persistait la plus claire : il représentait le Moyen de Gloire, un instrument très cher qui fonctionnait mal et qui encombrait.

Aux êtres ainsi étiquetés dans sa connaissance elle assortissait d'instinct les questions et les réponses convenables, s'amusant d'eux, jouissant d'eux, en usant comme d'objets loquaces.

Et chaque jour elle reprenait aux autres un peu de sa confiance, un peu de son intérêt, les concentrant encore sur elle, s'affirmant seule devant le décor faux des hommes, du monde, seule avec les quelques pensées muettes semées tout au fond d'elle, dans l'immensité grise de son cœur.

*

A Sceaux, on fêta l'anniversaire de Karl qui joignait cinq ans. Gentils son teint clair, ses cheveux blonds et son torse délicat dans la minuscule veste en velours noir. Il regardait le champagne pétillant, fort sage, ses petits poings étendus sur la nappe aux côtés de son assiette.

Il siégea, pendant le dîner, à droite de M<sup>me</sup> Polskoff. A sa mère, il la préférait franchement. Marthe ayant prétendu offrir ce festin d'anniversaire, le petit consulté opta sans hésitations en sa faveur. Henriette en pleura. L'autre de la consoler : « les enfants ça sait-il. » Au fond, elle fut très fière et se persuada une victoire morale sur son amie. S'être fait chérir de l'enfant, ce ne prouvait-il pas la prééminence de ses soins. Henriette d'ailleurs méritait cette défection. En ce moment même, au lieu d'amuser Karl, ne riait-elle pas comme une folle aux plaisanteries discutables du peintre Vibrac. Plus loin, avec son visage rouge huché sur le plastron de la chemise, Luc s'exclamait : « Cabanel, de la crème délayée dans du sirop de groseilles, le tout sur fond d'angélique. » Les très jeunes gens, son auditoire, enchantés par cette définition poseuse.

La flamme du pudding égaya Marthe de sa valse bleuâtre. D'une mastication dilettante, elle dégusta le gâteau, elle jouit à enfoncer les dents dans la mie spongieuse. L'alcool s'épancha par sa gorge en chaudes et douces caresses fluantes.

Derrière le surtout chargé de fruits, derrière le nougat, Ribéride, les pommettes roses et les lèvres grasses, contait quelque histoire très drôle, pas propre sans doute. Cavanon tira la manche du procureur comme pour le mater ; mais, à l'expression jubilante de son visage, M<sup>me</sup> Polskoff fut bien sûre qu'il l'excitait plutôt. Et le mari d'Henriette se voyant découvert osa :

— Madame, monsieur votre oncle fait rougir mes cheveux blancs.

Il montra sa tête toute grise déjà, bien que

jeune. Cela seyait à sa face linéaire. Marthe surprise, séduite par cette plastique révélation de profil régence, se contenta d'une gentille menace avec l'index, et :

— Mon oncle ! mon oncle !

Le vieillard protesta, lança ses mains entre les cristaux dans son habituelle dextérité :

— Comment ! Marthe, mais c'est un fait typique, typique. Il faut connaître cela pour la curiosité de la chose.

Un billet de mille remis par le grand duc de Gerolstein... (un sourire, un clin d'œil entendus) à une actrice, en paiement d'une nuit amoureuse, était revenu au donateur trouvé chiche, avec cette mention : « Pour laver les draps. » Ribéride conclut, se forçant à être spirituel :

— Et nunc erudimini qui judicatis terram, comme dit Bossuet.

Ravi de son histoire, il essuya son binocle, ses paupières larmoyantes ; et les favoris tremblaient aux panses de ses joues étirées par le rire.

Ce rire gagna. Aux bouts de table, les bambins eux-mêmes épanouirent leurs mines fendues de chair rouge. Les jardins dessinés en leurs assiettes, les grappes sans raisins plantées dans la crême comme des avenues d'arbres, en furent oubliés.

Luc jugea :

— Il va bien le vieillard.

Cette plaisanterie vexa sa femme. Il avait vraiment raison de mépriser les autres ; il était si bien, lui. Aussi pourquoi cette insupportable ganache s'obstinait-elle à dire des sottises. Voici qu'il allait encore lâcher quelque indécence. Oh ! non, par exemple. Elle s'exclama, haussant son verre :

— A la santé de Karl ! et de tout le petit monde !... Aujourd'hui, c'est la fête des enfants : les grandes personnes n'ont plus le droit de causer entre elles.

— A la santé de Karl !

Et les petites menottes crispées sur les flûtes se tendirent vers le milieu de la nappe ; et les mains blanches des convives élevèrent leur champagne au lustre.

Cette affection pour Karl avait une récente origine.

A l'étude des lettres le petit garçon, longtemps, s'était tenu réfractaire. Une institutrice anglaise, un pion, un abbé tentèrent en vain l'instruire. Si on lui indiquait un livre, des larmes immédiates roulaient le long de ses joues subitement pâlies. Henriette elle-même, incapable d'obtenir son application. Le père brutalisa sans meilleure chance. Marthe se moqua, déclara qu'on ne savait s'y prendre, et, comme on la défiait de réussir, elle tâcha.

Un alphabet fut choisi dont chaque caractère couvrait une carte ; cette carte, mise devant le jour, dévoilait, par transparence, une image : un singe, un nègre, un aérostat... Pour « voir les bêtes dans le papier » Karl s'efforçait à connaître le caractère inscrit afin que M$^{me}$ Polskoff les révélât. Elle gardait la carte opaque jusqu'à preuve du savoir. Le paresseux boudait-il, elle, sans insistance, proposait d'autres jeux comptant bien l'entendre requérir le seul interdit. Pleurait-il pour ne pas remplir les conditions elle jurait défendue par des lois sévères l'exhibition de ces images à un ignorant « et il ne voudrait, n'est-ce pas, qu'on coupât la tête à Marthe. » Ce fut une lutte contre l'inertie du disciple. Elle s'imposait des patiences et des sourires quand elle aurait bien voulu manifester la colère. Parfois, devant l'obstination de Karl, une rage la secouait toute, lui crispait les mâchoires et les muscles de la poitrine, mais elle dissimulait ses énervances. La joie de vaincre enfin compensait tout ce mal par un légitime orgueil. Karl apprit lire en quatre mois. Elle l'instruisit plus complètement encore. Car elle ne laissait pas de satisfaire à ses questions ; et, souventes fois, partis du singe, ils abordèrent la botanique par les cocotiers, l'histoire naturelle par les simiesques, la géographie par Dehly.

Très fière, elle le présenta partout comme un témoignage de son habileté. Où avait chu toute la gent pédagogique, elle réussit. Et elle aima l'être gracieux qui lui valut ce triomphe.

Elle accapara cette petite personne. Elle l'habilla de costumes en velours noir à culottes bouffantes, de foulards grenat, de grands cols blancs, de toques de Higlanders.

Elle le promena dans les fêtes. A Saint-Cloud, elle lui acheta des mirlitons plus hauts que lui. Mais il fut « tannant » dans les foules. Il tirait M$^{me}$ Polskoff par la main afin de lui servir les motifs de ses extases : des baraques laides. Elle, pour le suivre, était contrainte à frôler les gens du peuple, les soldats, les servantes, tout cet horrible monde aux odeurs fortes, aux habits frustes. Et les plébéiens, ôtant de la bouche leurs puantes pipes, se permettaient des réflexions sur l'entrain « du gosse » avec de gros rires stupides et saliveux. Le soir, engourdi de fatigue, l'enfant se faisait hâler, les yeux clos, se heurtant aux promeneurs, jusqu'à la voiture où le sommeil l'affaissait. Parfois, après ces pénibles retours, le gant de Marthe était en loques, et elle se promettait distraire son élève par d'autres moyens.

Cependant, à la maison, ses formes frêles et rondes, ses gestes brefs et agiles charmaient. Avec une audace toute virile, il escaladait les armoires, chevauchait les sièges, brandissait ses armes de bazar pour l'attaque d'un ennemi invisible mais tenace. Et Ribéride, tout de suite, tirait un horoscope : Karl serait un homme d'action, un entreprenant. Puis, de chaque chaise, le vieillard inspectait les jointures et les tissus dans la crainte que les évolutions du môme n'eussent dégradé ses meubles. Un artisan de mérite rare, travaillant en chambre, avait construit, d'après les ordres du procureur, cette garniture de salle à manger, selon les trônes curules en usage chez les Romains. Des pièces uniques, solides. Et Marthe :

— Quand même il aurait un peu abîmé vos meubles ; n'est-ce pas une affaire ?

A l'avantage de Karl elle lui comparait les autres garçons. Et des souvenirs personnels d'enfance lui revenaient. Telle sa première confession : à quatre ans, une gouvernante pieuse l'avait conduite au tribunal de pénitence : le silence qu'on observait, l'obscur du lieu saint intriguèrent la fillette ignorant les rites ; et, à l'apparition subite du prêtre derrière son treillis de bois, elle crut à un jeu inédit et cria : « Moi, je vois tes petits yeux. »

Elle s'adorait ainsi, très jeune, toute gentille, vêtue à l'antique mode de manches à gigots, de pantalons à grandes broderies, de chapeaux cabriolets. Et Karl ayant été courir dans le jardin, l'oncle rappela comment Marthe et Henriette, autrefois, s'amusaient « à faire les grosses dames en chemin de fer » : cela consistait à se tenir assises silencieuses, l'une en face de l'autre, comme des grandes personnes qui ne se connaissent pas...

— Et ce qu'il y a de bon, ajouta-t-il, c'est que, pour imiter tout à fait les grosses dames et les dames... grosses, vous mettiez là, sous vos robes, les manchons de ma pauvre sœur.

Il s'esclaffa. Marthe, haussant les épaules, s'égaya un peu ; mais, il n'appartenait pas à un vieillard raconter des choses semblables. Et elle sortit.

En passant au boudoir, elle se mira en la glace de Venise : comme toujours, ses formes se découpaient sur le fond d'or à fleurages noirs, en avant des meubles bas et clairs. Dans sa longue jeunesse de blonde, elle est toujours Marthe Grellou. Sa face mate n'a changé ni sa lourde chevelure. Sous le corsage de transparente grenadine, la poitrine repose plus ample, et ses bras plus ronds blanchissent le fin canevas. Les hanches épaissies se dessinent davantage sous la faille des jupes aux cassures brillantes, aux jais luisants. De plus en plus une majesté imprègne sa tournure ; de plus en plus elle devient *dame*.

Et toujours elle ressent le même bonheur à se comprendre belle. Bonheur tout intime fait d'une multitude d'autres bonheurs qu'elle perçoit de ses seyances, ici et là, sur la traîne élégamment virante, sur le torse aux lignes perdues ; parmi les mèches volutées des cheveux, dans sa pupille profonde.

Et au long des mêmes fauteuils blancs les mêmes dessins hiératiques s'étalent par riches bandes ; en la même tapisserie d'or verdâtre, se piquent les mêmes fleurettes noires, discrètes ; la couronne cristalline du miroir darde les mêmes reflets froids et le même miroir stagne, limpide.

Seulement, il dévale de là-haut une mélodie bizarre, pianotée par Luc. Cela vibre en lamentations vagues, sautille en clapotis de notes aiguës, meurt ; renaît par très faibles ondes.

*

Et les mois s'enfilaient aux mois, les hivers aux automnes, les étés aux printemps sans vêtir de neuf la monotone vie.

Au quinze octobre, on disposait des nattes sous les chaises de l'église de Saint-Sulpice pour recouvrir les dalles froides. Chaque dimanche, M<sup>me</sup> Polskoff y venait de Sceaux ouïr la messe, ce voyage la distrayant. Et malgré le luxe fleuri de l'édifice, une tristesse l'absorbait. C'était un indicible malaise, une picotante envie de pleurer, un air lourd qui roulait dans sa poitrine et s'échappait par soupirs. Elle pensait à la paresse étrange de Luc, à son âme à elle, sa pauvre âme sensible, heurtée par les appétits insoucieux des autres.

Alors s'accrut l'adoration du Christ. Comme lui, elle souffrait, et comme lui, elle était méconnue. Et, par de ferventes oraisons, il fut supplié afin qu'il accordât à sa servante un peu de son courage divin. Elle eut des tendresses pour le grand corps de bronze cloué à la croix au-dessus du banc d'œuvre. La couronne d'épines, les ruisselantes déchirures du front céleste l'emplirent d'un chagrin sacré. Elle imagina le vivant modèle de cette sculpture, les caillots de sang épandus dans la chevelure agglutinée, les veines des mains crevant à la pression des clous, les lèvres révulsées de la blessure costale. Mais le Messie était un Dieu, un Dieu sûr de sa résurrection et de son triomphe ; elle, une chétive créature sans espoirs. Et derrière cette mâle figure de l'évangélique épopée, la douce face de la Vierge graduellement s'atténua, disparaissante.

Cependant, si Marthe implorait le Christ dans les malheurs, elle réservait à sa Mère les moins importantes suppliques. Ainsi elle n'eût pas tenté l'invocation de Jésus pour obtenir que Luc avançât de trois pages son éternel roman. Mais, dans ce but, elle consacrait à Marie des neuvaines et promettait des stations pieuses dans les basiliques éloignées.

Et sa croyance au talent de son mari ne s'ébranlait pas. Une crainte seulement que l'œuvre ne fût pas achevée ou que l'auteur ne se décourageât. Marthe demandait en grâce que la Protectrice mît fin aux dispositions maladives de M. Polskoff. Puis, réfléchissant, elle s'apercevait que cet état morbide l'avait soustraite aux amours obligatoires. A cette idée d'abstinence, un orgueil d'elle-même l'imprégnait. Parmi la multitude des épouses polluées dans la conjugale luxure, elle demeurait chaste et maîtresse d'elle-même, absolument. Et elle n'accomplissait que le devoir strict : cinq ans d'union stérile avaient déçu ses vœux de mère ; et son corps soumis à d'actuelles caresses satisferait uniquement les immondes désirs de la chair. Cela ne devait être. Et quand même elle ne s'avilirait pas au niveau des filles.

Aussi méprisait-elle l'affection dont Henriette s'avouait prodigue envers son Félix. Là ne se bornait point du reste, pour Marthe, la manifestation de sa supériorité sur la cousine. Elle aimait l'avoir constamment près elle afin d'établir comme un étiage comparatif de vertu et de bonnes manières où elle s'efforçait à toujours prendre la plus haute marque.

Au fat l'envisageant dans les rues, elle maugréait des insolences plus acerbes que n'en lançait Henriette. D'ailleurs elles s'entendaient parfaitement. A deux, elles témoignèrent les mêmes dégoûts en rencontrant sous le porche de Saint-Sulpice certain loqueteux dont un œil se projetait de l'orbite, sanguinolent et atone. Il s'exhibait avec complaisance, quêtait l'aumône dans un feutre vert de crasse tenu par un moignon. Ces dames eussent voulu qu'on déportât l'horrible mendiant et ceux de même espèce en quelque colonie lointaine où ils seraient mieux certainement. A deux, elles possédèrent de semblables cachemires à fonds blancs qu'un officier anglais, ami commun, leur expédia des Indes. Elles s'y drapaient de semblable façon, comme l'impératrice. A deux, elles dilectèrent les chapeaux en velours noir panachés de rose tendre, la grande mode. Elles virent ensemble *le Gendre de M. Poirier*. Elles vilipendèrent l'auteur : « spéculant sur le jacobinisme d'épiciers en délire, » une phrase de Marthe, qu'elle trouvait bien faite et qu'elle aimait : le parterre avait applaudi frénétiquement la tirade où M. Poirier menace détruire le manoir du marquis et y substituer un champ de betteraves. Le duc de Morny, qu'elles ne connaissaient pas, était pour elles le roi des gentlemans ; M. Haussmann, un spéculateur sans vergogne. Elles déplorèrent le sort de l'actrice Marie Rose que sa gentillesse « damnait. » Elles comparèrent les sœurs Brohan aux grandes courtisanes grecques, les révérant presque. Mais Cora Pearl, aperçue aux courses, fut condamnée laide. L'impératrice jugée une femme ayant le bon goût de cacher à tous ses misères ; Edmond About, le premier des écrivains modernes.

Et de tout ce monde elles n'enviaient personne.

Ribéride confirma leurs opinions. Il savait la chronique intime de la cour et il contait les frasques de la Metternich avec des sous-entendus émis dans un sourire, entre la parenthèse de ses grosses lèvres rases. A se divertir de la gaudriole, l'oncle vieillissant découvrait un penchant trop vif, dont Marthe, sévère, le réprimanda. Pourtant elle ne put l'empêcher de reproduire à tout propos les histoires grassouillettes dont Paul de Kock encombrait la presse. Au grand dépit de M<sup>me</sup> Polskoff, Félix de Cavanon venait soutenir le narrateur. Car le landau d'Henrietre, après avoir promené les deux femmes et le petit Karl, allait vers le soir, prendre Ribéride au palais de justice, Félix de Cavanon au ministère de la marine et Luc en quelque brasserie littéraire où il donnait rendez-vous d'avance.

La voiture roulait alors par les boulevards, entre la double haie des arbres touffus. Le soleil fluait sur les toits bleus, sous le ciel gris rose, se filtrait dans les feuilles diaphanes, claquait les vitres des lampadaires d'une aveuglante réflexion. Au loin des pans de murailles se dressaient énormes, habillés de réclames à lettres gigantesques, imagés d'immenses diables verts semeurs de vêtements confectionnés. Par delà les chapeaux miroitants de ces messieurs, par delà le dos roide du cocher étreint en sa livrée brune, il se mouvait un taillis de fouets grêles, de coiffures à aigrettes, un étincellement de coupés véloces, à panneaux lisses aux côtés d'un tonneau-arroseur cahotant. Et, derrière la haie des platanes c'est l'asphalte blanchâtre, les flâneurs en habit sombres, les filles en toilettes claires, le rire multicolore des vitrines arrangées. Tout proche, les surrections brusques des kiosques polychrômes, les bancs très bas où posent des individus suant, surchargés de fardeaux et qui regardent.

Soudain se ruent dans la chaussée les maigres sergents de ville ornés de moustaches et de bicornes. A gesticulation furibonde, ils font ranger les voitures contre les trottoirs :

— L'Empereur !

Un silence aussitôt calmait la monstrueuse rumeur. Apparaissaient deux piqueurs cavalcadant en hauts chapeaux galonnés d'or ; puis l'équipage : les quatre alezans avec, sur leurs échines, le hochement des jockeys aux vestes étroites, aux casquettes écrasées sous le gland d'or ; dans la calèche un monsieur effondré, l'air endormi, filant l'œil par-dessus les pointes de sa moustache aiguë, annuant de la tête aux vivats de la populace ; deux piqueurs encore dont on remarquait longtemps les culottes blanches sursautant sur les croupes des chevaux. Et le souffle de la foule en affaires ahannait de nouveau ; les roues mordaient le macadam, le fracas uniforme des circulants bruissait sous les platanes.

*

Vint l'Exposition. Un encombrement, à la villa, d'amis provinciaux à peine connus jadis ou même ignorés : de jeunes hommes munis de sacoches ; ils étalent sur la nappe la nudité de leurs mains potes ; ils rient aux servantes et interrogent dès le champagne où chante Thérésa ; des dames toujours prêtes à sortir, ou revenues après emplettes ; des vierges à formes opulentes, à poitrines rebondies sur lesquelles se tendent des corsages en popeline d'un bleu hurlant ; elles ne parlent jamais. Cela enchante Marthe qui les bourre de pâtisseries et les englue de liqueurs douces. Sans cesse il lui faut indiquer des itinéraires, instruire sur le prix des omnibus, étendre des plans pour découvrir les ruelles inouïes où se juchent les parents éloignés de ce monde.

— Pensez donc, ma tante Hollache.... si jamais elle savait que je suis venue à Paris sans la voir.

Un dortoir improvisé au salon pour les mâles.

Et c'est une délicate étude deviner les haines héréditaires qui divisent cette cohue, y soumettre l'installation des convives, partager en camps les différentes parties de la nappe, et les fortifier de larges intervalles entre les chaises.

Marthe esquive ses invités sous prétexte de surveillance. Elle descend à la cuisine, au sous-sol. Le soleil d'après-midi s'épanche en lueurs calmes par les demi-fenêtres dans la salle, propre. Une petite bonne à faux-col, sanglée d'une robe noire, hache par coups rapides les herbes qui ressautent en miettes. Une matrone, ceinte de tabliers sanglants, pince de tous les doigts les viandes molles et y enfouit des lardons. Il sourd des aromes gras. Les cuivres des casseroles resplendissent par leurs culs rubiconds; les tables grattées présentent, en files, des volailles aux bréchets aigus, aux crêtes écarlates et pendillantes. Des légumes y gisent: des poireaux élancés, anémiques, aux longues chevelures d'albinos; des choux trapus, exubérants aux artères violacées, aux feuilles apoplectiques; des salades mornes, des carottes rugueuses, des pois lisses. Les œufs ont des transparences rosâtres ou mauves ; les poissons montrent des nacrures, des moires vertes, des cuirasses saignantes tandis que la laitance crève leurs ventres vernissés d'opale.

Aux parfums que fleurent ces victuailles fraîches, Marthe, experte, préjuge les délicates gustations perceptibles de chacune. Méditante, elle feuillète les codes culinaires non pour en observer servilement les préceptes, mais afin que cette lecture lui inspire une combinaison originale de condiments. Sous son regard s'alignent en tas les aulx, les persils, les ciboules, les cerfeuils ; un flacon exhibe les anchois argentés gaufrés d'huile brune. La salive imprègne subitement la langue de M^{me} Polskoff : cet étalage lui remémore les bonnes choses déjà savourées. Elle classe en réserve dans son esprit quelques sapidités rares dont elle mariera tout à l'heure les ingrédients pour la confection d'un plat harmonique. Soudain, il se révèle à la sagacité de son imagination une entre-côte sautée avec des olives et baignée d'une sauce au malaga dont elle hume par avance le fumet exquis. Elle énonce ses intentions. La cuisinière sourit, approbative ; la petite bonne retrousse son tablier blanc, trie les mixtures et façonne la viande en forme oblongue.

Bientôt tout cuit.

Les chairs des poissons pâlissent dans l'eau brûlante ; les volailles pansues, magistrales prennent, devant la flamme, une patine roussâtre et pleurent des larmes de graisse ; les laitues s'érigent dans des faïences à filets pourpres et s'ornent de coquettes capucines ; les œufs pétris dans la farine deviennent une pâte consistante, des murs de tourte ; les sauces mijotantes chantonnent sous les couvercles qui tressautent ; et le beurre secoué dans la poêle a de longs rires criards.

M<sup>me</sup> Polskoff ne peut soutenir plus longtemps cette joie de la chère. Il se manifeste secrètement à elle-même que ses appétits vont la vaincre, qu'elle va plonger des mouillettes dans toutes les sauces et réaliser ses délicieuses prégustations. Mais les servantes sont là : elle exprime un dernier avis et s'empresse de fuir.

Déjà rentrent les invités las. M<sup>me</sup> Polskoff s'inquiète de chacun et, comme elle veut s'imposer gracieuse à leur rusticité, patiemment elle s'extasie devant leurs achats, des éventails malpropres où se reproduit, au recto, l'exposition, au verso, le plan de Paris. Elle trouve un mot d'admiration pour les miroirs cadrés de coquillages, pour les cartouches Lefaucheux, pour les pièges à mulots, les photographies d'actrices et les sonnettes électriques. Mis à l'aise par ces compliments, les campagnards louangent bientôt leurs pantalons neufs de couleur panade ; les vierges, des coraux montés sur argent et les dames livrent aux félicitations des plaids verts et rouges, des chapeaux jaunes. Enfin le domestique annonçant « Madame est servie » délivre Marthe excédée.

Elle eut horreur de ces gens. Ils lui paraissaient très loin d'elle, d'une autre race pas fréquentable, intangible. Elle se les représentait dans des pays perdus, poudreux, plats, où ils lampaient de la bière, vêtus de blouses courtes et de guêtres boueuses, et tout en sueurs dans le délire brutal des kermesses.

Et Luc si féminin, tant affiné parmi ces colosses bestiaux, partagea cette horreur : Elle lui en sut un gré infini.

Ribéride remarquait :

— Hein ? Vous vous plaignez quelquefois de votre mari... Si je vous en avais choisi un comme ceux-là.

— Oui, mais...

— Oui, mais, oui, mais : ce sont vos parents, nos cousins ; des Drafner-Ribéride, des Lorion-Grellou, des Jean-Baptiste Grellou et Octave Grellou, de beaux gars, là, hein ?

Il riait, il courait les entretenir d'argent. Quand il les engageait sur ce thème, eux ne tarissaient plus, enthousiastes : « de la terre, de l'argent ! » Ils retournaient leurs âmes comme des poches, ils exaltaient leur avarice de paysan comme une vertu unique, propre à eux seuls ; et, sans cesse, revenait en leurs discours l'explication de leurs mariages où les futurs s'estimaient par vaches et par hectares.

A ce moment, Luc se levait, occupait le piano, jouant en sourdine, pour ne les point interrompre, la valse de l'or, une harmonie de notes cliquetant comme des écus entrechoqués.

Et si un vieux rustre s'irritait au récit d'une perte pécuniaire subie vers une époque ancienne, le musicien accompagnait crescendo la voix montante et jurante du narrateur, en activant la mesure des sonorités métalliques.

Marthe, Ribéride et les intimes de la maison se gaudissaient discrètement sans que le cultivateur devinât l'ironie ; au contraire il s'échauffait, narrant ses revanches, les notaires voleurs volés à leur tour ; puis, les mains à plat sur ses larges cuisses, il recevait orgueilleusement les approbations de ses confrères et les railleries fardées des citadins.

Luc alors abordait une antique mélodie de Bach. La rêveuse mélopée planait légère, en diaphanes vibrations, se volutait par ondes ascendantes, évanouies. Et le contraste de cette musique spirituelle rendait encore plus grotesque l'ennui inavoué des campagnards massifs.

Son mari absorbait les regards de M$^{me}$ Polskoff heureuse. Les doigts effilés du jeune homme frôlaient les touches de contacts devinés plutôt que vus. Ses épaules semblaient frémir à la volupté des harmonies ; elles se crispaient aux lacis de gammes ; elles s'élargissaient à l'aise, la difficulté vaincue. Tout le corps de Luc sentait avec son esprit et se tendait avec son attention. Ses longs cheveux voletaient aux renforzandi ; sa flave moustache flottait sur son haleine susurrante, ses cils battaient les paupières aux expirances des mesures.

Combien charmantes à Marthe les flexions de ce corps sensitif. Elle goûtait des joies de possession depuis longtemps oubliées. Et son admiration elle la savait soutenue par tous les amis de Luc. Le peintre Vibrac l'affirmait le seul écrivain capable de s'initier au coloris; le chroniqueur Ephrem d'Ebrandes jurait dire tout le bien qu'il pensait sur l'œuvre de son hôte. Et le tout jeune poète Marie Tarduin, le petit garçon aux cheveux taillés en page, Marie Tarduin qui déclarait : « moi je suis tout une lyre, » Marie Tarduin habillé de gilets anémone et de cravates pervenche, dédiait à Luc ses premières ballades encore inédites, *les Ephémères*. Enfin Félix de Cavanon appelait Polskoff « mon cher gentilhomme » et l'introduisait au Faubourg.

Marthe aimait ces gens d'esprit à l'élégance parisienne qui remplissaient dans son intérieur des fonctions décoratives. De leur réputation, ils embellissaient sa demeure, ses promenades, son mari. Ils lui procuraient d'excellentes places pour les revues et les défilés ; ils la menaient au salon le jour du vernissage, ils ornaient ses festins de leurs camarades célèbres.

D'autres moins intimes ne venaient qu'aux réceptions : vieux amis de Ribéride qui, chaque fois prononçaient les mêmes paroles et reflétaient les opinions de l'oncle. Personnages ternes, aimables, complimenteurs, approbatifs, à qui

Marthe pouvait montrer ses robes neuves et ses plus récents bibelots à la seule condition de vanter en termes connus leurs avis et leurs habitudes immuables, partagés encore par leur descendance. Elle les affectionnait présents mais n'y songeait point en leur absence.

Toujours chez elle Vibrac et Ephrem d'Ebrandes, les boulevardiers notables. Le premier, un monsieur grisonnant et large. M$^{me}$ Polskoff, quand elle était taquine : « vous ressemblez à un notaire qui a voulu se faire la tête d'Henri IV. » Gastronome surtout le chroniqueur, un hobereau ruiné, cocodès, affichant le dégoût des choses, des hommes, très versé dans les paris hippiques, plastronné de linge blanc, guêtré clair, la tournure roide comme la moustache. Vibrac usait de chapeaux à coiffes brunes, d'Ebrandes portait les coiffes blanches. Cela le différenciait surtout dans la mémoire de Marthe ; et, ne sachant pourquoi ce détail de leurs personnalités primait pour elle, il ne lui fut jamais permis imaginer ces messieurs sans leurs chapeaux.

Et les libres conversations posant sur tous sujets leur étaient délicieuses, après le départ des provinciaux que l'oncle pilotait dans les théâtres.

Avec Henriette, M$^{me}$ Polskoff visitait l'exposition. L'immense bâtisse pavoisée de tous les drapeaux clamait au loin une gaieté riche. Les oriflammes jaunes, rouges, tricolores houlaient sur les grandes voûtes étendues. Le jardin de l'impératrice se dessinait en cercles de fleurs pourpres, cadres des pelouses rases ; de violâtres jets d'eau s'y pulvérisaient ; mais les trop nombreuses réclames des industries jardinières enlaidissaient ce lieu.

A l'intérieur les perspectives allongées des galeries se courbaient en arceaux et c'était sur les parois immenses, sur les comptoirs successifs une agglomération fatigante de choses inconnues. Cette vue lassait. Cependant stationnaient à certains endroits les deux amies. Le cygne d'argent qui remuait les ailes, maintenu sur une glace aux rides aqueuses, était une belle œuvre d'orfévrerie. Un coin d'atelier oriental leur révéla des pays soupçonnés seulement par les gravures. Les hommes basanés, barbus, vêtus amplement d'étoffes brunes, façonnaient de menues cassettes, des grains de rosaire. Graves et silencieux, ils s'exhibaient accroupis près un tour qu'un axe fixé dans leurs orteils mouvait. Bonheur de Karl à ce spectacle. Les grands yeux doux qu'ils levaient parfois vers elle intimidaient Marthe. Une pudeur fière de se comprendre voulue. Comme une extrême dépravation elle réprouva l'intime pensée vers ces désirs exotiques, musulmans, qui une minute, l'avait prise. Elle était contrainte à faire efforts pour s'exclure de l'esprit l'impression malsaine. Ce trouble tenace la mettait en male transpiration.

Ailleurs un vieux lapidaire de figure morose offrait le diamant à la morsure d'une meule. Son habile minutie versait Henriette dans l'extase. La gemme se polissait lentement, bleuissant au contact des peaux, des doigts, et d'une poudre grisâtre qui scintillait. Mais l'indifférence de l'artisan pour le public agaçait M<sup>me</sup> Polskoff qui le déclarait sale.

Hantée d'une inavouable malacie, elle s'arrêtait devant les étoffes, les cristaux, sans regarder. Elle répondait des approbations aux avis de sa cousine bien qu'elle les devinât ridicules d'après le dernier mot seul entendu : ainsi, elle fuyait la peine d'une réfutation. Tout entière elle luttait contre l'opiniâtre fantôme de l'oriental, de sa cornée blanche frangée de cils épais, de sa pupille profonde. Obstinément perceptible, cet œil la pénétrait, évoquait ses anciens souvenirs de vierge inassouvie et curieuse. Un frisson lui secouait les reins, lui contractait la poitrine. Honteuse de cette faiblesse, elle s'acharnait avec une rage secrète à bannir de son intelligence cette luxure, à s'absorber dans le mécanisme des locomobiles en action près elle. Les volants des machines monstrueuses enveloppés de courroies rapides l'effrayèrent. Cela lui faisait imaginer un mécanicien pris dans l'engrenage, sanglant, et qui, moribond, la considérait avec l'œil languissant de l'oriental.

Oh! pourquoi cette immonde obsession? Elle détournait encore son esprit, de force: elle l'asservissait à l'examen des fleurs réunies dans la serre. Les cannes à sucre lui rappelaient les pays tropicaux, les nègres... les musulmans à la pupille profonde dans la cornée blanche. En vain, elle se révoltait contre cette turpitude de soi. Aux écuries russes, les moujiks à cafetans verts, à larges braies, à hautes bottes, elle les comparait malgré elle aux tourneurs orientaux.

Même à Sceaux cette affreuse tentation lui fut implacable. Quelle folie, se complaire au souvenir de ce regard afin de ressusciter l'impression algide et la male sueur subie devant l'Arabe. La pure Marthe, l'épouse très chaste serait-elle vaincue par les basses tentations de la chair ? Ces hommes, des brutes, des esclaves, des plébéiens sans éducation... mais forts, mais musculeux, mais prometteurs d'une volupté mystérieuse et tacite, superbement féroce.

Un jour, qu'elle n'avait pu refuser l'invite d'une partie à l'exposition, elle souffrit, revenue chez elle, le paroxysme de ce trouble : par tout son corps un enlacement de membres lisses, nerveux et chauds. A ces sensations, sa poitrine se hérissait, sa gorge se serrait dans l'angoisse d'un spasme ; des chaleurs fluèrent en elle et transpirèrent sur ses tempes moites. A serrer ses jambes, ses mâchoires, ses bras, à envelopper son corps de ses propres étreintes, à embrasser sa peau elle eut un minime soulagement. Elle ne comprenait ce délire subit, surgi d'un coup à l'aspect d'êtres méprisables. La voilà donc ravalée au niveau des bêtes. Et elle se lacérait de profondes égratignures pour que la douleur étouffât les transports. Cette cruauté l'énerva davantage ; ses grincements de fureur se changèrent en rauques appels de la volupté. Elle fut obligée à se feindre malade.

Dans sa chambre de jeune fille elle se réfugia.

Si on y pénétrait, elle simulait le sommeil pour ne point définir ce qu'elle travestissait migraine. Luc, heureusement, restait à Barbizon avec Vibrac dans une auberge de peintre, près Fontainebleau. S'il eût été là en ce moment, elle se devinait capable de lui faire des avances peut-être. Quelle honte après tant de diplomatie pour s'affranchir !

Elle demeurait abattue sur sa couche, la figure dans l'oreiller. Tout son être se révoltait contre les flagellations de la chair, contre cette puissance qui l'étirait, qui lui tordait les mains contre le mur, les pieds contre le bois de lit, qui tassait sa tête dans ses épaules. Un vouloir de lasser par de grands efforts cette ignoble ardeur.

Il était le deuxième jour de crise. Aux joints des rideaux, le jour se filtrait radieux illuminant les meubles et ruisselant sur les membres torturés du crucifix.

Et Marthe pria, réclamant sa paix première. Elle avait vécu jeune fille dans la même chambre. Rien n'y était changé sinon la couleur du ruban noué sur la croix d'ivoire du chevet. Et ce symbole de sa pureté perdue la hanta. Elle s'aima vierge, ignorant encore le dégoût des accouplements, des pensées mauvaises ; elle s'attendrit sur son actuelle infortune : ses rancœurs, ses désillusions, la paresse de Luc, cette étrange pollution de son âme, Ribéride, qu'elle respectait tant, devenu vieillard lascif ; ces provinciaux frustes qu'il lui fallut recevoir et qui, partis enfin, avaient accru sa science de l'ignominie humaine ; et Henriette, son unique amie, obtuse aux insinuations, aux secrètes douleurs de la pauvre Marthe. Comme elle était malheureuse et maudite de Dieu et damnée.

Un désespoir l'empoigna. De nouveau elle se comprit seule dans le monde immense, sans affection. Les cinq années vécues, épouse, inutiles et décevantes à chaque heure. Autour d'elle, tout croulait dans l'universelle débauche.

Et voici que son corps lui-même la trahissait. Elle se découvrait semblable au reste des êtres. A elle-même elle se répugnait : ses mains envieuses des sales étreintes, elle les écarta loin comme si elles eussent exhalé une odeur de putrescence. Ainsi qu'une chienne en folie un rut bestial l'avait arse.

Un air gravatif roulait dans sa poitrine, montait à sa gorge qu'il heurtait de sanglots. D'innombrables piqûres brûlaient ses paupières. L'air se frayait un passage par sa bouche hocquetante.

Cette atroce tension, qui la géhennait depuis deux jours, rompit. Elle pleura.

Et ce lui fut un grand apaisement. Il semblait que le virus de ce mal inconnu s'épanchait avec ses larmes. Ses entrailles fraîchirent. Sa poitrine ne se dressait plus dans la peau trop étroite ; ses doigts reposaient sans crispations, et ses membres, et ses jointures. Ses joues sursautaient doucement ; chaque soupir déchargeait ses flancs d'une pesanteur : un soulagement, un rajeunissement de soi. Elle se plaisait à larmoyer boudeuse comme une petite fille.

Et l'ennui vint. Il se manifesta ridicule n'être point descendu depuis deux jours. Elle devenait sotte vraiment et s'écoutait trop. Levée, elle n'eût souffert de cette chaleur émise par l'amoncellement des draps et des couvertures. Les crampes ? — défaut d'exercice. Un bain eût fini ce malaise.

Au lit, elle pâtissait : le frottement de la toile sur sa peau, ses plis rudes, les oreillers bossus, défoncés, autant de tortures.

Et sa chambre apparut malpropre : en leurs tasses japonaises, les camélias s'affaissaient déhiscents, jaunis ; la Flore en vieil argent posée d'un pied sur la pendule poussiéreuse comme indécise et les fleurs de ses guirlandes recélaient des souillures. Une atmosphère grisâtre valsait lente dans les rayons du soleil automnal. Alors une peur surprit Marthe que le désordre ne régnât ainsi par toute la maison. Catherine et Marie, les bonnes, qu'avaient-elles encore gâté loin de sa surveillance ? Quant à Louis, le domestique, il avait certainement omis ratisser le gazon...

Elle retrouve ses bas sur une chaise. Elle enfile son peignoir et, toute contente de marcher, s'approche à la glace. Sa figure hâve, ses cheveux épandus et emmêlés, ses yeux rougis lui apparaissent par-dessus la cuvette. Elle murmure :

— Hé ! j'ai été bien malade tout de même.

Complaisamment elle s'occupe à laver son visage, à emplir le démêloir de sa chevelure soyeuse.

Et par la croisée ouverte, un vent douceâtre pénètre en bouffées. Dehors les feuilles sèches tombent une à une avec un bruissement mou, et le singe projette son cri colérique.

★

Longtemps Marthe n'osa approfondir l'origine de ce mal par crainte d'apercevoir au fond de soi le péché immonde. Elle ne voulut même pas tenter la confession.

Le lierre rouge s'ensanglante aux fins de jour, les cimes des tilleuls chauves découvrent les nues pansues ou dégouttent sous les pluies grises. La pelouse est un grand cimetière pour les cadavres recroquevillés des feuilles. Luc écrivit qu'il prenait des notes à Barbizon, que les bois se dévoilaient superbes en automne, que Vibrac achevait un paysage magistral. A Marie Tarduin, venant prendre des nouvelles, M<sup>me</sup> Polskoff montra la missive. Elle s'étonna de le voir se mordre les lèvres comme pour cacher un rire. Quelle insolence. Au reste, il se montrait insupportable ce petit. Bien qu'on lui déterminât à chacune de ses visites les heures où M. Polskoff était visible, il se trompait sans cesse et arrivait Luc absent; puis il infligeait à Marthe sa pauvre conversation. On eût dit qu'il le faisait exprès. Il dépensait une galanterie excessive, ridicule. Elle ne le pouvait souffrir.

Henriette se présenta pendant qu'il terminait la lecture. Et tout de suite ce fut à Marthe une distraction : elle ne pensa plus à la lettre ni à Tarduin sinon dans un intime désir de le voir s'en aller. Subitement Henriette interpella :

— Voyons, monsieur, il faut que vous me disiez une chose.

— Volontiers, madame.

— Qu'est-ce donc que ces brasseries nouvellement installées dont tout le monde parle ? J'ai demandé à Félix de m'y conduire : il m'a refusé.

— Il n'a pas eu tort.

— Qu'est-ce alors ? Vous savez, les femmes sont si curieuses... On y commet donc des horreurs ?

— A peu près. Ce sont des cocottes qui servent. Vous comprenez...

— Je n'avais jamais entendu parler de ça,

interrompit M^me Polskoff. Mon Dieu, y a-t-il des gens ignobles ! Et vous, y allez-vous, M. Tarduin ?

— Mais, madame, comme tout le monde.

— Et vous n'êtes pas honteux ? Comme tout le monde,... comme tout le monde,... vous voulez dire comme tout un certain monde...

— Hé, je connais des hommes mariés qui y vont.

— Pas nos maris, au moins, dit Henriette.

— Non, madame, pas le vôtre.

D'une façon très brusque, Marie Tarduin s'était tourné vers M^me de Cavanon tout en regardant Marthe. Aussitôt l'ironie qu'il avait marqué en lisant la lettre se manifesta intentionnée. Cela voulait dire que Luc trompait sa femme ; et le manège de venir pendant les absences du mari, de s'exhiber joli et aimable cela voulait dire : prenez-moi pour consolateur. Toute cette machination, en une seconde, s'expliqua lucidement à l'esprit de Marthe furieuse. Elle décida aussitôt qu'elle saurait.

— Et où se trouvent ces endroits interlopes?

— Oh, madame, vous êtes bien dure... Il y en a un peu partout. Je n'en connais qu'une, une au Quartier Latin, rue Racine, qui a pour enseigne *Aux Neuf Muses*.

— Et c'est là que vous rencontrez ces maris ?

— Oui, madame, de grands coupables qui, ayant le bonheur d'être unis à de délicieuses femmes...

Une chose surprenait Marthe extrêmement : cette révélation ne la commotionnait pas, encore qu'elle ne l'eût jamais prévue. Seulement elle éprouvait un immense dégoût pour cet homme qui portait l'argent du ménage aux filles, et pour cet autre qui spéculait sur cette conduite ordurière afin d'être son amant.

Combien méchante elle railla le médisant jusqu'à ce qu'il partît. Comme elle dénigra son talent, comme elle répéta les critiques féroces sur *les Ephémères*, dont Luc lui avait fait confidence, comme elle lui indiqua ses mains plébéiennes, lourdes et rouges malgré les soins. Une revanche qu'elle prenait. D'abord elle le fâchait avec Luc. A son tour Tarduin dénigrerait Polskoff ; ils s'abimeraient l'un l'autre : c'était la joie.

Et lui tout pâle, tombant de ses espérances, vilipendé, honni d'intelligence et de corps devant la bavarde Henriette qui riait à pleine gorge, répétant :

— Oh! Marthe, Marthe, pourquoi lui en veux-tu ?

M<sup>me</sup> Polskoff niait, haussant les épaules, pensant : « elle ne comprend pas, l'idiote. »

★

Contre Marie Tarduin surtout, elle s'indigna. La commisération que ce bambin ridicule lui avait servie la mettait hors elle. Le plaisant sire se figurer qu'on allait choir en sa faveur, ce pique-assiette qui dénonçait son hôte. Bien canaille déjà, le petit monsieur, pour son âge. Cette extrême bassesse induisit Marthe en doute : peut-être la désirant fort, — elle était si charmeuse, — n'avait-il omis le mensonge pour atteindre ses fins. Cette idée l'obséda ; elle résolut l'éclaircir.

Dès le crépuscule, elle monta en wagon. Aux ronflements du piston, aux stridences des sifflets le train s'ébranla, autour du jardin circulaire de la gare où, parmi la verdure drue, de rares fleurs éteignaient leurs nuances faibles. Et Marthe, subitement, se jugea téméraire.

Aller dans une brasserie, seule, un dimanche ! Ces fillasses l'insulteraient. Quérir Henriette et se l'adjoindre ! Mais elle sentait son humeur trop impatiente pour s'attarder à convaincre la compréhension lente de sa cousine. D'ailleurs, si Tarduin mentait, M^{me} de Cavanon la croirait sottement jalouse. Impossible risquer ce ridicule... Un moyen : se poster en fiacre devant la taverne. Cette détermination s'imposa la préférable. Cependant, à une pareille proposition, les cochers, que penseraient-ils d'elle ? Ils se montreraient insolents. Elle médita des attitudes dignes, des explications froides et hautaines, qui les pussent tenir en respect. Et elle examina son costume : sa confection de soie noire lui prêtait l'air grave ; la garniture, immenses volants de dentelle Chantilly, l'air riche, posé. Au reste, elle promettrait un louis de pourboire et le peuple, pour de l'argent, ne rebutait aucune besogne.

Près Fontenay, avant même que la locomotive posât, Marthe perçut un tumulte. La station parut élargissant dans le feuillage noir son cadre tout éclairé, tout bruissant d'êtres. Des cris, des chansons, des piétinements. Trois réflecteurs versaient sur la foule grouillante les lumières fauves des lampes. Des femmes peintes, jaunes de cheveux, rouges ou vertes de toilettes, se pressaient aux portières, aplatissant des mains leurs crinolines, affichant l'ostentation de dessous propres, empesés, brodés. Leurs compagnons, jeunes hommes barbus, obombrés de panamas, lâchaient en gesticulant des inepties grossières.

M^me Polskoff se réfugia à l'autre bout de son compartiment étiqueté par bonheur « Dames seules. » Cette monstrueuse bestialité l'attéra. La grande, l'universelle débauche houlait à elle, polluant tout, envahissant tout, étalant partout ses effronteries et ses turpitudes, mugissant de ses voix cassées les blasphèmes. Et voici que l'homme élu pour l'honorer et la défendre, cet homme lui aussi s'engluait dans l'infamie des gens.

En même temps que le sifflet du départ, la saoulerie de cette multitude éructa. Ce fut d'abord les clameurs perçantes des filles pincées, des jurons, des rires bêtes, unanimes. Ensuite l'orgie se rhythma : les hurlements isolés s'accordèrent et s'unirent dans la gueulade d'un refrain canaille surgissant par les vasistas, roulant par delà, dans la plaine, jusqu'au ciel calme :

> Il a liché toute la bouteille,
> Rien n'est sacré pour un sapeur.

Marthe pensa : dans cette fange lui se vautrait. Et implacablement se dressa l'atroce vision de Luc au sourire gêné, forniquant avec une catin. De posthumes répugnances énervèrent la jeune femme au souvenir des étreintes conjugales, — pareilles. Son ignorance de vierge avait donc subi les sales attouchements enseignés par ces créatures odorantes. Elle comprenait maintenant son horreur instinctive des caresses : l'amour naturel devait avoir d'autres manifestations. Récompense! Elle avait ravi cet homme à la misère; lui l'avait corrompue au point qu'un regard oriental la troublait à en souffrir. Le vice de son mari l'avait contaminée, gangrénée, perdue. A ce vice elle était redevable de ses révoltes charnelles et certainement de sa stérilité. Pas même un petit enfant comme les autres.

Et ces navrantes récriminations lui défilaient dans l'esprit avec des anathèmes parfois contre l'oncle qui ne l'avait pas garantie, et des rages larmoyantes quand elle se découvrait l'égale en amour de ces noceuses. Elle apercevait saillissant des vasistas leurs bras nus, blafards, cerclés de bijoux faux et qui secouaient des herbes en scandant la mesure :

> Il a liché toute la bouteille,
> Rien n'est sacré pour un sapeur.

Il ne l'aimait donc pas. Alors pour quelles raisons cette cour assidue, ces prévenances ? Et se manifesta dans toute la hideur de sa cupidité cet homme qui avait vendu son nom, son talent, sa personne et son amour à une femme inconnue, à elle comme il les aurait vendus à une autre, pourvu qu'elle y mît la somme. Il n'avait même point gardé une délicatesse : bien qu'il ne s'appartînt plus, il donnait à d'autres son visage, son intelligence, la musique de sa voix, tout le bien de Marthe, tout ce qu'elle avait acheté. Et l'argent de l'épouse servait à entretenir les drôlesses. Or ces femmes s'appropriaient et les êtres acquis par l'immolation des virginités, et les fortunes dévolues de par la naissance. Qu'étaient-elles, si puissantes ?...

Le train encore circuita autour d'un jardin : Paris. La gaieté des catins déborda des wagons, et, comme la vitesse se ralentissait, elles ouvrirent leurs compartiments à fracas. Des jambes surgirent, des bas rayés, bruns, écossais, noirs, mêlés aux escarpins vernis des hommes, aux pantalons de nankin; et ces membres se projetèrent et se ramenèrent en cadence pendant que toute la bande hurlait :

> J'ai un pied qui remue,
> Et l'autre qui ne va guère ;
> J'ai un pied qui remue,
> Et l'autre qui ne va plus.

M<sup>me</sup> Polskoff n'osa descendre tout de suite. Elle eut peur. A la répulsion que lui inspiraient ces femmes se joignait maintenant une terreur pour leur domination mauvaise, une espèce d'épouvante admirative pour leur cynisme.

La troupe tourbillonnante disparut vite par les portes, dévala par les marches à tapage de talons cliquetants ; et Marthe livra son billet.

Dehors l'obscurité la surprit. La ville entière était sombre, sauf, en d'invisibles murs, des fenêtres éparses, enjaunies de ternes lumières ; des lampadaires aux flammes pâles papillonnantes, et ces flammes, s'irradiant là-bas, s'accolant, pressées comme les grains des rosaires, dans la nuit rousse. Tout proche flambait le fanal d'un omnibus; l'intérieur était plein de filles remuantes et criantes; des lueurs rondes sur les croupes pommelées des chevaux.

Marthe hésita, une angoisse lui étreignit la poitrine, la gorge: une peur de savoir. A quoi bon courir après lui? N'en savait-elle assez? Mais une soif de pâtir, soif inexplicable, dépravée presque, la poussait vers Paris et s'opposait à ce qu'elle regagnât la salle d'attente. Elle ne raisonna plus. Des vouloirs irréfléchis la firent avancer, héler un fiacre, expliquer ses intentions. Elle avait perdu sa timidité, tenue par la hâte d'en finir. A l'offre du louis le cocher se montra respectueux et lui assura la parfaite exécution de ses ordres. Et le cheval tituba entraînant la voiture.

Seule dans la caisse noire, M<sup>me</sup> Polskoff s'attrista davantage. Il lui revint à la mémoire ses fous désirs de jeune fille, ses désirs d'être femme, mère, de lier sa vie à celle d'un homme supérieur. Et nul n'avait contrarié ses vœux. Elle-même avait choisi son époux entre tous... Oh! pourquoi la réalité brisait-elle tous les rêves? Pourquoi au présent la situation présente ne satisfaisait-elle jamais...

Un quartier triste, des trottoirs sablonneux,

de longs murs aveugles, des arbres rachitiques alternant avec les réverbères. Sous les clignotements du gaz, des femmes en tablier bleu frôlaient lentes, couraient parfois après les hommes en chuchottant des invites. Elles se serraient à eux, très éloquentes. Marthe les envisageait, livides, leurs cheveux emmaillés de longues résilles qui pendaient flasques sur leur dos. Une grande compassion l'attendrit. La misère, les déboires, la vie dure, menaient là ces misérables. D'après ce qu'elle-même eût souffert dans la contrainte de se livrer à tout venant, elle mesura les douleurs qu'elles enduraient.

Devant les vitres se drapait en plis roides la triple pélerine du cocher; le trot dandinait l'échine de la haridelle soumise; au loin la Closerie des Lilas béait par sa porte lumineuse cintrée de girandoles à gaz, d'étoiles flambantes, de pots à feu.

Une plèbe silencieuse, immobile stationnait en face. Aux jupes maternelles, des fillettes s'accotaient, transies sous leurs sarreaux de cotonnade et tristement émerveillées par l'apparat luxueux des cocottes.

Celles-ci arrivaient une, deux, seules, accompagnées, avec le même étalage d'étoffes chères, de dessous blancs. Des pauvresses s'affairaient près elles, offrant des fleurs en vain. Les sergents de ville leur riaient en hochant leurs bicornes. Il en venait toujours, sortant de l'ombre comme les figurantes d'une coulisse pour éblouir un moment dans la clarté ardente des illuminations. Et la gueule du bal les absorbait, elles, leurs chignons rouges, leurs chapeaux en assiettes, leurs soies.

Autant Marthe ne ménageait pas la compassion aux misérables prostituées du boulevard extérieur, autant ces filles bien mises l'exaspéraient. Chacun de leurs bijoux, chaque aune de leurs toilettes, volés à une épouse chaste, à une mère sainte. Elle se représenta les privations des intérieurs modestes pour permettre aux fils débauchés concourir à la gloire du vice ; et elle éprouvait une satisfaction amère à supputer le prix des parures que ces créatures frippaient insoucieusement.

Le fiacre passa. Plus dense se faisait la foule en débauche à mesure qu'on descendait le boulevard Saint-Michel. Les six étages des grandes bâtisses suaient la luxure jubilante. Aux fenêtres, les silhouettes s'enlaçaient par couples, brunes sur le fond cuivreux des chambres éclairées. Les terrasses des cafés étaient pleines. La liesse envahissait l'asphalte et semait les fleurs pourpres des coiffures féminines jusque sous les feuilles des marronniers. Les garçons glissaient dans la draperie volante des tabliers pâles, élevant par-dessus les têtes les plateaux, la transparence des verres qui glaçait les liqueurs citrines, vermeilles, rouges.

La double sente des trottoirs fuyait ainsi vers la Seine en s'abaissant. Les kiosques s'érigeaient, pinacles multicolores, dans les roussissures du feuillage rare. Les boutiques avaient au bas des maisons la continuité resplendissante d'un large flamboiement. En haut le ciel pesait, d'un bleu noir tout mordu par les projections des cheminées et des girouettes.

Assister au délire de la foule noceuse accrut le chagrin de M$^{me}$ Polskoff. Pourquoi la vertu puisqu'elle engendrait le malheur ? Elle envia presque cette gaieté brutale et les quintes hilares qui secouaient ces corps ivres de vie. Mais aussitôt elle réprouva la grossièreté de leurs plaisirs : pourrait-elle jamais se complaire à hurler des chansons stupides, à sauter comme une bête. Et elle déplora son intelligence trop délicate qui l'empêchait des joies. Luc en usait pourtant. Alors elle s'affirma combien il lui était inférieur et le mépris fit tomber ses colères. Elle le comprenait maintenant veule, lâche, ignoble. Son originalité : une mémoire des ouvrages peu lus. Son talent : existait-il ? Il le disait : point d'œuvre qui l'affirmât. Ce roman sans action, sans vie, dont le plan n'ébauchait que les instincts bas, les rancunes de la pauvreté abrutie, ce roman, où rien de noble, rien de fort et de grand ne vibrait, était bien la note de l'impuissance. Et son insupportable vanité !

Le fiacre ayant tourné, Marthe remarqua, vite disparu à l'angle du vasistas, l'écriteau bleu de l'inscription rue Racine.

A l'appréhension du mal proche de nerveuses douleurs ondèrent dans la poitrine de la jeune femme. Un calme morose stagnait par cette rue dénuée de réverbères et encastrée de hautes façades. La lueur lointaine d'une vitrine gisait, seule, géométrique, sur le trottoir, sur la voie. Marthe eut l'immédiate certitude que cette lueur dénonçait la brasserie. Approchante, elle déchiffra *Aux Neuf Muses*, de grosses lettres d'or. Dessous, la glace élégante, dépolie, glauque, montrait en hâchures blanchâtres des muses court drapées battant leurs entrechats parmi des lyres, des myrtes, des flûtes, des roses, autour d'un Apollon porteur de cythare. La naïveté bête de l'allusion agaça M^me Polskoff. Jolies muses que les catins.

La voiture posa en face, frôlant le ruisseau. Toute close, avec des rideaux émeraude doublant les vitres de la porte, la boutique dérobait l'intérieur aux regards comme si elle couvrait des choses illicites, honteusement secrètes.

Alors, Marthe se rejeta au fond des coussins, sanglotante.

Se savoir dans ce lieu l'attéra; elle s'accusait stupide d'y être venue et sa haine s'enracinait plus profonde contre l'homme qui l'obligeait à cette honteuse expédition. Elle risquait les méprises et les insultes des débauchés, elle, elle. Cependant entendre la solitude la rassura. Personne sur les étroites bandes d'asphalte perdues dans l'ombre. Là-bas la trouée lumineuse du boulevard cadrait les omnibus cahotants, oculés de fanaux rouges, des passants minces à gestes d'automates. Cette tranquillité lui communiqua courage. Et puis les panneaux du fiacre la dissimulaient, la défendaient. Plus froide, elle songeait à la vengeance. Elle se remémora certain roman où des maris, par le reproche incessant de la faute, transforment en longs supplices l'existence de leurs épouses coupables. Ainsi agirait-elle envers Luc. Ce mode de représailles lui paraissait digne, génial et délicieux, étant indéfini. Et comme elle raffinerait par la très fine et très mordante causticité de son esprit. Elle médita des phrases lancinantes, à double sens, capables de susciter le remords.

Et puis il lui prit crainte de manquer la constatation du crime. Si elle ne le surprenait comme il se moquerait d'elle.

A peine, de minute en minute, un loqueteux se traînait-il au longs des murs, ou quelque monsieur courait-il vers le boulevard en faisant tournoyer sa badine. De Luc point. La porte de la brasserie fut ouverte. Dans le rayon qui s'échappa apparut une fille en toilette cerise, en résille grenat. Elle ramena sur son ventre le coin d'un tablier à broderies. Une sacoche lui pendait à la hanche. Marthe s'offensa de son attitude insolente par la poitrine outrée, par la taille de ténuité excessive, par les brandebourgs d'un grenat violent qui bigarraient son costume. Ce visage tout blanchi, ces yeux en boule, estompés, ces grosses lèvres comme un morceau de viande. La fille aspira l'air du dehors avec soulagement; elle planta un poing sur la hanche, examina s'il arrivait quelqu'un, rentra, ferma.

M^me Polskoff réfléchit : cette porte masquée de rideaux cachait sans doute des fillasses semblables à celle-ci et des imbéciles qu'elles dévalisaient en leur octroyant leurs charmes de harengère. Marie Tarduin prétendait qu'on buvait là, chaque soir, à la suite du dîner. Elle consulta sa montre : neuf heures. Son mari s'acheminait maintenant vers ici.

S'il manquait, elle s'estimerait bien heureuse, malgré tout. Cette supposition la charmant, elle s'énuméra les raisons qui la rendaient probable. D'abord elle passait ces cocottes en beauté, en distinction, en intelligence, en délicatesse d'amour. Ensuite le caractère de Luc, les prévenances respectueuses dont il se montrait coutumier envers elle, sa longue affection, ses sentiments élevés, sa famille. Il lui souvint du père, un seigneur lithuanien. Et cette reminiscence l'accapara. Il était chef de clinique à Grodno. Il avait paru au mariage très décoré, sachant mal le français, un crâne chenu, des favoris joignant la moustache, tellement endetté là-bas qu'un ordre impérial avait été nécessaire pour contraindre les juifs à lui permettre le voyage.

Aux traits imposants du vieux seigneur, à un portrait de sa belle-mère, Marthe compara mentalement le type de son mari. Elle le jugea de trop bonne race pour forfaire à ses serments. Oh! s'il ne l'a pas trompée comme elle lui saura des gratitudes, comme elle lui réservera tout ce qu'il aurait pu quêter ailleurs, comme elle l'aimera de ne pas ressembler à cette foule ignoble, partout grouillante. Et ce lui fut une béatitude se persuader le mensonge de Tarduin, l'agonir d'imprécations. Neuf heures un quart : elle attendrait encore dix minutes; s'il ne se présentait pas, Tarduin avait menti. Suivrait le bonheur qu'elle ne gâterait plus. Maintenant toutes les joies conjugales concouraient en sa mémoire, suaves : les conversations d'art; et la comparaison de Luc avec les provinciaux.

Deux étudiants armés de cannes cherchaient voir les Neuf Muses par les interstices des rideaux. L'un finit par dire que Louise se trouvait là. Ils entrèrent. Marthe se pencha attentive à découvrir l'intérieur : si jamais il y était depuis des heures.

Les étudiants se précipitèrent sans clore la porte. Luc, assis derrière une table, souriait, fat, à une fille écroulée contre son flanc et qui lui tendait les lèvres. Et cela contre une tapisserie verte où des chapeaux, des pardessus pendaient.

Le cœur de M$^{me}$ Polskoff battit à être entendu ; des sueurs lui fluèrent aux tempes dans les mains. L'immense douleur accumulée en elle, pendant ces quelques secondes, s'expira par un hoquet déchirant. Mais elle ne voulait plus voir. Elle lança au cocher l'ordre du retour.

★

Toute la nuit, le sommeil repoussé par de vindicatives résolutions. Une dépêche à Henriette dès le matin, car Marthe voulut qu'elle témoignât plus tard sur la honte du coupable ; une autre dépêche à Luc, à son logis imaginaire de Barbizon pour le rappeler : affaire d'importance. Sûrement un ami l'avertirait de là-bas.

Sitôt la venue de la cousine, elle avait décrit l'expédition de la veille. Maintenant, en la salle à manger où son mari touchait du piano, la jeune femme rageuse démontrait l'évidence de la trahison :

— Oui, ma chère, tu ne peux te figurer ça, une espèce d'ordure qui avait une sacoche comme un conducteur d'omnibus, et qui essuyait la table avec un torchon comme une laveuse de vaisselle... Vraiment, mon cher Monsieur, vous avez un goût... Ah, ah, ah!

Elle riait très fort, sans avoir envie, sachant ce rire féroce. Lui piteux, le nez blanc, effleurait les touches. Tout d'abord il avait répondu par l'aveu cynique avec une intonation de triomphe vindicatif, mais en protestant de son estime et de son sincère respect pour Marthe. Puis, sous l'inadvertance stupide d'un hasard, il avait travesti sa faute.

— J'ai agi comme une brute irresponsable : je vous en supplie, Marthe, épargnez-moi.

Elle attendait des négations habiles, de viriles défenses, non de plates excuses et des prières. Encore une manifestation de sa couardise : excusé, presque pitoyable il jouirait tranquillement de cet intérieur, de ce luxe où il vautrait sa paresse. Il la croyait bien sotte. Des élans charnels? Elle les surmontait bien, elle, une femme :

— Une brute, une brute, ce monsieur. Je ne le lui ai pas fait dire. Remarque, Henriette : alors moi je mérite tout juste d'être la femme d'une brute. On me réserve les brutes. C'est délicieux. On n'est pas plus galant. Ah, ah, ah.

A cette répartie, qu'elle jugea superbe, elle s'esclaffa. Et M^me de Cavanon jusque-là silencieuse et en mésaise, parut se dérider. Soupçonnant des moqueries pour sa juste colère, Marthe rechercha la raison de cette joie. C'était Luc que son amie visait. Sur le piano il penchait la tête ; les boucles de sa chevelure frôlaient l'ivoire ; il tenait la mine pleurarde d'un bambin puni. Au ridicule de cette attitude, M^me Polskoff renforça son rire et Henriette aussitôt lâcha des éclats francs qui la secouèrent sur sa chaise et la mirent en larmes. Il murmura :

— Je ne vous aurais jamais cru tant de méchanceté.

M^me de Cavanon n'y tint plus, la soie de sa robe craquait autour d'elle, semblait rire aussi. Quant à Marthe, elle feignait les légères quintes d'une gaieté contenue. Elle dit :

— Aussi vous êtes si maladroit, si simple. Si vos demoiselles se contentent de ces compliments-là, elles ne sont pas difficiles. Moi si j'aimais un conducteur d'omnibus ou un garçon de café je lui dirais des choses plus agréables.

Elle appuya sur cette comparaison la trouvant très logique, blessante.

Au geste navré du mari elles rirent de plus

belle. M^me Polskoff, anxieuse, prévoyait l'instant où la fureur emporterait Luc enfin. Il ne soutiendrait pas plus longtemps cette hilarité blessante et alors elle s'imposerait très fière, calme, dédaigneuse.

Mais subitement les cordes musicales résonnent bruyantes : les mains de Luc courent sur l'ivoire, s'appuient, enlèvent le rhythme d'une chanson populaire : *Ohé, les petits agneaux*.

Et les notes montent, crient, tonnent en insolente bravade, couvrent les rires des femmes, les étouffent et les éteignent dans une galopade de mesures folles.

M^me de Cavanon s'est tue vexée. En Marthe, la rage s'accumule plus forte : elle est vaincue malicieusement, spirituellement presque. Des pleurs discrets lui piquent les paupières. Un dépit. A travers leur fluidité, elle perçoit la porte ouverte, la marquise toute blanche, la volière, les plantes tropicales, les vignes rougeâtres qui pendillent du toit. Une clarté pénètre, se glisse, fait miroiter le glacis éburnéen qui vernisse les bois recourbés des trônes curules, le disque de la table. De tout cela cet homme profite injustement, use, profitera encore par vol dans son impudence. Cela outre la jeune femme, l'agace, l'irrite, la secoue de spasmes énervés. Elle cherche une injure vengeresse, elle la trouve; ses pleurs rentrent et elle proteste à Henriette :

— Comme c'est commode de s'amuser avec l'argent des autres et de les insulter encore après.

Luc Polskoff se lève et sort sans regarder personne.

★

CELA tombait en plein mois de Marie.

A Saint-Sulpice le maître-autel se voile de blancheurs, les blancheurs unies des roses, des reines-marguerites, des azalées, des lys. L'offrande florale monte en buissons parmi les fleurs d'or, les acuités des plantes grasses, les massifs candélabres, jusque vers l'Immaculée Conception. Elle domine, noble Reine, dans la pureté de ses formes liturgiques, souriante, les mains étendues ; elle écrase le serpent qui rampe sur l'orbe du monde. Les flammes des cierges embrasent les joyaux de sa couronne, et le tremblement des lueurs met une mobilité miraculeuse à son visage. Elle resplendit emplissant la nef de sa divinité ineffablement douce et pitoyable, par son geste qui s'offre, qui convie les malheureux à la béatitude céleste.

C'est l'amie sûre, l'unique consolatrice que Marthe se reproche avoir délaissée trop longtemps. Seule elle lui reste bienveillante quand tous l'abandonnent. Luc Polskoff n'a pas requis une conciliation. Il s'est rendu à l'existence de célibataire. Mieux vaut ainsi. Marthe n'aurait pu le voir dans la suite sans l'agonir de ses rancunes. Quelle ie alors ! Elle rend grâce à la Très Sainte Mère pour cette détermination inspirée à M. Polskoff.

Une délicieuse quiétude lui vient de ces pratiques pieuses. Les orgues ronflent mollement, leurs mélodies imprègnent l'âme et l'enveloppent de leurs ondes. Un jour tranquille, une lumière tiède choit des vitraux où les saints se laissent décapiter avec de pâles sourires. Et sous les grands arceaux vaguent les parfums d'encens. Marthe se complait en l'admiration des ors, des moires luisant sur les chasubles, les chapes et les dalmatiques. Et les diacres, chargés de missels à majuscules rouges, foulent gravement les tapis épais.

Aux sons de la clochette, elle s'incline émue dans l'unanime silence et cependant elle s'efforce à surprendre, sans lever la face, le prêtre qui impose aux fidèles le glorieux irradiement de l'ostensoir. Elle vénère le Christ qui plane, Jésus au nom duquel on lui remit naguère ses fautes. Un châtiment choisi de Dieu à l'intention de la pénitente pour l'expiation absolutoire de ses péchés anciens, c'est là ce que son confesseur reconnut dans l'adultère de son mari.

Selon les conseils ecclésiastiques, Marthe supporte avec reconnaissance les malheurs dont il a plu au Très-Haut la loûr. Ainsi devient-elle une élue. La grâce lui est acquise ; une bonne odeur qui la pénètre et l'embaume. Elle se sent heureuse, satisfaite de tout, sans désirs, parfaite jusqu'à prier en faveur de Luc Polskoff. Et elle s'étonne d'avoir enduré, si peu chagrine, la révélation de son infortune et le veuvage. Le recours à la Vierge qu'elle a implorée sans hésitation dès le péril lui vaut sans doute cette force dans l'épreuve. D'ailleurs elle ne subira plus à chaque instant les caresses importunes d'un mari, ses sourires fats et ses fluxions. Cette certitude l'agrée. Mais il lui reste un remords. Quand elle y songe une rouge honte la gagne. Elle voudrait ne plus avoir en souvenir la résolution prise, cette soirée funeste, de se livrer encore pour tenir Luc fidèle.

Et, revenant à Sceaux après les offices, elle projette sa vie nouvelle. Il semble s'ouvrir une existence libre d'obstacles à ses vouloirs. Si le hasard a fait qu'elle se trompât en choisissant son mari, il lui faut éteindre les espoirs conçus autrefois, et se proposer un bonheur plus modeste. La religion lui fournira ses luxueux spectacles et la paix de l'esprit. Elle reprendra avec l'oncle ces voyages charmants que l'imbécile abhorrait. Et sur le petit Karl elle reportera ses affections ; elle l'élèvera dans l'appétit de la gloire littéraire. Déjà il se montre docile aux enseignements délicats qu'elle lui sert, et la finesse de son intellignce le préservera de l'épidémie réaliste.

Ainsi rêve-t-elle, indifférente aux cahots du train. Ses yeux distraitement fixent par la portière les nocturnes vapeurs qui flottent au ras du sol et emboivent les arbres. Sur les jais de son costume la lueur maladive du fanal se reflète et le capitonnage gris offre le confortable aspect de ses creux. Une vieille dame, à l'autre coin, fouille son nécessaire, toute fébrile ; et les perles de son chapeau s'agitent par saccades aux mouvements de ses membres anguleux.

Marthe se prévoit ainsi plus tard. Sa vie aura

coulé triste et banale dans sa grande maison vide à Sceaux. Elle végétera solitaire jusqu'à la mort libératrice. Et toutes ses colères la reprennent contre ce Polskoff. Déçus les vœux de triomphe. Elle lui reproche son avenir gâché à vingt-sept ans !

Mais Karl l'attend dans la gare. Il quitte sa bonne et court vers elle en tendant ses petites mains :

— Bonjour, ma cousine Marthe. Bonjour, je t'aime bien.

— Moi aussi va, tu es ma seule consolation.

Sentir les lèvres fraîches de l'enfant sur sa joue et l'étreinte à toutes forces de ses petits bras lui fait comprendre qu'elle est chérie. Il saute, il trépigne ; il lui conte Riquet à la Houppe qu'il a lu dans la journée. Et sa bonne figure prend des mines graves, très risibles, aux passages sombres de son récit. Certainement si elle était raisonnable, l'affection de cet être charmant lui devrait suffire. Les jeunes caractères sont plus malléables qu'un tempérament viril, Karl doux et épris de l'étude deviendrait, sous son habile direction, le héros littéraire qu'elle a conçu. Il lui semble que ce nouveau projet s'affirme infaillible. Et elle s'encourage, elle se promet vivre un jour dans cette gloire universelle où concourent ses aspirations.

La tache lui sera commode. Henriette s'occupe si peu de son fils qu'elle le laissera volontiers à Marthe. Cette sotte toujours amoureuse de Félix avec qui elle voyage et commet des parties fines. Karl dérangerait leurs expansions. Donc on lui a permis passer les mois de chaleur à Sceaux. L'avis du médecin jugeait défavorable le séjour du petit garçon emmi l'atmosphère parisienne.

Dans l'ancien cabinet de Luc, on lui dressa le lit de fer doré.

— Hein, tu la trouves belle ta chambre ?

— Oh oui, ma cousine. — Comme il y a de beaux rideaux.

Il montre les tentures mauves qu'encadrent de larges bandes en velours violet. M^{me} Polskoff s'énumère tous les sacrifices voulus pour rendre à cet homme leur union agréable. Rien n'a réussi. L'âme vile du noceur l'a ramené à ses vomissures. Et pourtant, pourtant elle est mieux que ces grosses filles ignobles, qui ont les lèvres comme un morceau de viande saignante.

Au miroir de Venise elle se contemple. Ses

mains tombent unies devant sa taille que ne déforma point la maternité. Plus grasses qu'auparavant saillent ses hanches où s'attachent les plis nombreux de la jupe feuille morte. Et sa figure amincie s'affine encore; ses yeux s'approfondissent, taches troublantes sur la peau mate.

Luc l'a aimée moins belle qu'aujourd'hui, moins désirable. Elle se remémore la chambre d'hôtel où, le soir des noces, il la déshabillait en murmurant ses louanges à voix tremblante ! A d'autres maintenant il porte ses hommages et ses admirations.

L'oncle rentre :

— Bonsoir, Marthe.

Elle répond rêveuse, très loin.

Il dépose son chapeau, sur le canapé, défait ses gants et les étire avec soin...

Et Marthe le regardant sourire :

— Vous avez fait une bonne promenade ?

— Oui... J'ai vu Polskoff.

— Ah.

— Oui... Eh bien il est tout à fait décidé à ne pas revenir.

— Mais n'y a-t-il pas longtemps que c'est entendu ainsi. A quoi bon reprendre cette question ?

Elle se sent gênée sous le regard du procureur qui la vise longtemps, puis hausse les épaules. Il se décide :

— Après tout, si ça vous fait plaisir. Mais vous n'avez pas l'air de comprendre la gravité de votre position.

— Quelle gravité. — Pourquoi ? Qu'y puis-je faire d'ailleurs. Vous ne désirez pas que j'aille supplier ce goujat.

— Voyons, voyons, ma chère amie, vous savez bien que je parle dans votre intérêt.

— Si... mon intérêt n'est pas plutôt que vous ne parliez pas de ces choses. Et puis, pourquoi vous occuper de ce monsieur. Il n'en vaut vraiment pas la peine.

Elle se couche à moitié sur la chaise longue, détournant la tête, elle fixe sa vue sur la lampe, sur la lueur jaunâtre que tamise le globe. Toute fâchée de cette conversation.

— Mais, reprend l'oncle très vif, vous êtes superbe ! Mais vous savez bien que vous avez eu de grands torts envers lui.

— Lesquels ? De l'avoir tiré de la misère, de l'avoir mis à même de travailler, d'avoir été son esclave...

— D'abord de lui avoir reproché tout cela.

Par les reproches mêmes vous avez perdu le droit de vous vanter.

— Il aurait fallu, n'est-ce pas, que je fusse aimable et que je me misse en quatre pour augmenter la fortune de ses... maîtresses. Oh ! non, je ne puis pas m'avilir ainsi. C'est plus fort que moi.

— Des maîtresses ? Nous y voilà aux maîtresses. Dites-moi un peu, Marthe, n'est-ce-pas votre faute s'il a été chercher ailleurs ce que vous ne lui donniez pas ici.

— Oh, par exemple...

— Oui, votre froideur, votre indifférence. Vous avez repoussé son affection ; le pauvre garçon vous aimait, j'en suis sûr...

— Il l'a prouvé. Mais ce que je ne lui donnais pas ? Que faut-il comprendre par là ?

— Vous le savez. — Il est homme, il vous aimait, vous étiez sa femme...

— C'est cela : je devais faire auprès de lui le métier... d'odalisque... et satisfaire ses sales passions.

— Cette passion c'est un devoir quand on est mariée.

— Tenez, mon oncle, je vais coucher Karl, il est neuf heures... Cela vaut mieux. Pardon de vous laisser...

Elle se réfugia dans sa chambre songeant : un grand malheur qu'un homme autrefois si austère et si digne en fût arrivé, dans la vieillesse, à cette décrépitude de l'intelligence, — jusqu'à la débauche.

*

ELLE commanda ses cartes de visite avec l'unique mention : *Marthe Grellou.*
Lorsqu'elles lui parvinrent tassées en leur enveloppe bleue, elle se mit à recueillir les anciennes. Il s'en trouva partout, sous le cylindre du secrétaire, parmi les papiers à lettres et dans les portefeuilles ; les tiroirs en recélaient un grand nombre de toutes formules. Il en était *Monsieur et Madame Luc Polskoff, Madame Luc Polskoff.* Elle les amassait à mesure. Elle découvrit d'épais bristols où s'inscrivait en capitales maigres : *Luc Polskoff.*

Elle revit la personne élégante de Luc, sa longue chevelure, sa moustache flave, elle eut la réminiscence de ses gestes faciles, de sa voix. Elle songea regrettante. Son ongle suivait sur le thuya du secrétaire les marqueteries en bois de rose qui dessinaient des fleurs. Des touches lumineuses posaient sur la galerie de cuivre couronnant ce meuble; et subitement elles s'irradièrent fluctuantes. C'est que Marthe les voyait à travers ses larmes. Elle se rappelait la préférence dévolue aux cocottes en sa défaveur. Le dépit l'exaspéra. Elle porta les bristols dans la cheminée et bientôt une flamme jaune mordit les mots Luc Polskoff, et les dévora en ronflant.

Alors le reste y passa; tout ce qui portait ce nom, les billets de faire part, les lettres de deuil, jusqu'à des factures. Et les pleurs de la jeune femme accroupie près le feu séchèrent à cette chaleur.

Ce fut la répudiation de son passé, les funérailles de sa vie conjugale.

Sur une de ses nouvelles cartes, elle écrivit un refus aimable à une invitation d'Henriette.

Maintenant sa position louche de femme séparée l'obligeait à tous les scrupules et à toutes les réserves. Elle résolut, comme strictement convenable, sa claustration à Sceaux. Elle s'y pourrait suffisamment distraire avec Karl et les visites fréquentes des de Cavanon.

Et pour commencer, elle assista dans sa paroisse aux exercices du mois de Marie. Cela lui évitait les courses vespérales au quartier de Saint-Sulpice.

La petite église avec ses arceaux surbaissés, son plafond gros-bleu à constellations d'or, ses chaises de paille trop nombreuses, lui inspira un minime respect.

Karl avait toujours fini lire ses prières avant la première moitié du salut, ensuite il inspectait les murailles tristes, les vêtements des petites rentières et sa figure prenait une mine piteuse. A ses interrogations Marthe répondait peu, tâchant à le faire tenir en repos. Elle lui prêtait son livre pour qu'il s'amusât aux images. L'autel étroit s'ornait de fleurs en papier blanc, en papier vert, en papier rose dans les intervalles des candélabres. Le prêtre, un bel homme gros, officiait majestueusement parmi toute cette pauvreté! Ses génuflexions le courbaient à peine ; et il renvoyait par gestes secs les enfants de chœur au bas des marches.

Après la bénédiction, Marthe se hâtait de sortir.

Juin arriva. Elle n'avait plus les mêmes raisons de fréquenter l'église.

Entre les noirs sapins, le rideau des verdures

claires encore une fois s'était tendu. Les branches et les feuillages frémissaient aux contacts furtifs des oiseaux. Le ciel s'élevait plus infini, vêtu de bleu pur. Karl s'instruisait. L'histoire de Rome, d'Athènes, de Babylone, de Sparte rapidement le conquirent. Une ingénieuse idée de Marthe, ouvrir la série des études par les plus attrayantes. Et les légendes des origines très semblables aux contes féeriques ne dépaysèrent pas l'intelligence de l'enfant. L'exposition des gravures et des photographies représentant les antiques statues, les bas-reliefs, les édifices furent un auxiliaire précieux pour le tenir attentif.

Ils restaient à deux tout le matin, dans la vérandah, devant les livres. Le jour cru tombe de haut sur les peintures pâles, sur les plantes aiguës, sur les fleurs pourpres. Et les oiseaux, dehors, coulent des roulades paisibles. C'est pour Marthe un amusement, entendre le petit chantonner les phrases des historiens. Son front blanc se plisse sous les boucles folles et son minuscule index rose appuie au-dessous des lignes. La jeune femme, penchée en son fauteuil-bascule, aime la finesse de son pied qu'elle arc-boute au sol. Parfois elle reprend le petit lecteur à un mot mal prononcé, ou lui explique un terme nouveau.

Au milieu de la pelouse, le jet d'eau s'élance, gerbe blanchâtre, se pulvérise violet, retombe pluie scintillante où le soleil oblique se décompose et décrit la gamme courbe des nuances.

— Tu n'as pas faim ?

— Non, ma cousine, merci.

— Mais si, tu as faim ; tu n'oses pas le dire.

Une subite envie l'a surprise de manger du pain frais, du gruyère et du beurre. Et toute contente de voir Karl ne refuser qu'à demi elle l'emmène, disant :

— Viens, je mangerai aussi.

Elle ouvre le placard et ses dents avides rongent la croûte succulente, la croquent et s'enlisent voluptueusement dans la pâte salée du fromage. Elle éprouve une jouissance à se repaître ainsi, debout, hors les règles.

Et les occupations pédagogiques la reprennent.

Peu à peu, elle-même s'intéressa aux choses qu'elle enseignait. Elle s'appliqua d'abord à ces études par une simple curiosité de savoir si sa première éducation ne lui avait failli. Les fréquentes facilités à conclure les chapitres demi lus la satisfirent.

C'était toujours la lutte du bourgeois intelligent et juste contre le patricien brutal et rapace. Aux revendications des Gracques répond l'assassinat, la torture à celles d'Harmodius et d'Aristogiton. Elle s'enthousiasme pour ces martyrs. Le luxe et la perversion des grands causaient les plus terribles malheurs dans la famille et dans l'état. Ainsi, la cour dissolue de Compiègne et des Tuileries donnant l'exemple de la débauche, de l'adultère. La bourgeoisie c'était la vertu se révoltant contre la démoralisation. Et Marthe Grellou, vertueuse, devint républicaine. A l'infamie impériale elle reprocha secrètement avoir dépravé son mari. Elle vilipenda Bonaparte et ses suppôts qui toléraient les brasseries à filles. Sur l'empire elle reversa ses haines. Haines saintes, universelles qu'elle retrouvait soutenues par la presse libre.

Et la domestique, une après-midi :

— Madame, c'est monsieur le curé.

— Faites entrer.

Que voulait-il, inconnu d'elle ? Le vieux prêtre qui avait béni son mariage gisait au cimetière.

L'autre entra. Il présentait une haute stature, des cheveux jaunes, lisses, un visage droit et hâlé. Il maniait son chapeau comme les mousquetaires leurs feutres, sur la scène.

— Madame, veuillez m'excuser si je vous dérange ; je venais vous voir en voisin, je suis l'abbé, vicomte de Brennalleu.

— Monsieur, je suis charmée...

Il l'ennuya de paroles oiseuses avec une onction forcée, douceâtre.

Très heureux, s'affirma-t-il, de la compter au nombre de ses ouailles ; c'était une victoire glorieuse qu'il emportait sur ses collègues de Saint-Sulpice. Il la remerciait du plus profond de son âme.

Tout de suite, il accapara le petit Karl, lui serra ses joues roses entre les mains et se complut à les embrasser.

Marthe jugea une inconvenance cette démonstration et une sourde jalousie l'anima contre l'ecclésiastique. Bientôt cet homme se mit à l'aise, retira un gant et fit valoir une main fine, très blanche, qu'ornait une bague à cachet héraldique.

Puis, la regardant en face, il parla des grands coupables que leurs erreurs précipitent dans la débauche. Cependant, l'erreur est proche de nous tous, la chair prompte, l'esprit faible. La miséricorde ne devait pas être reniée et il cita plusieurs textes de l'Evangile.

Volontiers, Marthe Grellou l'eût mis à la porte. Mais Karl avec lui se familiarisait. Aux réprimandes de sa cousine, il préféra l'approbation bienveillante du prêtre afin de coiffer son tricorne. Et, content, il mira dans la glace de Venise sa frimousse rieuse, blanche, perdue sous l'ampleur du chapeau.

L'intrus, maintenant, tentait une quête à mots couverts :

— Vous avez dû, madame, être péniblement affectée en voyant le dénûment de notre église après les splendeurs de Saint-Sulpice.

— Mais non, monsieur l'abbé, Jésus n'orne-t-il pas tout ce qui le touche de sa divinité.

— Vous êtes plus héroïque que moi, madame.

Alors il dit ses dégoûts de jeune prêtre lorsque, tout enflammé par l'ardeur sainte, il parvint en Chine, à Petchi-Kiang, sa première cure de missionnaire. Là il célébrait la messe sur un autel en argile, couvert d'une chemise en guise de nappe. Il n'avait pas de vin pour accomplir les rites de la communion.

Et sa conversation charma. Ils parlèrent voyages. Lui connaissait la Chine. Il détruisit les illusions de Marthe sur ce pays. Il nia les toits à clochetons, les pagodes en porcelaine, les mandarins habillés de soieries voyantes. Il décrivit des campagnes poussiéreuses, des populaces méchantes et stupides, des maisons en planchettes où le vent siffle de partout, des vêtements en papier sale. A peine concéda-t-il la vérité des récits ordinaires pour ce qui concerne les grandes villes. Et très habilement il revint à son point de départ, comparant l'église de Sceaux à celle de Petchi-Kiang, nom baroque qu'il prononçait très vite. Il finit par supplier Marthe de fournir à son maître-autel une nappe en dentelle pour la fête de la Pentecôte.

Cette demande ennuya fort. Elle répondit par politesse :

— Certainement.

En elle-même défilèrent ses richesses de garde-robe ; et elle devint inquiète d'un choix pour ce don. Le prêtre avait repris ses anecdotes chinoises ; mais elle n'écouta plus. Chaque robe luxueuse qu'elle imaginait propre à être convertie en objet saint, elle l'aurait voulu retenir pour elle. Et une colère l'envahissait contre cet homme qui s'imposait ainsi sans qu'elle l'en priât.

Il partit enfin, saluant avec des sourires, le menton collé à son rabat. Elle le reconduisit jusqu'au perron, très froide. Avec Karl il s'éloigna dans le jardin. Sa soutane de soie fine, chatoyante, tombait en plis moelleux des épaules larges et dans la marche les boucles de ses souliers brillaient fort, parfois. Il se baissait de coin pour entendre le petit garçon qui s'expliquait en agitant les bras et en frétillant de ses jambes à bas rouges.

Marthe gagna la lingerie. Une pièce claire à unique fenêtre. Des rideaux en serge qu'elle tira découvrirent les robes, les manteaux, les confections pendues aux tringles. Entre une toilette de soirée à florales damassures et un peignoir de flanelle violette, sa robe de noces tombait toute blanche. D'immenses volants de vieille dentelle roussie s'y étageaient jusqu'au corsage. Aussitôt la décision de la jeune femme se fixa. Parmi les autres, cette toilette lui rappelait les plus décevantes aventures. Et l'expulsion entreprise de ce qui pouvait lui rendre ses souvenirs l'engageait à s'en défaire.

Dans la salle à manger elle s'installa avec Catherine, la petite bonne à faux-col. Elles se mirent à découdre les dentelles. La mastication cliquetante des ciseaux résonna dans la pièce silencieuse et les volants peu à peu s'effondrèrent sur le tapis.

La grande table supportait une minuscule forteresse garnie de soldats en plomb. Karl à genoux sur une chaise s'occupait gravement à maintenir debout des Autrichiens dont les supports étaient rompus.

Et la jeune femme entretenait sa mémoire triste. Les mêmes regrets l'envahirent de s'être résolue au mariage et les rêves s'échafaudèrent de « si » désormais irréalisables. Elle poursuivit ces réflexions dans toutes leurs conséquences et conclut comme toujours à la haine des catins, de ce Luc, de l'empire.

Cependant arrivait M^{me} de Cavanon. Sa jupe de foulard, son fichu Marie-Antoinette, noué à la taille par une large ceinture prune, émerveilla.

Elles causèrent modes. Ne parlait-on pas de substituer à la crinoline les paniers du xviii^{e} siècle. Une longue dissertation. Et Marthe tout à coup.

— Oh! et puis, pour moi! Puisque je ne sors plus... ça m'est égal.

— Tu es bien bonne. Pourquoi?... Crois-tu qu'il se prive de sortir, lui?

— Il fait ce qu'il veut. Pour ce qui lui reste à perdre!...

— Soit, mais on n'ose plus te venir voir. M. Vibrac me demande toujours de tes nouvelles et M. d'Ebrandes aussi.

— N'ai-je pas Karl : il est si gentil !

L'enfant accourut. Il se laissa choyer par les deux femmes, il parla de son nouvel ami le curé.

— A propos, connais-tu ce nom, de Brennalleu ?

— Oui le nom. Mais Félix connaît très bien la personne. Seulement je ne sais plus. Tu lui demanderas tout à l'heure. Il va venir avec ton oncle qui nous a invités à dîner. Tu sais qu'il va envoyer sa démission au ministère, Félix. Il dit qu'il en a par-dessus la tête de l'empire et qu'il ne veut pas le servir plus longtemps.

Elle rapporta que l'empereur cherchait établir une officine où on violerait les correspondances particulières pour connaître les opinions de chacun; de Cavanon, sondé sur son adhérence possible à cet espionnage, avait répondu négativement. Depuis lors on lui faisait toutes les misères. On l'envoyait en mission à Marseille, à Toulon, à Bordeaux et à peine revenu c'était pour Cherbourg ou pour Brest que venait l'ordre de partir. Il ne vivait plus avec sa femme. Ils en pleuraient parfois tous deux.

Elle s'apitoyait encore lorsque son mari entra avec Ribéride. Les hommes joignirent aux leurs des doléances fraîches sur la turpitude impériale et le coulage des finances.

A table, la même conversation renaissait pendant les courtes absences des domestiques. Ribéride affirmait la police établie partout, sous tous les déguisements, et il recommandait une grande prudence. Lui, principalement, magistrat, fonctionnaire, serait soumis à toutes les rigueurs si on le découvrait hostile au gouvernement. Il déclarait ces choses à voix basse, en hochant la tête, en écarquillant les paupières, en s'inclinant jusqu'à ce que ses favoris traînassent sur la nappe.

A une interrogation de Marthe sur l'abbé de Brennalleu, Cavanon annonça que justement il était en disgrâce pour avoir prêché contre l'empire au retour de sa mission. Ce prêtre et lui avaient appris ensemble chez les Pères. Il manifesta le désir de renouveler cette relation.

★

Jusque les bois touffus qui ceignent la piste de Longchamp, les soldats s'étagent en longues files noires sous la couronne irradiée des baïonnettes, des sabres, des lances, des casques. Et le soleil exorbitant d'août se mire en cet airain, s'y réfléchit, aveugle.

Les tambours battent aux champs. Le roulement des mesures pesantes monte aux quatre coins de la plaine, seul bruit parmi le respectueux silence des cent mille hommes. Hors la poussière, s'enlève au trot rapide des chevaux un essaim de chamarrures, de burnous blancs : l'état-major. Il court entre les régiments, d'étendard en étendard dont les draperies tricolores s'inclinent à son passage; et il revient vers les tribunes, devant Marthe Grellou qui s'évente.

Elle était venue là sur les instances d'Henriette, de Karl. Il lui répugnait d'abord seoir aux fêtes de ce gouvernement méprisable et aussi forfaire à ses scrupules de convenance. La certitude de revoir ses vieux amis Vibrac et d'Ebrandes l'ont décidée. Maintenant, à la lourde chaleur du mois caniculaire elle étouffe, voudrait être loin malgré les attentions de Vibrac et les choses très intéressantes qu'il lui a promis narrer, sans dire quoi par avance. La curiosité de la jeune femme est grande cependant : elle patientera. D'ailleurs on a choisi à son intention une place enviée. Elle examine de près Napoléon qui courbe sur la selle sa taille lasse, le petit prince qui se redresse à cheval travesti en voltigeur, l'air crâne avec son bicorne à cocarde.

Et voici que de la plaine verte surgissent les commandements comme une puissante clameur.

Dans les tribunes, autour de Marthe, il frémit des remous de conversations, de toilettes froissées. Les chapeaux luisants se penchent en pleine lumière ; les couleurs des robes émergent crues parmi la houle des redingotes sombres. Au pavillon impérial, des messieurs en habit, aux panses énormes décorées de moire rouge, s'empressent près les luxueuses toilettes des grandes dames.

Ensuite le spectacle des bataillons en marche accapare les yeux. A leurs mouvements lointains, peu visibles, les armes changent de reflets par de soudains éclairs qui embrasent leurs fronts. Et les masses serpentent sur la pelouse, devant les feuillages rougis des bois. Les musiques approchantes exhalent faiblement encore l'hymne de la reine Hortense. La plèbe tassée grouille et s'agite, pour apercevoir. Mais les cent-gardes, aux cuirasses brillantes, passent et repassent superbes, impassibles, forcent le public à s'aligner derrière les courbettes de leurs montures, et, du sabre, ils tracent impérieusement le cordon imaginaire qu'on ne doit franchir.

Le défilé commence.

Aux capricantes galopades de leurs chevaux sursautants, les Guides chargent. Et les flammes écarlates de leurs colbacks ; et leurs sabres courbes, et les sabretaches qui pendent basses, tout ornées de cuivre, accrochent la rayonnante lumière tandis que se perd dans la lourde résonnance du sol le cliquetis des armes. S'avance au pas un groupe de généraux culottés et gantés de blanc, sertis d'ors massifs aux épaules, de plaques à la poitrine. S'offrent les sapeurs de la Garde hirsutes de gigantesques bonnets à poils qui bleuissent sous le jour, et caparaçonnés de cuir blanc. Les grenadiers suivent, fusils aux bras avec le va-et-vient automatique des manches bleues, des guêtres blanches. Et cela continue ainsi longtemps, monotone bientôt. Il vient des voltigeurs aux torses rayés de brandebourgs jaunes, des zouaves à turbans et à longues barbes, des turcos noirs de visage, bleus d'uniforme, des lignards dont la sueur noirâtre flue sur les joues au long des jugulaires. Et des groupes indéfinis s'allongent précédés de tambours aux caisses cuivreuses, de majors géants qui lancent en l'air leurs cannes ficelées de clinquant, munies de grosses pommes.

Et dans le silence relatif établi par l'uniforme progression des pas militaires, Vibrac parla :

— J'ai vu votre mari dernièrement.

Marthe redouta savoir quelque chose qui lui fît peine ; cependant d'instinct elle demanda :

— Qu'est-ce qu'il vous a dit.

— Cela ne doit plus vous toucher. Par conséquent on peut tout vous raconter.

Il narra avoir joint Polskoff dans la rue Rochechouart. Le malheureux portait à la main une bottine de femme et un pot à bouillon. Habillé d'un lourd pardessus verdâtre par places, d'un pantalon boursouflé aux genoux, d'un feutre mou et gras, il dénonçait une mine de pauvre. Sa barbe jaune lui poussait inculte, ses oreilles mal nettoyées, ses paupières chassieuses et ses ongles noirs lui faisaient honte. Toujours la même femme, une certaine Clémence, l'asservissait et lui rongeait les quelques roubles de sa mère. Il avait retenu Vibrac pour qu'il lui prêtât vingt francs et, sitôt l'argent remis, s'en était allé très vite prétendant : « Non, je ne puis pas, elle attend sa bottine que je viens de prendre chez le cordonnier ; elle me ferait une scène. »

Comme Vibrac contait, une joie vindicative lentement gagna Marthe. Déjà Luc était puni de ses préférences ignobles : combien regrettante devait l'étreindre la mémoire de la vie conjugale. Elle aima se rêver voulue par son mari qui, las enfin de misérables liaisons, l'estimait supérieure trop tard. Jamais plus il n'osera implorer son retour. Son orgueil répugnera à cette humiliation. Elle, toute heureuse de la liberté, ne sera folle au point de reprendre ce fat impuissant et dégradé par les sales luxures. Elle vivait mieux maintenant avec le gentil Karl qui lui faisait honneur. Voilà qu'elle avait rejoint ses bons amis les spirituels artistes. Et elle sourit aimable au petit garçon. Il regardait avec une attentive fixité le déploiement en bataille de l'infanterie. Debout pour mieux voir, campé sur ses jambes nues découvertes d'une jupe courte de higlander, il penchait en avant sa tête, ses boucles blondes, son béret à penne de coq. D'Ebrandes le soutenait, lui expliquant des choses, le chatouillant par malice de sa moustache aigue, content lui aussi d'entendre dire par les gens : « Quel beau petit garçon. — A-t-il de la race ce môme ! »

Tandis qu'Henriette, indifférente à son fils, s'amusait au spectacle de la revue et se faisait nommer par Félix les généraux et les hommes politiques.

Et dévale une charge de cavaliers. L'étincellement des cuirasses s'éteint tout à coup dans l'ombre des tribunes, la ligne des armures bleuit sur les dos courbés par l'élan. Ondoient les chevelures des casques et les rouges crinières des trompettes. A chaque colonel saluant de l'épée, Napoléon soulève son bicorne à plumes blanches. L'empereur s'est redressé peu à peu comme triomphant dans l'apothéose de la puissance.

Maintenant les cavaleries croulent par la plaine. Les dragons aux ventres jaunes, les lanciers aux poitrines écarlates, les artilleurs noirs et rouges, et les ferrailles des canons s'entrechoquent formidables. Les musiques mugissent les mélopées guerrières et très bas, très humble le peuple applaudit.

Cette dernière impression persistait en Marthe et en ses amis, d'une dictature militaire inébranlable, tyrannique.

En se mettant à table chez le grand Véfour, de Cavanon s'exclama :

— Nous en avons encore pour longtemps du Badinguet.

Et il rappela l'enthousiasme des troupes, les soldats épuisés et noirs de chaleur, trouvant encore la force de hurler des vivats au passage de la calèche impériale.

Les garçons s'empressaient avec des allures obséquieuses et muettes, des faces glabres de vieux cabotins. Pendant que Marthe préservait sa traîne sous la table, ils étalèrent le linge damassé à grand chiffre et rangèrent devant les convives les assiettes à filets rouges. Puis un vieillard rigide tendit à Henriette le menu. On se concerta. Cavanon lut la carte des vins.

Des nymphes brunes peintes aux murs élevaient des plateaux surchargés de mangeailles et riaient aux convives de leurs lèvres sereines.

— Tiens, monsieur Ribéride. — Enfin !

Ribéride arrivait pétillant, saluant, le camélia à la boutonnière, son toupet blanchâtre jauni de pommade, le torse enfermé dans un gilet de nankin.

Tout de suite, il conseilla :

— Prenez une sole à la Mornay, c'est la spécialité de la maison.

Il se déganta, et lança en avant ses mains mues par l'habitude de secouer les ampleurs de la toge.

— Oh, mon cher, nous avons été en corps aux Tuileries, au Palais-Royal. Le prince Napoléon nous a fait attendre deux heures ; j'avais envie de lui réclamer mon louis de landau ; on ne peut pourtant pas rouler les trottoirs en robe rouge.

Il riait de ses dents claires, trop en ordre, fausses.

S'adressant à Henriette.

— Eh bien, madame, vous avez réussi à sortir ma nièce ? Tous mes compliments. Elle n'en est pas morte ? Allons tant mieux.

Marthe sourit satisfaite de l'attention qu'on lui portait. Elle affirma :

— Oh ! l'autre se gêne si peu que vraiment j'aurais tort de me priver en quoi que ce soit.

— Ah ! vous savez ?

— Oui. Et je reprends ma liberté. Messieurs, j'espère que vous allez me revenir et que je vous cuisinerai encore quelques dîners.

— Madame, répondit d'Ebrandes, si vous saviez ce que nos cœurs et nos estomacs ont souffert... ces derniers temps, vous ne douteriez pas de notre empressement à vous aller voir.

Subitement, Marthe comprit tout le plaisir de vivre en aimable société, et elle se demanda comment elle avait pu souffrir une si longue claustration. Elle ne recevra plus maintenant que les intimes, mais elle les recevra souvent. Chez les de Cavanon, quand ils seront seuls, elle écoulera fréquemment ses journées. De cet après-midi passé dans la foule, il lui demeure une ivresse, une envie de se promener, de revoir Paris, ses fêtes, les théâtres, d'essayer une toilette neuve. Et elle se remémore toutes les conversations qu'elle a goûtées avec ses amis, qu'elle goûtera de nouveau.

Car peu lui importe maintenant et sa séparation et Luc. Elle ne pensera plus à ces choses. On l'a affreusement trompée. A personne jamais plus elle ne sacrifiera un écu de sa fortune ni la moindre part de ses aises.

Et le potage qu'elle déguste est rempli de croûtons parfaitement rôtis qui conservent longtemps en la bouche la saveur épaisse de la soupe.

★

ELLE se fit l'existence joyeuse.

Quant aux appétits ambitieux, leur réalisation, dépendant aujourd'hui de Karl, s'indiquait vague encore, lointaine, peu tracassante.

Aux courses d'automne elle assista. Le vol ras des jockeys multicolores lui procurait un plaisir et aussi les imprécations et les empressements des parieurs fiévreux.

Elle contribuait à entretenir l'équipage de sa cousine sous condition qu'elle-même en profitât souvent.

Le landau découvert, au drap marron, emportait les deux femmes presque chaque jour vers les endroits chers au high-life. Elles se tenaient très droites, les coudes au corps, munies d'ombrelles à guipures pendillantes. S'érigeait sur le siège la redingote marron à passe-poil jaune étriquant le dos du cocher et sa capote couleur de mastic se repliait dans la voiture avec le double alignement des boutons à chiffres.

Elles parlaient peu, tout à l'ouvrage de paraître élégantes et dédaigneuses des piétons. Seul, Karl, s'ébahissant d'un spectacle rare, manifestait parfois de loquaces surprises. Sa mère montrait le doigt avec menace et le petit garçon confus se contentait de voir sans dire. Souvent, Henriette indiquait le moyen de suivre à dépenses minimes les modes des cocodettes. Marthe l'approuvait, et, très ingénieuse, elle donnait des avis économiques. Mais un monsieur les lorgnant imposait à leur conversation un terme immédiat. Elles regardaient ailleurs comme mécontentes de l'insolence.

Et Henriette, un jour :

— Ça ne te fait rien, n'est-ce pas, d'être veuve ?

— Oh ! tu sais, ma chère, c'est mal de dire ça : mais je n'ai jamais été si tranquille.

— Et tu ne te trouves pas trop seule.

— Et toi, et nos amis, et Karl puisque tu veux bien me le laisser ? Je suis loin d'être seule.

— Oui, mais enfin tu as été mariée ; il y a bien certaines tendresses qui te manquent.

— Non, du tout. Au contraire. Ces choses m'ont toujours répugné ; je m'y prêtais peu d'ailleurs, par devoir, et puis cela vous fait esclave du mari, vous éloigne de tout, même de Dieu.

— Oui, tu es « la morale en vie, » comme dit Félix, car enfin tu as le droit de ton côté, et ce grand malheur ne t'a pas aigrie du tout.

— Un mal pour un bien, sans doute. Sur le moment, ça m'a fait souffrir et puis ça s'est apaisé. Du reste, mieux a valu plus tôt que plus tard. Un aussi piètre caractère en devait arriver là, et si mes illusions s'étaient prolongées, j'eusse souffert plus pour m'en défaire.

— Et dire que c'est ma faute si tout ça est arrivé !

Marthe protesta. Elle avait choisi d'elle-même. Une erreur. Tant pis. Et sincèrement elle se jura très heureuse.

Et puis, elle eût désiré que M<sup>me</sup> de Cavanon ne s'attristât pour elle. Envers ses amis, envers cette bonne Henriette si douce, si passive, si distinguée à la fois, elle se sentait excellente. A contempler ses joues replètes et sa mine rose, elle s'empêchait difficilement de l'étreindre en d'affectueuses caresses. La cousine se charmait de tout ce qui charmait Marthe ; et Félix de Cavanon, amoureux de sa femme, approuvait. Un sourire, à peine, de sa figure moqueuse quand il désavouait leurs frivoles envies; mais il ne leur en consacrait pas moins son obéissance de galant homme. Vibrac, d'Ebrandes également. Marthe s'appliquait à leur servir en de jolies phrases des intonations légères ou alanguies et des rires francs par récompense. De son union avec M. Polskoff, elle garda la musique des mots aux terminaisons féminines, longues.

S'accrut en elle une sympathie pour la lourdeur bonhomme du peintre, et pour l'esprit caustique de Félix. Cependant, elle se défiait toujours de lui, certaine qu'il devinait à son attitude les secrets de son âme. Impossible travestir une pensée, lui présent. Il la regardait alors d'une bizarre façon, et ses lèvres se troussaient railleuses. Tant fut importune à Marthe cette persévérance de la connaître, qu'elle n'osait approfondir une méditation à elle intime sans se bien assurer l'absence de Félix. Et, pendant les réceptions, s'il la regardait, elle, de lui dire :

— Henriette va pleurer : vous la laissez seule trop longtemps.

Mais avec les autres elle se montra confiante. D'Ebrandes surtout lui fut agréable par ses conversations mondaines et le scepticisme qu'il affectait.

Comme les jaquettes à étoffes soyeuses lui étaient habituelles, Marthe prit le goût des promenades à son bras. La main de la jeune femme sur la manche du chroniqueur percevait une sensation agréable à effleurer le tissu doux. Dans le parc, ils déambulaient ainsi de longues heures, lui niant tout, lâchant des maximes tristes : « Le talent, c'est l'art d'arriver. » « La politique ? l'engrais des ventres ; » elle, rieuse de sa mauvaise humeur, et plaisantant les de Cavanon qui s'embrassaient derrière les arbres, et taquinant Vibrac qui, toujours travailleur, restait immobile devant un buisson clair de soleil. Il répondait :

— Dites-moi, madame, vous ne voyez pas du violet sur ce bouleau ?

— Mais non, puisqu'il est blanc.

— Et vous, d'Ebrandes.

— Non..., non... A terre, plutôt, dans les taches de soleil, entre les ombres des feuilles.

— C'est curieux, répliquait le peintre, moi je vois ces bouleaux-là violets. Mais je n'oserai jamais rendre ça. Tout le monde crierait. Qui a jamais fait des bouleaux violets ?

Il allait se mettre en grommelant à un autre point de vue.

Souvent, il s'asseyait dans la gloriette, l'œil toujours fixé vers le loin. Les autres bientôt le venaient rejoindre.

Et Ribéride, de retour, paraissait avec le vicomte de Brennalleu, devenu intime depuis qu'on le savait en disgrâce.

Après son salut à tous, le prêtre ornait son doigt de la bague à cachet héraldique. Et l'on reprenait les récriminations politiques. Le procureur tonnait contre la démoralisation. Il citait des cas. Des sénateurs avaient été surpris se livrant aux plus honteuses débauches dans une maison de l'avenue Marbeuf. Et Marthe aussitôt le faisait taire. Le prêtre, impassible, haussait ses larges épaules. Il émettait cette sentence : « Quand la foi se perd, tout croule. » De Cavanon s'emportait. Il fallait balayer tout cela. Du reste, que pouvait-on attendre de ce gouvernement d'aventuriers et de filles ! Et les créatures de ces gens-là envahissaient toutes les fonctions, l'armée, les ministères, la magistrature.

Un jour, Ribéride tira de sa redingote une

brochure rouge : *La Lanterne*. Par précaution, on éloigna les domestiques et le vieillard lut.

La verve amère de Rochefort les enthousiasma. Henriette voulut sa photographie. Ribéride affirmait justes strictement les diatribes contre les magistrats bonapartistes, ses collègues, des canailles.

Alors, chaque semaine on discuta le numéro nouvellement paru.

Marthe les cachait derrière les vieux draps hors service, en peur d'une perquisition policière.

Si des hommes moustachus, en redingotes râpées et à l'air louche rôdaient près les grilles du parc, elle envoyait le domestique balayer dans leurs jambes et elle passait elle-même en leur vue, méprisante.

De fréquentes terreurs tourmentèrent l'oncle à tout propos. Il parlait de Sainte-Pélagie, la prison des détenus politiques, ajoutant :

— Qui sait ? Nous y serons peut-être un jour.

Il redoutait sa destitution, et déjà il calculait l'équilibre de sa fortune pour le jour où son traitement de procureur ne lui serait plus servi. Il trouvait Vibrac compromettant.

Vint l'hiver. Le peintre avait tenu à ce qu'on

l'invitât pour quelque temps à Sceaux. Il désirait entreprendre des études de neige. Dans la vérendah il s'établit avec ses pinceaux et ses tubes. Marthe s'installa près lui, causa. Ce fut un plaisir opportun. Henriette avait repris Karl pour la mauvaise saison. D'Ebrandes et les de Cavanon faisaient de plus rares visites.

Un temps affreux. Cela tourbillonnait au dehors en pluies grises, en flocons épais, en averses bruyantes. Les embellies montraient les arbres noirs et grêles, chevelus de ramilles que le givre blanchissait. Et les quadruples traces des pigeons rayaient la terre couverte de neige.

La jeune femme s'amusa au spectacle de l'artiste posant des tons au couteau par larges plaques.

Elle sut bientôt la théorie des couleurs complémentaires. Il expliquait avec verve, s'enthousiasmant pour certaines teintes. Sa barbe grisâtre se mouvait à chacune de ses paroles. Toujours il exaltait Rembrandt. Et sa peinture, semblable, procédait par grandes touches brunes, par un jour saur, tombant en faisceau unique sur le principal groupe. Le meilleur de ses tableaux appartenait à M. de Cavanon. Marthe en admirait le cygne aux ailes étendues, tout blanc dans le vert endormi des plantes aquatiques, l'eau reflétante et la Léda dont les chairs semblaient du vieil ivoire.

Mais, à cette époque, il parut changer sa manière. Son pinceau s'appuyait en multiples et épaisses maculatures, et portait des ombres mauves ou bleues. Il brossait des arbres lie de vin, crûment.

Ainsi composa-t-il un effet de neige où se montraient à peine deux lignes blanches perdues dans des encroûtements roses, mauves, violets et gris. Marthe s'approchant pour mieux voir se heurtait le regard contre un lacis de touches heurtées et raboteuses :

— Mais ce n'est plus vous, s'écria-t-elle. Qu'avez-vous fait là ?

— Mettez-vous plus loin... Allez au haut de la vérendah. Là...

— Ah ! il faut regarder de loin... de loin... Ce n'est pas mal. Mais c'est bien violent. Des arbres rouges ! Voyons.

— Mais les arbres sont rouges parce que le soleil est rouge. Regardez le jardin.

— Oh ! vous exagérez joliment. Et puis, d'abord, la neige est blanche.

— Jamais de la vie. Je la vois rose, je la vois

mauve dans ses ombres, et il y a de l'ombre partout. Oui, c'est un peu blanc, là-haut ; eh bien, je l'ai fait.

Marthe insista ; elle défendait ses préférences. Elle loua le glacis, les reliefs surgissant des ombres noires, grasses.

Alors le peintre s'emballa.

— Tenez, vous parlez comme les bonzes des Beaux-Arts. Vous avez la marotte des oppositions, vous aussi.

Elle, fière de se voir reconnaître une qualité artistique attribuée aux maîtres, s'enquit :

— Quelle marotte ?

— Exemple : vous ne sortez jamais sans votre cousine. Elle est brune, vous êtes blonde : une opposition. V'lan ! vous voilà en relief, comme vous dites. C'est de la grammaire, ça. Les Bouguereau, les Henner, les Ingres, ils y vont de tout cœur dans la même note. Jamais ils ne mettront ces cactus sur un fond vert, n'ayez pas peur. Ils vous étaleront du noir ou du rouge derrière. Une opposition, parbleu. Ça ressort, ça tranche. Ils sont heureux ; ils se croient géniaux ! De la ficelle, tout cela, de la ficelle. Est-ce que ça tranche dans la nature, est-ce que tout ne se fond pas en plein air, dans la nature ?

— Allons, encore du réalisme !

— Eh oui, du réalisme !... Parbleu, un réaliste, cela vous dit tout de suite un monsieur qui ne peint que les vases de nuit. Eh bien non! pas du tout. La nature est autrement forte que vous, allez. Tenez, vous êtes là et le mur derrière vous. De peau vous êtes ambrée, mate; or la couleur blanche du mur est à l'huile; avec le temps l'huile a ranci et a donné au mur une belle couleur d'ambre clair. Eh bien, les méplats de votre figure sous le jour, c'est cette teinte-là tout juste; cependant vous vous détachez absolument du mur, vous en êtes très loin, vous êtes en re-li-ef, et en relief sans qu'il y ait rien entre vous, sans qu'il y ait opposition de rouge, de noir ou de bleu derrière vous ! Eh bien, moi je dis que le monsieur qui saurait rendre la différence de ces deux tons-là serait autrement fort que les Carolus Durand quelconques qui feront ressortir votre teint en vous mettant un rideau bleu dans le dos. Voilà.

— Peut-être, mais il est certain que l'effet serait bien moindre...

— Ah ! l'effet, l'effet ! L'effet c'est bon pour les bourgeois, pour la vente, pour l'enseigne. Ça tire l'œil, n'est-ce pas, c'est la carotte écarlate à la porte du marchand de tabac! Tenez, M^me de Cavanon est une bonne femme, pas maline, je n'ai pas de raison pour lui en vouloir ; eh bien, il y a des jours où j'ai des envies folles de lui dire des sottises, parce que justement elle produit l'effet dans votre couple. Je voudrais une fois dans ma vie vous voir avec une blonde, une vraie blonde, vous y perdriez peut-être pour le marchand de fromage, mais pour moi cela me ravirait, cela me prouverait encore bien mieux que vous êtes la plus délicieuse des blondes.

— Quelle galanterie !

Il s'inclina gaiement :

— Qui ne serait galant avec vous ?

Et Marthe affermit cette objection : la peinture ayant un but décoratif et les pièces étant construites trop courtes pour la distance nécessaire à une vision nette, une méthode qui obligeait à se mettre loin pour comprendre s'offrait par trop défectueuse. Cela écarterait le public si même la théorie s'imposait.

— Peut-être avez-vous raison en somme, répondit-il, en retournant sa toile contre le mur.

Et il parut sombrer en une méditation.

La manière dont il avoua cette défaite énorgueillit Marthe. Mieux que Luc cet artiste l'écoutait... Mieux...

— Alors votre portrait nous le ferons dans la vieille méthode ?

— Quel portrait ?

— Vous savez bien. N'est-il pas entendu qu'en échange de votre hospitalité, je ferai votre portrait et celui de M. Ribéride.

— Mais non, c'était une plaisanterie.

— Du tout, du tout, j'y tiens. D'abord ça me fera rester ici plus longtemps. Vous voyez que je suis égoïste.

— Au contraire, vous sacrifiez Paris, le Paris si gai d'hiver pour notre affreuse campagne.

— Oh! elle vous sert de cadre ; cela rachète sa maussaderie. Et puis rien n'est laid quand on sait voir.

Il alla quérir un carton et s'étant assis, il l'étala sur ses genoux, interrogeant :

— Laquelle de ces poses préférez-vous ?

Il montrait une foule de dessins représentant chacun Marthe Grellou, assise, droite, souriante, sévère, noble, enjouée, dans toutes les attitudes qui lui étaient habituelles.

La jeune femme très surprise examina une feuille, puis l'autre, hésitante. Elle trouva cette situation bien étrange. Des pointes sèches la montraient définie par traits nets sur des papiers bleuâtres; des crayons l'esquissaient en des mollesses vaporeuses; l'encre de chine la présentait toute noire par places, très claire en d'autres, avec des arêtes fantasmatiques ; et partout, se marquait l'allure qui lui était propre, fière, nonchalante, aisée, aristocratique.

— Voilà, dit-elle, je suis très embarrassée... Il y en a tant. Mais comment avez-vous fait tout cela ? Je ne vous ai jamais vu me croquer.

— Le soir, dans ma chambre. Je passe là une heure fort agréable à me souvenir de toutes vos lignes, de tous vos gestes, de tout ce que j'ai perçu de vous dans la journée et, à mesure, je note. Je vous ai toujours présente à l'esprit.

— Mais savez-vous que c'est très aimable ce que vous dites là... très aimable. Cependant... il ne faut pas l'être trop, n'est-ce-pas... les Céladons m'ont toujours fait l'effet d'épiciers déclassés. Et à vous ?

— Est-ce pour moi que vous dites ça ?

Il devint blême, son regard intelligent se darda vivace.

— Mais non, répondit-elle avec calme. Vous vous fâchez. Pourquoi ?

— Du tout, je ne me fâche pas... Oui, je suis de votre avis, les Céladons sont toujours ridicules...

— Pour les honnêtes femmes.

— Qui sont les femmes d'esprit.... C'est toujours méchant l'esprit et puis les femmes ont le tort de changer les hommes en Céladons en quêtant leurs flatteries.

— Merci, mon cher monsieur... Décidément je choisis cette sépia où je suis debout avec l'éventail.

— Vous avez raison, c'est la meilleure. Je vais rester dans ma chambre jusqu'au dîner pour garnir et préparer la toile. Demain matin nous nous y mettrons. Votre robe paille n'est-ce pas pour la pose ?

— Bien. — A propos, vous n'avez plus besoin des autres croquis, laissez-les-moi donc.

Ce priant, elle ramassa le contenu du carton et très vite emporta tout dans la salle à manger.

Un feu lent rougeoyait sous les grosses bûches. Elle y laissa choir les papiers qui flambèrent.

Comme elle regardait cette destruction, la porte se reclaqua violemment. Vibrac disparu.

Marthe alors s'estima très adroite. A l'étalage des esquisses et aux paroles qui suivirent elle avait pressenti une déclaration. Maintenant elle se félicitait du sang-froid qui l'avait conduite. La mine penaude du peintre lorsqu'elle avait ravi ses dessins lui réjouissait la mémoire. Et comme habilement, d'une phrase, elle l'avait prévenu de cet impair grossier. Avec quel calme imperturbable elle avait clos la kyrielle des répliques aigres en choisissant la sépia. Et tout cela sans une colère, sans un emportement.

Les hommes, pensa-t-elle, étaient bien ridicules. Ce rustaud de Vibrac savait la rupture avec Luc autrement fin, autrement doué, plus jeune ; et cela ne l'empêchait point de croire à un amour possible d'elle, l'irréprochable Marthe. Le sot ! Quand elle se rappelait toutes les ignobles choses qu'on nomme l'amour, le dégoût de les avoir subies la faisait tressaillir encore. Et elle recommencerait ce martyre. Oh! jamais !

Peu à peu elle s'apitoya sur la déconvenue, la froissure certaine du pauvre artiste. Bah ! Il s'en consolerait avec quelque fille de taverne, comme l'autre.

Et une réflexion judicieuse la tint longtemps méditative sans qu'elle pût la résoudre. Pourquoi les hommes, possédant à leur disposition ces créatures qui paraissent tant leur plaire, tiennent-ils à assouvir leurs sales instincts sur les honnêtes femmes ? Elle devinait là une félonie, un besoin de perdre les êtres purs qu'elle réprouvait complètement.

Puis elle ne songea plus guère aux détails de l'aventure, très fière de ne point s'en être émue le moins du monde. Plus elle avançait dans la vie, plus elle tendait à la perfection.

Elle se mit au piano, et de la *Damnation de Faust* elle entonna le chœur :

> Ville entourée de murs
> Et remparts

Souvent elle s'interrompait pour rire toute seule, satisfaite de cette allusion fine, se trouvant sainte, spirituelle et pas collet-monté du tout.

★

ELLE fut à une représentation du *Passant*. Les vers simples de Coppée la charmèrent et cette comédie lui plut où l'amour ne se concluait pas physique ni banal. Marie Colombier lui produisit une vraie courtisane, distinguée, celle dont la débauche s'excuse, et la voix amoureuse de Sarah Bernardt très agréablement l'émut.

Du balcon, pendant l'entr'acte, elle s'amusait avec d'Ebrandes à compter les chauves. Un spectacle drôle que ces crânes ovoïdes et clairs, parmi la note grenat qui dominait au rideau, aux fauteuils et dans les loges. Cela tournait lentement sur des carrures épaisses montrant alors des faces rases munies de lorgnettes, cela était complémentaire de gilets jaunâtres et de cannes à becs d'ivoire.

La jeune femme fut presque contrainte à examiner un groupe d'éphèbes gesticulants et applaudissants.

Marie Tarduin s'y démenait. Pendant toute la soirée le très jeune poète coula vers elle des œillades tendres et compatissantes qui l'agacèrent. Si bien que la pensée des tentatives séductrices la hantant, elle interrogea d'Ebrandes :

— Dites-moi donc, monsieur, pourquoi les hommes, qui trouvent si facilement à aimer au coin des rues, en reviennent-ils toujours à la femme mariée? Il y a bien une raison à cette rage-là?

— Oui, madame : l'économie.

— Allons donc !

— C'est simple.

Il s'expliqua. Aux femmes mariées le pouvoir de sortir libres se trouvant restreint, il fallait que l'amoureux vînt chez elles. De là, invitations, camaraderie fructueuse de l'époux riche et arrivé, emprunts faciles; et pas de tracassante paternité en avenir.

Elle protesta.

— Mais c'est odieux !

— Non, c'est raisonnable. Une fille, il faut la payer ou l'entretenir.

Avec amertume elle sourit. L'amour ! Pour Luc Polskoff et pour Marie Tarduin elle n'avait valu que par sa richesse, ils l'eussent mise en exploitation comme un bien de rapport, et ce Vibrac, il en eût tiré une maison de campagne !

Ainsi chaque jour, une à une, tombaient ses dernières croyances aux tendresses. Plus honteux se manifestait l'amour à mesure qu'elle en sondait profondément les principes et les mobiles. L'argent, la sale luxure, en demeurait toute la raison.

Une seule chose, en son esprit, persistait indemne de turpitudes, comme un idéal très pur pieusement conservé par les sages de siècle en siècle. La toute-puissante irradiation divine dominait, miséricordieuse et splendide, la bassesse des hommes. Malgré tous les assauts que certaines théories logiques d'apparence livraient à sa foi, Marthe lui demeurait fidèle par une reconnaissance des seuls bonheurs qu'elle eût jamais ressentis et qu'elle lui devait exclusivement.

Une lutte étrange alors lui occupa l'esprit. Sur chaque question littéraire ou artistique, ses amis soutenaient des opinions adverses. Croire avec les uns aux principes établis, il le fallait, sinon Dieu lui-même se mêlait à la lutte pour choir piteusement à l'encontre d'un argument sophistique. Et elle sentait que cette conception puissante, Dieu, le Christ, cette conception qui avait ému des millions d'hommes, n'était pas seulement une folie sublime et un $x$ sous lequel se cachaient des lois scientifiques encore inconnues. Elle se remémorait d'enfantines émouvances, des pamoisons qui la renversaient évanouie quasi morte devant la sainte nappe, à l'attente de l'hostie. Et elle éprouvait toujours cet allégement extatique lorsque, se sachant pure, elle s'oubliait à l'église. Des larmes douces alors, des compassions délicieuses pour elle-même et pour sa faiblesse. La grâce aussitôt se révélait présente par un soulagement de l'être qu'elle semblait vider de toutes les pesanteurs charnelles. Et ce calme unique émanait des absides, des autels, des vitraux, vous imprégnait dès le portail, coulait en vous comme un parfum réconfortant.

A tout cela Marthe n'était pas profane : elle gardait des gratitudes pour les effluves célestes qui berçaient son âme en une flottante joie. Nulle évidence plus grande de l'Etre que la quiétude sourdant de ses temples et enivrant ses fidèles. Elle comprit bientôt que cette foi resterait inébranlable en son âme, toujours, au-dessus des attaques et des discussions. Elle sentait Dieu.

Et cependant, d'une opinion littéraire exacte, la logique implacable d'un Vibrac la conduisait aux négations des principes sacrés. Ce fut alors, dans l'intelligence de Marthe, un chaos de toutes les doctrines où elle se perdit, se raccrochant pour défendre sa foi à celles-là mêmes qu'elle vilipendait pour servir ses convictions artistiques. Il en vint que ses croyances franchement personnelles combattirent toutes les théories et communièrent avec toutes. Elle se guida sur ses seules impressions, et ses impressions la guidèrent hors les opinions communes.

En théâtre, décidément elle s'estimait lasse des obsédantes fables dramatiques et de leurs héros sempiternels. Dans le roman : l'adultère, la fille, cela lui répugnait trop à lire. Ou bien des personnages qui réussissaient bêtement après un nombre plus ou moins grand d'aventures fâcheuses. Elle résolut n'en plus ouvrir aucun. Les poètes eux valaient toujours au moins par l'harmonie. Les peintures, elle les voulait fines, ténues, *la Vénus* de Cabanel, *la Source* d'Ingres, les portraits de Bonnat, les tableaux de genre et les scènes historiques de Jean-Paul Laurens. Au contraire elle haïssait Delacroix avec ses draperies qui paraissent en bois dur et ses chevaux qui semblent toujours faire des réflexions morales sur les toiles qu'ils emplissent.

Par suite, Vibrac, d'Ebrandes lui affirmaient ces prétentions picturales et littéraires en désaccord logique. Son oncle lui répétait qu'avec un goût aussi pur en plastique, on devait suivre les mêmes inspirations pour les lettres.

Malgré tout, l'Olympia de Manet, une fille immonde couchée toute nue, entre un stupide chat noir et une négresse, ne la pouvait conquérir pas plus que les comédies ridicules de Dumas, chéries des premières loges pour leur grand tintamarre de sentiments faux, d'idéal rance, d'esprit courant.

Par cet éclectisme elle se persuada impartiale, d'une originalité extrême. Elle y persista sans se rendre aux remontrances qui l'humiliaient. Elle s'attacha sitôt qu'elles étaient entreprises à détourner la conversation ; et cela avec une telle insistance que Vibrac et d'Ebrandes s'en fâchèrent un peu.

D'ailleurs ces débats, très intéressants jadis, devenaient monotones. Les avis les plus originaux, lorsqu'ils étaient rebattus par la même personne avec les mêmes expressions, ennuyaient autant que les rabâchages classiques lus partout.

Ribéride défendant George Sand, et d'Ebrandes soutenant la littérature des frères de Goncourt l'assommaient de même façon.

A leurs entretiens elle préféra ceux d'Henriette, du prêtre et, comme ces personnes sages, elle approuva tout ce qu'on disait.

Ce lui valut une discrète ironie. Très sérieuse elle déclarait raisonnable chaque prétention et s'amusait fièrement à voir le triomphe qu'y gagnait l'orateur. En elle-même s'accrut la moquerie de ces arguments choqués les uns contre les autres, sans résultat. Ribéride s'enthousiasmait davantage pour les vieilles méthodes, tandis que ses adversaires s'enlisaient plus tenacement dans leurs convictions progressistes.

Selon de Brennalleu, cela prouvait que, chacun travaillant pour le bien, il en existait un peu dans chaque doctrine, et ce peu servait à lui donner des apparences de raison. Lui, large, croyait à une rémission céleste de toutes les erreurs commises en vue d'un idéal. De la Rome ecclésiastique où il avait vécu, la grande tolérance lui demeurait. Sans cesse, il louait un Dieu clément, bon aux faibles, épandu en bienveillance sereine ; et, lui-même, son prêtre, très grand, très robuste dans sa soutane soyeuse, avec le sourire de sa face digne et ses majestueuses colères, dénonçait un homme supérieur affermi au contact perpétuel des choses saintes.

Dans la société de Marthe son influence augmenta. Vibrac, ayant connu par des visites au presbytère les bibelots asiatiques rapportés de Chine, lui concéda ses affections.

Depuis son impair, le peintre vint plus rarement à Sceaux et toujours amené par Ribéride. Marthe tenant à affirmer entière son indifférence, et trouvant cette gêne ridicule, le voulut reconquérir :

— Voyons, quand achevez-vous mon portrait ?

— Dimanche.

— Oui, mais vous ne repartirez pas.

— Si, si, j'ai besoin d'être à Paris.

— Oh ! alors, mon portrait a le temps d'attendre.

— Je viendrai huit jours de suite.

— A quoi bon retourner chaque soir ?

Ribéride interrompit :

— Vous ne pouvez vraiment pas exiger de le tenir en laisse. Il a sans doute besoin d'être souvent sur les boulevards, n'est-ce pas, Vibrac ?

Il lui clignait de l'œil et lui lançait les doigts dans les hanches.

— Oh! alors, je retire ma demande.

Elle dit cela un peu triste. Encore la débauche s'offrait à elle subite, dominatrice.

Marthe se montrait plus indulgente en faveur de son oncle, mettant sa folie amoureuse au compte d'une manie sénile. Pour les jeunes hommes, elle se refusait à tout pardon, mais les convenances lui interdirent marquer ses répugnances. Du reste, de Brennalleu l'encourageait à prendre le monde tel quel : c'était le devoir du catholique séculier rendre aimables la vertu et la dévotion.

Les jugeant pleins de sens, elle se conforma aux avis du prêtre. Des luttes vaines observées chaque jour dans les discussions de leurs amis, lui conclut à l'illusoire des sciences et à la faiblesse de la compréhension humaine. Seule, la foi restait inattaquable puisqu'elle ne prêtait pas matière à la discussion et il cita la parole de saint Augustin : *Credo quia absurdum* : je crois parce que c'est absurde. Les seuls vrais chrétiens pensaient ainsi. Les discours du prêtre accordèrent Marthe avec elle-même, avec Dieu. Elle lui en sut des attentions féminines et elle offrit une couronne à sa Vierge. Souvent, il passait chez Marthe l'après-midi, enseignant à Karl la grammaire latine. On avait tondu le petit garçon pour le printemps. Il penchait sa tête blanchâtre sur les livres. Il apprit bien les deux premières déclinaisons, mais il choppa contre la difficulté de la troisième ; et les exceptions qu'elle comporte, il ne les put retenir.

La fatigue se manifestait par le ridement subit de son front ; tout de suite Marthe, ne le voulant malade, demandait un repos.

De Brennalleu riait à le voir courir dans le jardin pour fouailler le singe avec des fétus. La bête grimaçante serrait les grilles de la cage dans une crispation de ses minces doigts noirs et montrait ses dents méchantes en crachant.

Le prêtre et Marthe échangeaient des éloges sur la gentillesse de leur élève. Il devenait plus viril, à l'aise dans ses larges culottes à la zouave et dans sa veste, presque un costume d'homme.

Puis tous deux se narraient des mésaventures, très enclins l'un et l'autre à la moquerie, tandis que Karl disparaissait vers le fond du parc.

Bientôt Marthe connut la famille des Brennalleu. Le frère du curé, un lieutenant de dragons, à Saumur. Leurs dots réunies autrefois à celle de leur sœur pour permettre à la jeune fille épouser le prince de Stadgershell, un ambassadeur d'Autriche, son séducteur. M. de Brennalleu ayant contraint ses fils lorsqu'ils n'étaient qu'enfants à ce don; devenus grands, ils s'étaient trouvés peu riches : Saint-Cyr, Saint-Sulpice les avaient reçus. Puis leur père mort, ils procédaient sous le nom du lieutenant contre l'Autrichien afin de reconquérir leurs dots. Et la sœur rapace les accusait d'avarice.

Marthe aussi conta ses adversités. De ces mutuelles confidences une compassion commune les lia. A la débauche d'autrui, ils devaient l'un et l'autre le malheur. Lui exhortait à la résignation, lâchant des colères pourtant contre les infâmes qui renient les affections et les piétés pour satisfaire de sales appétits. Et la jeune femme aima beaucoup cette éloquence fougueuse où elle reconnut ses haines exprimées avec une puissance superbe.

Ils se communiquèrent leurs répulsions, renchérissant à l'envi sur les turpitudes de la chair. Elle s'épouvantait de ses hardiesses, mais ses discours peignaient si bien l'ignominie des choses qu'elle les accepta. Elle, pour dire ses dégoûts, tournait de longues périphrases où elle bafouillait, rougissante.

Et, un matin, Ribéride qui les écoutait :

— Vous êtes deux drôles de corps.

L'abbé cria de plus belle à la démoralisation. Il se leva, ses cheveux jaunes hérissés et projeta ses mains menaçantes vers le Belzébuth invisible. Le procureur haussait les épaules :

— Et la nature, elle est bien là pour quelque chose !

— La nature : c'est le mal que vous appelez ainsi pour vous donner une excuse.

Et de Brennalleu tomba sur Rousseau, sur le roman moderne, sur les journalistes, sur Cuvier, sur Schopenhauer, sur Napoléon III.

Aussitôt ils s'accordèrent pour agonir le gouvernement d'invectives, cela se terminait toujours ainsi.

Marthe alors les laissa et rejoignit Karl au jardin.

A la politique même elle devenait indifférente, bien que les hommes autour d'elle eussent de plus fréquentes rages.

Apparurent en l'allée la sveltesse roide du chroniqueur, la largeur courte de Vibrac.

— Bonjour, madame, salua d'Ebrandes en abaissant son chapeau gris.

Et Marthe :

— Bonjour, monsieur ; allez retrouver mon oncle, il se dispute avec le curé ?

— A propos de politique, au moins.

— Naturellement. — Et vous, monsieur Vibrac, vous achevez mon œil, aujourd'hui ?

— J'achève tout.

— Quelle grande résolution !

— Tout l'œil.

— Vous irez bien jusqu'au menton.

Ils marchèrent jusque la vérendah. Ribéride et de Brennalleu se turent, s'approchèrent. Les compliments émis, Vibrac dévoila la toile où il apposait les traits de Marthe.

Sur une peluche jaune aux cassures éclatant de chrome, aux plis épais, riches et lourds, la silhouette encore indécise de la jeune femme se détache. Le corps offre seulement de grandes lignes au fusain, des plaques de blanc qui indiquent les froissures et le drapement de la robe. La chevelure terminée, aux ondes d'or clair, saille de la peluche jaune par une transition étrange dont le coloriste se glorifiait. Dans la figure encore blanche, de cette blancheur crêmeuse particulière aux toiles préparées, la peau peinte des creux orbitaires met un rose fauve depuis les narines jusqu'aux arcades des sourcils. Les paupières tracées en rose vif ovalisent la nacre de l'œil qui se darde par une touche longue de l'iris au coin; l'iris d'un bleu lactescent donne une lueur calme, altière, et qui perce. Parmi les dessins frustes qui seuls encore définissent la robe, cette même peau de rose fauve modèle une main nue avec des doigts en fuseaux où transparaissent des veines ténues et bleuissantes.

Elle semblait fantastique cette main, très vivante, perdue dans l'inanimé de la charpente linéaire. Et cette impression bizarre se ressentait aussi à la vue de l'éventail déployé plus bas, au bout d'un gant peu devinable, et à la vue de l'escarpin dépassant le flot des étoffes vagues.

Après une minute d'examen, l'artiste saisit ses brosses et travailla. Karl se levait derrière lui sur la pointe des pieds pour suivre les mouvements du pinceau ou bien, curieusement, il remuait les tubes.

Et Marthe assise regardait finement devant elle, pour la pose. Vibrac cachait en partie le tableau; à peine, pendant les reculs contemplatifs du peintre, entrevoyait-elle les dernières notes posées, un nouveau charme d'elle-même devenu tout à coup, ainsi fixé, bien plus appréciable.

Cependant que dans la salle prochaine discutaient les hommes commodément soutenus par les bras incurves des trônes curules.

Et d'Ebrandes à voix forte, vitupérait :

— Le droit ! on viole le droit ! Que parlez-vous de droit ! Le droit n'est que la consécration de la force, tout bonnement !

Mais l'ébauche de sa figure, de ses pommettes accapara Marthe. Une touche éburnéenne en dessinait la saillie lumineuse, et sa figure s'établit complète avec le double trait mince de la bouche et l'arête ferme du menton. Très rapide, la main du peintre étalait les tons mats des chairs, et il en emplissait les joues jusqu'au jaune de la tenture. Puis il revenait avec des hésitations à chaque place ; grattant, posant ici une perle rosâtre, là un ton de bistre, sur le nez une mince ligne blanche qui notait d'un jour vrai la délicieuse physionomie de Marthe Grellou.

Ainsi eut-elle sans cesse, pendant l'édification de l'œuvre, de renaissantes joies. Un contour suivi par la brosse, une courbe de hanches inscrite par le fusain lui révélèrent des courbures élégantes qu'elle s'ignorait. L'adoration de son corps la fit plus respectueuse d'elle-même et plus soigneuse d'esquiver les heurts et les écorchures. A se voir dans son portrait si belle, si exquisement aristocratique, elle choya ses attitudes pour ne le jamais démentir par une défaillance de l'original. Et une passion de toilettes, de parures l'empoigna, lui fit courir les magasins et les couturières.

Des chapeaux minuscules dont les bords se collaient à la calotte, dont le devant se décorait de plumes blanches, la coiffèrent très bas sur le front, et lui valurent une mine cavalière. Les énormes nœuds de ceintures larges ornèrent sa taille de coques épanouies, et les bouts retombaient jusqu'au bas de la jupe : trois volants confondus dans l'interminable traîne. De coûteuses dentelles bouffèrent sur les amples raideurs des paniers.

Henriette la conseillait en ses choix. La cousine se montrait habile à découvrir les défauts des tissus et à obtenir des prix moindres pour des coupons entamés. Le bonheur était grand si elles parvenaient à construire, selon leurs ressources, les toilettes décrites par les gazettes comme ayant acquis le succès des raouts impériaux.

Les périodiques illustrés, les revues, les brochures, toute la presse consacrait de longues chroniques aux toilettes de trois, huit, vingt mille francs des grandes dames. Partout un entraînement, une furie d'élégance qui tassaient dans les hall du Louvre et du Petit-Saint-Thomas les foules féminines hâves de désirs. Marthe et Henriette se jetaient avec jouissance dans cette cohue où il fallait attendre debout près les comptoirs, les chaises étant disputées sitôt libres, tandis que, sous le jour cru des vitrines, les commis éperdus avivaient du pouce les luisances des moires et des velours, et mettaient des transparences derrière les arabesques des malines.

Aux caisses, la poussée des acheteuses s'écrasait. Entre des épaules, entre les barres de cuivre soutiens de grillages, des mains fluettes et habiles parvenaient, lâchant de l'or. Les vendeurs hurlaient la série des articles, et des hommes en habit bleu ficelaient les achats sur les grandes tables de chêne lisse.

O la joie d'élire ses emplettes parmi l'amas des choses ! Et la traîne qu'il fallait secourir à chaque seconde contre un monsieur maladroit, saluant. Puis, au retour, le déploiement des étoffes, le regret attristant d'une autre nuance qu'on aurait pu prendre et que l'on n'a pas prise; l'envie de courir tenter un échange; et le goût de cette nuance revenant peu à peu avec le rappel des motifs qui ont obligée à la choisir.

Cette rage d'acheter des parures nouvelles lui fut un oubli de tout. Son fiacre se chargeait de cartons quadrangulaires, ourlés d'or, de paquets gris tachetés par les dessins de la réclame, d'écrins enveloppés en la glaçure des papiers chers. C'était un déballage quotidien, avant le dîner, de flacons à essences, de miroirs à biseaux, de peignes en écaille, de bottines. Et les odeurs des cuirs neufs, des parfums, les puanteurs aigres des taffetas, le cliquètement des passementeries la grisaient d'une envie de possession qui ne se lassait pas. Si bien que Ribéride lui apporta les comptes et remarqua :

— Quatre mille francs de moins que vous mettrez de côté cette année, ma chère amie.

Sur le moment elle fut surprise. Ensemble ils se mirent à détailler les notes. L'appréciation de l'oncle se trouva juste. Elle s'en effraya et se promit être raisonnable; mais n'en donna pas moins cette réplique :

— Tout devient si cher maintenant.

Et lui, ironique :

— Ah! c'est vrai, depuis l'exposition.

Une plaisanterie courante qui amusa la jeune femme.

— C'est méchant!

Et elle arrêta ses acquisitions.

L'hiver lui giflait la figure de ses bises froides lorsqu'elle allait par les boulevards dans une curiosité flâneuse. Elle s'arrêtait devant le bras de l'assassin Troppman reproduit en plâtre à la montre d'un magasin. Et, vers son esprit, se dressait la corruption des gens, des fonctionnaires, de la cour, hideuse, engendrant par l'exemple des crimes féroces qui abattaient, pour l'amour de l'argent, des familles entières en une seule fois. On ne courait plus qu'à la jouissance maintenant et par tous moyens. Des jeunes hommes de dix-neuf ans commettaient ces massacres.

Aux vitrines, une photographie exhibait les cadavres des petits Kinck, leurs tuniques et leurs sarreaux sanglants, leurs têtes convulsées tombantes, et les mains inertes montrant les paumes. De boutique en boutique cette vision la poursuivait, cette vision de sang et de cadavres affreux.

Un jour il lui fallut attendre la voie libre, au coin d'une rue. Huit chevaux tiraient en vain trois pierres énormes, cubiques; et les fortes bêtes glissaient des quatre fers sur le pavé gluant qui craquait avec des étincelles. Les conducteurs juraient d'horribles imprécations. Enfin les muscles des chevaux par une tension suprême enlevèrent cette pesanteur et la lourde machine s'ébranla. Le chariot scanda le cortège des fiacres et s'engagea dans la continuation de la rue, vers les échafaudages énormes qui grimpaient partout jusqu'aux toits. Longtemps de sa masse jaunâtre, la plus grosse pierre obstrua les perspectives.

Il plut. Marthe affolée pour sa toilette, prit refuge sous une grande porte. Il s'enleva une fuite de passants, de jupes retroussées, de talons collant au sol. Très vite la précipitation s'accéléra, les chapeaux se voilèrent de mouchoirs dans l'uniformité grise de l'atmosphère pleuvante. Les gens se doublèrent de silhouettes fumeuses à travers les mirances de l'asphalte brunie.

L'ondée vernissa tout, les couleurs vertes des bancs, des lampadaires, les toits écailleux des kiosques et des colonnes réclames. Sur l'une, l'immense affiche jaune et rouge du Gymnase, annonçait la pièce : *Froufrou*.

Il souvint à la jeune femme avoir assisté à la première, une étude très vraie de la contemporaine et de la chasse au luxe. Mais elle reprochait qu'on y eût joint l'insupportable adultère.

Elle fut contrainte à se reculer sous le porche. L'averse croissante croula, souleva au-dessus des flaques une multitude de stalagmites liquides, se dispersa en poussières brillantes. Les pluies obliques strièrent les façades, le noir des vitres, les blancheurs mornes des rideaux. Les murs enjaunis se dressaient, béants par leurs sept lignes de fenêtres, et ceints de balcons aux volutantes ferrures de floraisons en pierre. Les nues cendreuses traînaient leurs ventres au ras des toitures blafardes.

Jusqu'au loin régnaient la démolition, la chute des vieilles choses, la hâte de parer; jusqu'au loin s'exhaussaient les gravas, surgissaient les perches infinies des échafauds en lesquels, à chaque étage, des maçons raclaient.

Et dans cette rénovation luxueuse de Paris, Marthe se sentit à l'aise au milieu de son monde, de ses goûts. Elle perçut subitement une béatitude d'être. Ils étaient de son époque, de ses idées et de ses appétences, ces propriétaires qui décoraient leurs bâtisses de sculptures et d'entablements, qui sertissaient leurs femmes de dentelles et de bijoux avec la même furie de splendeurs chères.

Ces odeurs plâtrières et humides, elle les aspira, ne pensant plus aux tristesses du jour, heureuse de vivre en cette extrême civilisation, parmi cette fièvre.

Et un sergent de ville arrêta un fiacre vide, puis s'avançant vers elle, le bicorne à la main, malgré la pluie, il le lui indiqua.

Une reconnaissance longtemps pour la politesse de cet homme.

★

A longs intervalles, on lui parla de Luc aperçu parfois en quelque brasserie avec sa Clémence. Le slave toujours sale, toujours fat. Il vivait mal de rares leçons données par hasard à des aspirants bacheliers. Et Marthe en l'apprenant :

— Un pion ! il était destiné à cet état par la nature.

Elle eût voulu savoir ce qu'il disait d'elle, mais, comme pour rien au monde il ne fallait qu'on lui supposât la déconvenue du passé, elle ne manifesta point son envie. Pourtant, elle s'ingéniait à étendre laver ve des causeurs, en affectant un intérêt ordinaire pour ces racontars. Eux, par convenance, taisaient vite leurs cancans. Marthe enragea.

Sans doute, ils s'alliaient à son mari pour médire d'elle, puisqu'ils laissaient leur camaraderie au triste personnage et qu'ils évitaient la franchise de cette relation.

Des ressouvenances de mauvais jours, et de désagréables aventures la vinrent conquérir. Elle pensa à l'étrange maladie charnelle qui l'avait abattue pendant l'Exposition. Un malaise, à ce souvenir, l'accabla. Elle se gourmanda de ces ignobles illusions passionnelles, ne comprenant plus s'y être soumise. Et elle lâchait des imprécations tout haut, sans le savoir :

— C'est stupide.

Une rougeur de honte lui montait à la face. D'autres souvenirs identiques suivaient. Ainsi, le vœu indigne qu'elle avait conçu, le fameux soir devant la brasserie, de reprendre Luc et pour cela de se livrer encore aux étreintes matrimoniales. Ainsi la balourdise d'avoir épandu son vin sur la nappe en dînant chez les Farcaud, des gens cérémonieux. La mémoire de ces intimes fautes lui ardait les joues. Elle se passait les mains sur le front en murmurant :

— Voyons, je suis folle. Ce ne sont pas des crimes tout cela.

Cependant, elle avait peine à se convaincre.

Tout à coup, sa honte l'envahissait encore, très puissante cette fois et justifiable. N'apercevait-elle pas M$^{me}$ de Cavanon, la mère, dont elle oubliait la présence, assise près elle, et lisant ou feignant lire. Peut-être avait-elle surpris ces interjections la vieille dame proprette, aux longues mitaines de soie, à la tête grise. Et Marthe l'examina longtemps, elle, sa posture lassée, sa robe noire à rayures jaunes, sa pèlerine de velours, ses anglaises qu'elle lissait toutes les minutes, machinalement, de son doigt osseux.

Non, elle n'avait rien entendu : elle continuait lire à travers ses lunettes. Elle se trouvait toujours à Sceaux, maintenant, cette aimable personne, pas bruyante, amie du curé. — Pourquoi ? — Et c'était à Marthe une révélation, songer combien fréquentes et longues les visites de la dame.

Elle arrivait avec une commission d'Henriette, demandant qu'on la gardât pour cette raison : « Félix et ma bru ne reviendront pas avant neuf heures. » Marthe devinait une partie fine du couple amoureux où la bonne dame n'eût eu que faire.

A Sceaux, on l'aimait, sentant l'iris, évoquant

les élégances de la Restauration... Elle avait connu M. de Balzac. Très liseuse, elle émettait des opinions d'antan ; et si on y objectait :

— Hein, vraiment, je pensais pourtant. Ah ! je puis me tromper. Allez, c'est bien triste quand on devient vieux, il n'y a plus personne de votre avis.

La vieillesse, la mort, Marthe y songeait souvent. Elle allait vers la trentaine. Sa mort, elle ne la prévoyait plus de telle ou telle façon et traitait de fantaisies ridicules ses anciennes croyances. Cette phrase de V. Hugo : « La vie est le problème, la mort est la solution, » lui parut sage, complètement. La fin de l'existence, elle n'y prévoyait que la fin du bien-être, des beaux spectacles, la fin des amitiés, de toutes les joies qu'elle tenait à ne point perdre. Et ensuite, l'enfer peut-être, un Dieu irrité de ses faiblesses.

Pour ne pas faillir à l'état de grâce et rester prête à comparaître devant la justice divine, elle multiplia ses pratiques pieuses.

Dans l'obscur du confessionnal, à la voix morigénante du prêtre, elle acquit des terreurs et une crainte de courir à la perdition.

Une fois, cette demande lui fut faite : « Dans votre position délicate, aucun homme n'a cherché à vous séduire. » Elle hésita, puis très émue, tremblante, elle conta sa vie et les tentatives de Vibrac.

Par ses promesses de supplice, par ses menaces le confesseur l'épouvanta lorsqu'elle eut avoué le peintre admis encore chez elle comme auparavant. Au nom du Christ courroucé, il exigea l'éloignement de cet homme et prévint sa pénitente que cette obstination à le recevoir était tout simplement un amour qu'elle ressentait inconsciemment, si elle ne feignait point par male perversion cette innocence invraisemblable.

Dans son affolement, elle promit s'astreindre à cet ordre en échange de la bénédiction absolutoire. Elle rentra toute bouleversée ; puis quand il fallut parfaire la réalisation de sa promesse, son bon sens se révolta ; elle ne put se résigner à paraître ridicule. Car enfin une année avait disparu depuis la déclaration vaine de Vibrac, et lui vouloir querelle après un an de tolérance, cela dénoncerait une pudibonderie sottement tardive.

De Brennalleu, consulté comme pour une personne étrangère, affirma hors toutes les convenances une pareille démonstration, et bien inutile. Forte de cet avis, furieuse contre le confesseur impitoyable, Marthe réitéra ses aveux à un autre prêtre qui se montra moins austère.

Mais la communion, cette fois, ne lui servit point la paix habituelle. Et comme il lui demeurait une constante défiance de sa chair, elle se crut pécheresse et férue pour le peintre d'un amour naissant. Le refus de la grâce, un avertissement d'en haut.

Elle s'appliqua dès lors à fuir Vibrac et les hommes. Et ce ne lui fut pas un sacrifice. A leur ennuyeuse politique, à leur rabâchage littéraire, elle les abandonna. Même, si elle les rejoignait par hasard, elle récitait d'avance la suite de leur discussion, d'après le dernier mot entendu. Un plaisir à les voir vexés et pris en flagrant crime de redites.

L'excellente Henriette et M$^{me}$ Morand l'accaparèrent, tout intéressantes par leurs féminines conversations. M$^{me}$ Morand, une grasse quadragénaire, engaînée de soie carmélite, les bajoues fraîches recouvrant les brides de son chapeau; une voix poussive se hâtant avec des éclats aigres après un geste circulaire de son gros bras. Et toujours des choses drôles à dire. Ancienne habitante de l'Algérie, elle narrait des histoires gaies sur la pénurie et la bêtise des officiers écrivassant dans les bureaux arabes. Rieuse et bonne elle se montrait immédiatement, et pas bête dans le choix des ameublements ou des robes.

Les captivants débats sur l'usage d'une crèmeuse mousseline : jupe ou rideau ? Huit jours elles s'en occupèrent.

Elles se communiquaient aussi des souvenirs : « Moi j'ai connu une petite fille... » Et les rappels d'impressions fines s'échangeaient en un verbiage liquide. Ensuite c'étaient des concours d'émulations bavardes, une lutte d'esprit, de vertu, de pudeur, de désintéressement. Chacune citait des aventures qui mettaient en couleur leur conduite louable ou celle d'amies très intimes qu'elles ne nommaient pas. Souvent Marthe, saisie du désir de l'emporter sur ses interlocutrices, forgea des contes.

Cette fréquentation influença ses solitaires rêveries. Elle s'oublia à repasser son enfance, une vie monotone de petite fille sage ; ses devoirs toujours bien faits, ses leçons toujours sues. Très vaniteuse en ce temps reculé, elle n'eût souffert des reproches ; peut-être en serait-elle morte. Et une figure vague d'institutrice la hanta, une grande jeune fille mince et sombre qui s'opiniâtrait à nantir son élève de connaissances historiques. Sous son gouvernement la petite fille fut admise à la table des grandes personnes. Pour cette faveur qui l'enorgueillit beaucoup autrefois, Marthe ne pensait point à M$^{lle}$ Laure sans une regrettante sympathie. La plus grande satisfaction de son jeune âge elle la devait à l'intercession de M$^{lle}$ Laure. Un jour, brusquement l'institutrice partit sans dire adieu. Quel chagrin elle en eut! Depuis, Ribéride expliqua avoir trouvé la jeune fille mince et sombre dans le parc, en colloque avec un sous-lieutenant.

Ainsi qu'un inéluctable destin, cet acharnement de la débauche à lui soustraire toutes ses affections poursuivait Marthe. Comme il se rencontrait des coïncidences bizarres dans la nature! Elle, si chaste, si pure, il fallait qu'elle heurtât constamment le vice. Donc elle avait un mérite extrême à s'en garantir. Et, de cette réflexion, elle sombra en un plus grand enthousiasme d'elle-même.

Son portrait appendu dans un cadre noir sur la muraille du salon l'attirait.

Par la grande salle obscure, où seules s'apercevaient les blancheurs des housses couvrant les sièges, Marthe Grellou allait à tâtons vers la fenêtre afin d'ouvrir les persiennes.

Le jour s'épanchant tout à coup montrait de longs murs tendus en damas rouge, des guéridons en laque, des cassettes incrustées de nacre, des livres à gravures, des albums oblongs en piles.

Et sa personne peinte s'offrait de taille naturelle, un peu sévère dans une longue robe paille dont la traîne volutait sur un tapis couleur de thé.

Elle se contemplait ravie. Si quelques secondes son œil quittait le tableau pour la pendule monumentale de Boule, c'était là un simple raffinement; car, ne la voyant plus, le souvenir délicieux de sa figure la possédait; et elle laissait croître en elle l'envie de se revoir jusqu'à ce que cette envie devînt irrésistible; alors elle ruait son regard vers la toile dans une folie d'admiration. Le retard volontaire de ce bonheur en centuplait la jouissance.

A peine envisageait-elle un instant, dans un autre cadre, la face grave de l'oncle trônant, vêtu de sa toge rouge, et souriait-elle à l'air docte de convention, en se remémorant son parler gras et ses fredaines. A soi bien vite elle vouait toute son attention.

Mais quelle pénible besogne, ouvrir et fermer

la persienne chaque fois que la prenait son envie d'elle. Et le risque de se cogner aux meubles parmi l'ombre, de faire des égratignures à ses belles mains, de bleuir ses membres de coups. Puis, dans cette immense pièce inhabitée, elle avait l'air perdue, comme en pénitence avec de vieilles choses cérémonieuses. Le milieu ne convenait pas à cette peinture. D'ailleurs, son oncle ou de Cavanon remarqueraient bientôt les nombreuses visites qu'elle s'octroyait; et les moqueries ensuite de la punir sans répit.

Longtemps elle examina les motifs invocables pour justifier la translation du tableau en son boudoir, le lieu où elle passait les heures à son gré. Elle trouva. Elle dit à Ribéride en simulant une émotion :

— Voyez-vous, mon oncle, j'ai réfléchi. Le portrait de mère n'est que dans le boudoir et le mien se trouve dans le salon. Cela n'est pas convenable. La place d'honneur doit être à mère; je vais faire faire ce changement.

— Comme vous voudrez.

Deux jours après, Marthe était certaine d'avoir simplement pourvu à sa filiale dévotion.

Et M^{me} Morand s'en fut à Nice pour régir la cure d'un mari phtisique.

Cette absence navra. Une solitude nouvelle, ennuyeuse, succéda aux charmantes causeries. Henriette ne possédait point le don de tenir l'intérêt suspendu au cours de ses babillages. Malgré sa complaisance à applaudir les hauts faits de Marthe, elle en revenait toujours à Luc, à Vibrac : l'un piteusement mis à la porte, l'autre spirituellement désillusionné de ses charmes ; et elle ne tarissait pas les éloges sur l'intelligente fermeté de sa cousine, ce qui enchantait celle-ci.

Mais ce furent toujours les mêmes choses énoncées par les mêmes personnes en une monotonie fastidieuse. Marthe perdit le courage de causer.

Par la vue elle jouissait surtout, avide de spectacles, de revues, d'expositions, de promenades. Et la musique lui fournissait un autre plaisir habituel. En examinant les êtres, les tableaux, et en écoutant les harmonies elle seule se trouvait en cause, non contrainte, par politesse, à continuer son examen ou son attention auditive. Son esprit pouvait descendre librement à des réflexions drôles sur la tenue d'un chanteur, d'un musicien, d'un monsieur ; ou bien ourdir des suppositions sur la vie de ces personnes d'après un détail de leur attitude. Une distraction qu'elle affectionna.

D'une bottine à talon meurtri sous une culotte élégante, elle en imaginait le propriétaire habitant une mansarde, avec une bouteille pour bougeoir, et travaillant le matin, plusieurs heures, à déguiser les usures de ses vêtements. Une dame forte, à la robe couverte de jais, aux étroits brillants d'oreille, se dévoilait à Marthe cadrée d'un intérieur propre, de meubles fournis par les grands bazars, unie à un époux gagnant quatre mille francs en quelque administration publique et quittant son pantalon le soir par économie.

Des observations multiples l'occupaient ainsi pendant ses courses, avec, pour ces gens, des apitoiements ou des envies.

Le soin de son corps l'obsédait chez elle. Au heurt le plus léger de son genou contre un meuble, elle montait vite à sa chambre pour se rendre compte du mal, craignant des ecchymoses, des noirs qui dépareraient sa peau si blanche et si fine. Elle frottait longuement la place atteinte, se mettait à l'oindre de pommades et d'arnica, et consultait à chaque instant le progrès ou la décroissance de la marque. Les histoires effroyables de cancers au sein qu'elle entendait répandre par toutes les femmes la portèrent à garantir cet organe du moindre choc avec un soin extrême. Plutôt que l'amputation elle préférait la mort : elle ne pourrait pas vivre ridicule avec un seul sein.

Et l'office, le domestique réclamaient aussi sa surveillance. Le beurre qu'on versait à profusion dans tout, qu'on laissait trop roussir, qu'on dilapidait. Il fallut menacer la cuisinière d'un renvoi. Et cette femme en bouda pendant quinze jours, ne se donnant plus la peine de répondre aux questions. Il fallut la subir, les vrais cordons bleus étant rares. Et pourquoi, malgré toutes les injonctions, la femme de chambre s'obstinait-elle à verser dans le cirage le rhum de la cave à liqueurs sous prétexte de le délayer ? Impossible la décider à prendre un alcool moins cher pour cet usage et qui sortît d'un autre flacon. Quant au domestique, jamais il ne put comprendre qu'on ne doit pas cirer au matin les chambres sises au-dessus des dormeurs, ni mettre des tabliers tout propres pour ratisser le jardin et servir ensuite à table avec ce même tablier sans couvrir de gants ses mains potes.

Par de constantes observations elle tâchait inutilement à les convaincre. Ils promettaient satisfaire aux exigences de madame, puis, après une obéissance éphémère, ils reprenaient les anciennes habitudes. Quelle stupide race, pensait Marthe. Cependant le moins possible elle leur parlait par ordres brefs afin de les maintenir à une respectueuse distance.

Et il lui coûta beaucoup d'ennui pour les désunir de Karl.

Le petit garçon parut, vers les huit ans, las des jeux sédentaires. Il s'affublait de sabres en fer battu, de schakos en carton. L'attention de plusieurs personnes lui était nécessaire, sinon il boudait. Il disait en criant, en forçant Marthe à bannir ses présentes préoccupations :

— Regarde, ma cousine, regarde donc, vois-tu, je suis capitaine de Lanciers, alors je tombe sur les Autrichiens et puis je les tue tous. Pan, pan. Boum, boum. Mais regarde donc, tu ne regardes pas.

— Mais si.

Cette insistance impatientait la jeune femme. Le plaisant spectacle que voir ce môme prendre des airs hommasses ; bouffir ses joues, taper du talon dans un appareil ridicule et vu cent fois.

Alors la comprenant indifférente, il allait dans

la cuisine et la valetaille bêtement s'esclaffait à entendre discourir ce diminutif de matamore.

Les rires éclatants passaient l'office, venaient prévaloir, importuns, aux oreilles de Marthe; et, pour les faire cesser, elle ne trouva jamais autre moyen que l'emmener en promenade.

Mais dans les jardins publics, il pleurnichait jusqu'à ce qu'elle l'installât devant un théâtre de marionnettes. Il fallait qu'elle prît place à côté de bonnes, de bambins malpropres, saliveux, ou qu'elle se promenât dans les alentours de la baraque, en butte aux œillades imbéciles des fats.

En deçà les cordes bornant l'enceinte du théâtre, des soldats, des pauvres, stationnaient heureux et hilares si le commissaire flasque pantelait hors la scène sous le bâton de Polichinelle. Et cette minable bâtisse bariolée de couleurs déteintes, de décors sales, cadre de personnages en chiffons, issue de voix grasseyantes ou braillardes, popularisant d'ineptes rengaînes, tout cela paraissait à Marthe comme le symbole piteux de l'incommensurable sottise plébéienne.

Une envie de souffleter Karl applaudissant.

Survint la mort tragique de Victor Noir, tué par le prince Pierre Bonaparte. Evènement qui passionna. D'abord Marthe n'y accorda qu'un intérêt vague, comme aux autres faits politiques. Mais lorsqu'elle connut les détails, une émotion la conquit en faveur de ce jeune homme brutalement assassiné. Et Ribéride lisant : « Victor « Noir, avant de se rendre chez le prince Bona- « parte, n'avait pu parvenir à boutonner son « gant noir tout neuf; il appela sa sœur et lui « dit : Petite sœur, accroche mon gant, il faut se « faire beau pour aller chez un prince. »

Marthe pleura.

★

L'ENTHOUSIASME de la foule hurlant : A Berlin, à Berlin, gagna Marthe Grellou. Les soldats défilaient entre la double houle des approbateurs patriotes; et les vieux étendards tout mordus de célèbres mitrailles, ondoyaient au-dessus des schakos militaires en montrant la liste des anciennes victoires. Magenta, Solférino, La Puébla, Sébastopol, Palikao, c'était, en lettres d'or la honte et l'abaissement des autres nations inscrites sur le drapeau de la plus grande. Malgré les haines politiques, il y avait un élan, une soudaine confiance dans le neveu du grand empereur. Et son départ, et celui du prince et les adieux de l'impératrice, tout cela remuait profondément.

Pour Marthe, la guerre se manifestait comme

un moyen de triomphe. Prise d'une ardeur belliqueuse, elle écouta presque chaque soir chanter la Marseillaise au café-concert.

Dans le cadre illuminé de la scène, près le flamboiement de la rampe, une femme toute habillée de blanc, la chevelure épandue, psalmodie le rythme guerrier avec des énergies de bête méchante et des cris de conquête. A mesure que s'égrènent les couplets, le drapeau tricolore l'enveloppe en ses plis de soie, son bras très blanc s'élève vers le ciel, menace et ses yeux luisent. Le recueillement des auditeurs dénonçait une appétence de lutte. Marthe se sentit parmi de généreuses âmes semblables à la sienne, elle comprit alors les folies guerrières des Jeanne d'Arc et des Jeanne Hachette. Et cette attention frémissante se pressentait encore par delà les hayures qui bornaient le concert, chez des gens trop pauvres pour payer une place et dont les haleines s'oppressaient, et dont les bravos éclataient, invisibles. Là haut, dans le feuillage vert-blanc des arbres, les gamins glissaient sur les branches avec des bruissements doux.

Et fut le grand succès de Sarrebrüch. Encore une fois, nos troupes feraient une promenade de ville en ville ; et le Luxembourg conquis, et la

Belgique adjointe rendraient à l'ancienne et valeureuse Gaule ses naturelles frontières. Ribéride prétendait que cette guerre d'Allemagne à France était la continuation du grand mouvement historique ; la barbarie germaine luttant contre la civilisation des Gallo-Romains. Une large conception de l'histoire découvrait à Marthe l'existence d'instincts nationaux pareils de caractère aux instincts individuels.

Reischoffen, Wissembourg. La charge épique des cuirassiers. Une grande déroute. La stupeur immense. En vain les illustrations des journaux représentaient-elles des zouaves clouant des Bavarois sur leurs canons, ou bien, à la quatrième page, le plan et la coupe d'une arme nouvelle destinée à nous asservir le sort des combats ; un découragement envahissait.

Le lendemain même de la nouvelle, l'abbé de Brennalleu courut tout Paris et revint avec une commission d'aumônier militaire. En même temps, il apprit la mort de son frère décapité à Reischoffen par un obus. Il annonça :

— Le procès est fini, maintenant. Il serait difficile de concilier cette recherche d'argent avec mon état. Tant pis. Du reste, c'est un ennui de moins.

Et le prêtre lut la lettre dans laquelle un camarade du lieutenant contait le malheur.

A imaginer ces épaules où des nerfs sanglants pendillent, où le sang ruisselle de trous noirs sous le soleil brûlant réverbéré par les métaux de l'uniforme. Marthe Grellou s'attarda frissonnante. Mais son admiration ne put se tarir devant le courage saint et noble du curé. Il partit pour Metz.

L'irritation croissante de tous contre l'empire s'augmenta. Selon les racontars, les divisions traînaient à leur suite cent voitures pour la cuisine de l'empereur, et, pour garantir ces fourgons, on enlevait des troupes aux lignes de bataille. De là, les défaites. Gravelotte... On rappela les infamies de la cour, les débauches des grandes dames se livrant aux cent-gardes : ne lâchaient-elles pas des billets d'amour dans leurs bottes d'ordonnance. Quoi d'extraordinaire par suite que nos désastres ?

Un jour, de Cavanon parut à dîner en uniforme de capitaine mobile. Henriette pleura, Karl pleura, Marthe lui tendit les mains, fière d'avoir un ami brave. Vibrac et d'Ebrandes s'engagèrent aussi. Elle aima se promener avec eux sur les boulevards. Elle était comme participante à leur bravoure. Et sa main trouvait une sensation nouvelle sur le drap plus rude des tuniques, sur les galons durs et froids, sur les boutons aux arêtes brutales. Le cuir neuf du harnachement dégageait un brusque parfum de sellerie, de cheval.

Tout le monde prenait l'allure belliqueuse.

Des francs-tireurs en blouses jaunes passaient, longues compagnies brillantes portant aux baïonnettes des bottes de fleurs. Leur joie attristait : dans quelques ruines fumantes de village, la mort les étendra et l'ennemi, toujours vainqueur, approchera peu à peu, brûlant tout, massacrant.

Un ordre envoya les trois nouveaux officiers à Brest où ils devaient, avec leurs mobiles, tenir garnison à la place des lignards promus au feu.

Henriette, dès lors inconsolable, demeura dans la maison de Sceaux. De tristes après-midi coulèrent où parfois il parut aux femmes ouïr le bruit d'une canonnade proche. Cependant que le petit Karl alignait et tuait sur la table des Prussiens en plomb, elles firent de la charpie et découpèrent les vieux draps en bandages pour les ambulances. Et Marthe tâchait à ne point prévoir les blessures horribles que ces linges panseraient. Quand même s'imposait le fantôme d'une tente où des malheureux en lambeaux gisaient sur la paille, gémissant plus fort que la grondante bataille. Un journal annonça que les uhlans essuyaient d'habitude leurs chevaux avec les robes de soie et les cachemires de l'Inde pris aux Françaises. Une peur alors de leurs garde-robes abîmées. Et très vite elles fouillèrent les armoires, passèrent la revue de leurs toilettes, parlèrent de tout enfouir dans la cave avec l'argenterie et les obligations.

De fréquentes missives vinrent de Brest, des articles du chroniqueur décrivant leur vie militaire. Ribéride, lui, tonna contre les Bonaparte : ils avaient toujours valu des invasions au pays. Et il rappela des souvenirs de 1815, les Cosaques aplatissant des chandelles sur le pain et savourant ces tartines.

Sedan...

Une lettre de Saint-Brieuc apprit que les mobiles campaient là pour rejoindre bientôt le corps du général Faidherbe, dans la Somme. Henriette se désespéra... Inutilement, Marthe lui citait des exemples antiques et évoquait la grande figure de la patrie, la cousine se montra insensible aux sentiments grandioses comme à la raison : ce pauvre esprit ne vivait que d'amour.

Le 4 septembre 1870, elles eurent la peur d'un nouveau 92. La proclamation de la République les épouvanta, elles crurent à la guillotine permanente. Tout effrayé, le procureur accourut de Paris. Il avait vu promener en masse dans les rues et forcer les passants à se découvrir devant le drapeau. On avait arboré le bonnet phrygien à la porte de l'Hôtel de Ville. Mais bientôt un gouvernement s'organisa et les terreurs s'apaisèrent. Henriette se remit à craindre pour Félix. Aidée de Marthe, elle cousit des plaques de liège en manière de cuirasse double. Elles les envoyèrent aux trois soldats. Le liège, disait-on, possédait la vertu d'amortir les balles. Les lettres se succédèrent rapides ; les mobiles avançaient à Rouen, au Tréport, à Amiens, dans le Pas-de-Calais.

Chaque jour, l'annonce d'un nouveau combat et d'un nouveau désastre. Parfois des espoirs de délivrance, de victoire définitive parce que l'artillerie prussienne s'était enlisée dans les boues, parce que Manteuffel malade, parce que huit francs-tireurs avaient mis en fuite un escadron de uhlans. La vague certitude d'une revanche les prenait alors. Félix, Vibrac d'Ebrandes entreraient victorieux dans les villes allemandes. Quelquefois Marthe les aurait voulus blessés pour les courir rejoindre en quelque ambulance et les soigner avec Henriette. D'autre fois, l'annonce d'une capitulation, d'un hameau brûlé par les envahisseurs les décourageait sans remède. Elles comparaient la France à la Pologne, jugeaient son partage imminent entre les puissances européennes.

Et les idées de Marthe cahotèrent longtemps, avec des visions sanglantes, des horreurs de la mort, de la ruine ; des appétences de dévouement sublime, des envies d'émigrer jusqu'en Amérique. Et le petit garçon remarquant leur tristesse :

— Vous verrez quand je serai grand, j'irai en Prusse et je les tuerai tous.

Elles l'embrassaient.

Puis il fallut fuir.

L'investissement de Paris commençait.

A une parente hollandaise de Félix on écrivit en requérant l'hospitalité d'exil. Un soir, l'express emporta les deux femmes et le petit Karl. L'oncle voulut rester à Sceaux pour garantir la villa des déprédations.

Un long et pénible voyage pour elles. La peur constante d'apprendre la voie tenue par l'ennemi ou coupée par mesure stratégique. Et derrière leur train on enlevait les rails. Sinistres, monotones, résonnèrent dans les bois, une heure durant, des tambours, peaux mouillées. Aux vasistas on n'aperçut que l'obscur, toute la nuit, sauf pendant une minute, la lueur rouge et sanglante d'un village en feu vite dépassé, le tonnerre assourdi de lointaines canonnades. Karl dormait en pleurs.

Deux religieuses, à l'autre coin du compartiment, murmuraient des patenôtres et glissaient entre leurs doigts, avec un cliquetis, leurs rosaires, dont la tête de mort ivoirine ricanait sur leur bure.

Henriette, les mains lâches, regardait fixement le drap gris des panneaux. Ses joues creuses, ses yeux agrandis, cernés, sa peau pâle la faisaient semblable aux martyrs liturgiques.

Et ces sensations lugubres inspirèrent à Marthe sommeillante un atroce cauchemar. C'était la guerre. Du noir, du sang, du feu ; les uhlans liés aux sangles de leurs chevaux, qui perçaient de lances Félix de Cavanon. Henriette, ne se doutant pas du malheur, voulait quand même courir vers l'endroit fatal. Marthe l'en empêchait à toute force, obstruant de son corps le spectacle terrible, mais un uhlan fantôme énorme galopait à elle, le sabre haut, dégouttant de sanglantes larmes. Elle s'éveilla.

Des bleus d'aube pluvieuse, de violâtres brumes, des vapeurs laiteuses linceulaient la terre. Il perlait des gouttes aux fils télégraphiques montant, descendant. Les nuages fumeux de la machine se rabattaient sur la voie; et la file incurve des wagons suait noir.

On stoppa. Un homme à casquette galonnée parcourut les passeports. Et ce valut à Marthe une profonde satisfaction que l'inspecteur observât longtemps ses yeux sous prétexte de reconnaître leur concordance avec le signalement officiel. Donc le charme de sa personne s'imposait du premier abord. Belle, bonne, distinguée, chaste, pieuse, non bigote; elle était tout cela. Et la remembrance de sa vie passée lui montre une Marthe Grellou se manifestant telle en chacune de ses actions.

Le train repartit par les plaines belges. Des bois de sapins s'érigeaient en ordre, verts sur le tapis des feuilles mortes. Henriette relisait des lettres de son mari en sanglotant. Karl dormait encore, étendu sur la banquette, plus paisible. La fuite rapide de l'express chantait sur les rails avec des cahots qui relevaient la symphonie monotone des roues tournantes.

Il se fit un calme dans l'esprit de Marthe. Loin de la guerre, elle ne redouta plus d'imminentes mésaventures. Et elle songea : Luc que devenait-il ? Sans doute il avait pris les armes pour son pays d'adoption et il se battait quelque part, risquant la mort. Une compassion lui vint pour cet homme plus mou que méchant, dépravé et fautif par cela seul que le sang slave, quasi oriental le poussait aux déchéances charnelles. S'il mourait en cette lutte, la vie ne lui aurait pas été clémente. L'avoir perdue, elle ! Avoir manqué la gloire littéraire poursuivie. Etre demeuré sous la domination brutale d'une fillasse inepte. Et les dangers, et les fatigues d'une campagne ! Elle se rappela certaines prévenances toutes féminines dont il l'entourait lors de leur mariage. Pauvre misérable ! Une pitié très grande l'imprégna ; elle regretta la méchanceté spirituelle de l'injure dernière qu'elle lui avait servie... Mais non après tout, une conduite aussi infâme que la sienne méritait bien cette leçon...

L'oncle Ribéride sera peut-être obligé à recevoir les Allemands. Elle craignit fort qu'il ne lui en arrivât malheur. Ensuite ? Elle vivrait, toute seule, jeune femme, sans protecteur. Et peut-être se briserait-il son grand miroir de Venise? Elle écrira qu'on le transporte à Paris, dans l'appartement de la cousine. Anvers.

Sur la place de Meer, un restaurateur leur rappela le grand Véfour. Elles y mangèrent certaine langouste relevée d'épices exquises, sapides.

Et la cathédrale aux multiples pinacles, aux portails énormes, aux fenêtres treillissées de pierres les étonna, grandiose.

A l'intérieur, les élancements des colonnes et les volutes des arceaux leur parurent plus ordinaires, déjà vues, gigantesques pourtant. Elles connurent la Descente de la Croix, l'œuvre de Rubens. Le cadavre du Christ mort montre, parmi ces personnages en pleurs, des flétrissures de chairs et des morbidesses vraies. Mais l'ensevelisseur, retenant dans sa bouche le drap taché de sang, jeta une impression fâcheuse et répugnante. La Madeleine, aux belles joues larmoyantes, ses yeux levés superbes, sa chevelure fauve, cela était le coin sommaire dans le tableau, une plaque de lumière, une note puissante tirant le regard qui résumait la sensation entière et voulue, douleur pieuse. Mais pourquoi cet homme et ses mâchoires serrées sur le drap près la tache de sang. Il parut à Marthe que sa gorge se polluait d'une saveur sanguinolente. Elle dut cracher.

Longtemps la poursuivit cette ignoble saveur. Elle ne pensa plus à ses amis soldats sans penser à leurs blessures, à leur sang épandu sur un drap qu'elle suçait. L'horrible dégoût saumâtre.

Le lendemain un bateau les emmenait vers Rotterdam.

Les berges du fleuve s'écartèrent, s'aplanirent ; et l'eau montante s'étala plus large. Vers les cimes d'arbres lointains, une nappe de liquide remuant et mousseux, clapotant jusque des terres basses et des estacades aperçues minuscules à l'horizon. Le vol oblique des mouettes frôle les vagues et pointe de gris le grand ciel blanc. Les pattes longues d'un héron, ses ailes en éventail, son cou aigu filèrent très haut, plus vite que le navire qui geignait, battait l'eau de ses aubes et soufflait sa vapeur.

Sur le pont une paysanne hollandaise corsetée de satin émeraude tricotait en chantonnant un rhythme monotone. Et son crâne exactement couvert d'un béguin s'ornait à chaque tempe de cuivreuses spirales bizarres, saillissantes. Son tablier de soie violette, sa jupe courte, ses bas rouges, ses souliers à grandes boucles brillantes l'assimilaient aux actrices d'opéra comique. Mais le hâle de ses bras nus, blondement duveteux et de sa face ridée détruisirent cette illusion. Marthe s'apitoya sur la vie pénible de cette femme, épouse d'un pêcheur, sans doute, honnête, inconsciemment artiste par le choix de ses habits. Elle essaie lui dire quelques mots aimables. La paysanne sourit et signifie par gestes qu'elle ne comprend pas. Karl cherche avec la jumelle de voyage à découvrir des oiseaux. Les marins, le menton seul garni de poils, passent traînant des cordages. Doucement le timonier tourne la roue du gouvernail, l'œil fixe vers l'avant... infini, l'atmosphère limpide, le ciel plane d'un blanc artificiel et lisse.

Henriette rêvasse maladive, affaissée dans ses châles, le dos contre la cheminée du steamer ; et parfois dans ses yeux bruns une humidité luit, enfle, déborde, roule en larme pesante. Cette douleur ramène Marthe à déplorer les actuelles conjonctures, la guerre... Mais cela l'étonne que la République ne suscite point nécessairement et par son nom même l'emploi quotidien de la décapitation, comme les précédentes. Pour la première fois la brutalité populaire ne se manifeste point. Elle en conclut à l'amélioration progressive des esprits. Elle esquisse un plan de paix universelle très réalisable tout de suite et dont la gloire lui reviendra.

Cependant les ombres vespérales churent peu à peu, mornes. L'eau verdit, se fonça. La proue s'élevait aux coups de tangage; le pont se dérobait puis ressurgissait en bousculant l'équilibre. Des lueurs rouges, jaunes, parurent à l'horizon dénonçant le port de Dordrecht.

De ci, de là, elles se multiplièrent éparses, suspendues dans la brume dense. Et parmi le bruissement des lames croulantes, parmi le sifflement de la bise algide, hoquetaient les régulières stridences de la machine.

Marthe jouit à se sentir filante dans le froid.
Et tinte lugubrement la cloche du bord.

⭐

Très surprise la voyageuse, au premier matin, de voir contre sa croisée un mât énorme, des cordages tendus, un pavillon russe qui ondoyait. La rue, de l'eau comme à Venise, mais une eau noire. Il y flottait des barques massives, conduites à la godille par quelque matelot casqué de cuir et vêtu d'une épaisse vareuse. Les maisons s'offraient murs noirâtres où ressortissaient les joints blancs des briques, les châssis blancs des fenêtres, les cuivrures et les marches polies des portes, seules choses claires dans cette Rotterdam, où le ciel est indistinct des toits par la couleur.

De son double œil vide il regarde Marthe, l'aigle russe féroce dans l'oriflamme safrané.

Elle aime cette vie lente : les gens trapus gouachés dans leur brouillard laiteux, les mâts, le navire verni au goudron, les peintures fraîches partout étendues... le trottoir recouvrant en partie l'eau... la silhouette d'un policeman immobile au regard vague, les mains sous sa pèlerine.. la brume qui dégoutte des câbles rugueux, qui perle aux harnais des chevaux gras, qui bleute le fer des roues... et des mâts, et des cordes, et des mâts... le pont en dos d'âne que franchissent au galop les camions surchargés de barils et de sacs pleins... la large dame-jeanne en verre brun qui laisse saillir au premier étage son ventre, enseigne de taverne.

La vieille parente de Félix ne savait plus guère de français. Elle restait assise dans son fauteuil d'acajou en écartant sa bible pour mieux lire à cause de sa presbytie. Par moments elle tirait de son ridicule en velours un fin mouchoir fleurant le gingembre et parmi ses rides s'épanouissait un sourire sans dents.

Les deux grosses bonnes rougeaudes, étreintes de robes blanches et bleues, trottinaient par les corridors essuyant du plumeau les murailles. Souvent Marthe les rencontrait à genoux, actives à fourbir un clou du plancher et la légère mousseline qui couronnait leurs cheveux toujours propre.

L'attente des lettres fut la grande affaire pendant ce séjour. Il en arriva beaucoup d'abord. Une de l'oncle Ribéride narrant la manière dont il mettait à l'abri les bibelots les plus précieux et donnant sur Brennalleu de rassurantes nouvelles. Ce prêtre, aumônier d'une ambulance dans l'armée de Bazaine. Ribéride lui avait, sur sa demande, envoyé mille francs pour les soldats malades. Les mobiles écrivirent à chaque étape : souvent, ils se crurent à la veille d'une bataille, déclaration qui augmentait les transes d'Henriette.

Puis les missives devinrent plus rares, surtout celles du procureur. L'investissement de Paris progressait. Un jour, Marthe reçut une lettre écrite sur un papier mince et transparent. Elle était venue par ballon.

Metz livrée. Qu'était devenu le prêtre ?

Marthe lut alors les journaux avec attention, espérant découvrir le nom de Luc, un renseignement au moins qui le désignât.

Et, seule, elle cherchait ce nom dans la liste des tués.

Elle ne songea plus qu'à la mort de tous, à

celle de Vibrac, de d'Ebrandes, de Cavanon. Elle imagina par avance un mode de conduite pour le jour où un fatal message parviendrait. Et dans les cérémonies, et dans les démarches à faire pour récupérer le cadavre sur les champs de bataille, elle se réserva un rôle important, très digne.

Au musée de peinture, Marthe se demanda comment, dans cette atmosphère livide, avaient pu se concevoir les paysages bleus, clairs, lavés de Ruysdaël, de Breughel, les fruits bien portants de Ham, les fleurs rubescentes de Ruysch. Et pourtant, elle retrouva sur ces toiles la propreté luisante, cette netteté chère aux intérieurs Bataves.

Puis la neige chut en lente valse, couvrit tout, la glace des canaux. Ribéride écrivit la définitive séquestration des Parisiens ; et le bombardement, et l'incendie, et la famine.

Le jour de l'an s'écoula lentement, triste. Karl demanda à plusieurs reprises si le compliment qu'il avait envoyé à son père était parvenu. La vieille dame donna au petit garçon d'exquises pralines qu'il ne voulut mordre ; sa mine pâlie, sérieuse, fixait par delà les rideaux la neige tombante, l'infini horizon où son père peut-être gisait, cadavre.

Et Henriette pleura.

Marthe se comprit malheureuse de n'avoir personne sur qui elle s'apitoyât.

Cinq jours plus tard, le journal français narra la grande victoire de Bapaume et les deux exilées connurent que le régiment de leurs mobiles avait chargé à la bayonnette.

Henriette sanglotante à l'appréhension de Félix tué. Elle délira et on la dut mettre au lit. Marthe la soigna. La malheureuse folle trépignait et lacérait sa longue chemise blanche. Toute maigre, les cheveux dénoués, elle se dressait debout, elle appelait son mari.

— Il est mort, puisqu'il n'écrit pas.

Et à chaque personne, elle interrogeait anxieuse :

— Dites-moi si Félix a écrit.

Bientôt, elle crut qu'on lui cachait cette mort, et elle voulut partir à Bapaume. Il fallut que Karl vînt pleurer près elle et la suppliât.

Marthe fut tout ahurie au spectacle de cette douleur extrême qu'elle ne pouvait convaincre et qu'elle se savait incapable de ressentir, étant énergique et forte.

Henriette avait sous les draps de longues crispations de ses jambes, des ramassis de tout son corps qu'elle détendait ensuite furieusement. Et sa bouche ouverte était un trou noir profond; et ses paupières violettes, flétries et ses poings crispés faisaient souffrir la sympathique Marthe.

Un homme entra et remit un télégramme. Elle aussitôt prévit une grave nouvelle. Son cœur battit violemment, sa poitrine haleta, elle sentit une pâleur froide l'envahir. Ses doigts tremblants déchirèrent la dépêche: « Bataille. — Cavanon « blessure pas dangereuse au poumon. Il vous « rejoint. — Nous deux sans égratignure. — A « vous. — d'Ebrandes. »

Elle cria toute contente :

— Henriette, Henriette, Félix va revenir.

— Hein, c'est vrai?

La malade sauta du lit et appela :

— Karl! Karl! Ton père va revenir.

Elle était radieuse ; ses yeux brillaient, agrandis.

— Montre la dépêche, dit-elle, donne-la.

— Habille-toi d'abord, tu vas avoir froid. Mets un peignoir ou recouche-toi.

— Non, non, voyons donne-la.

Une terrible anxiété empoigna Marthe. Redoutant pour son amie la certitude de cette blessure.

— Donne, donne, répétait l'autre. C'est que tu me caches quelque chose. Il est blessé, hein ? Tu ne veux pas le dire ?

Soudain les traits de l'amante se tirèrent. Demi-nue dans son linge froissé, les mâchoires grinçantes, elle luttait avec Marthe pour lui saisir la dépêche ; et ses doigts moites et chauds glissaient. A la fin elle lut :

— Une balle dans le poumon ! Il mourra. Mon Dieu, mon Dieu, il mourra. Oh !

Elle se projeta sur le lit et des sanglots jaillirent d'elle, de ses épaules en convulsions.

Marthe s'efforçait à lui faire entendre :

— Mais lis donc, bles-su-re-pas-dan-ge-reu-se. Ce n'est pas dangereux puisqu'il revient ! Puisqu'il peut supporter le voyage. Au contraire c'est presque une chance, il va rester près de nous, maintenant. Tandis que les autres c'est bien pis. Ils vont encore se battre.

— Je m'en doutais, j'en avais le pressentiment.

Henriette se releva, prit une robe, la revêtit.

— Pourquoi t'habilles-tu ?

— Je vais au devant de Félix.

— Mais, tu ne sais pas à quelle heure il arrive.

Alors la jeune femme s'assit, essuya ses yeux

et parut bannir son désespoir. Karl voulait qu'on lui mît son costume le plus neuf pour recevoir son père. Et toujours l'un et l'autre émettaient d'inquiètes suppositions sur la fatigue du voyage et la gravité de la blessure.

On feuilleta l'indicateur des chemins de fer pour connaître les heures exactes des trains, et les conditions de leurs vitesses. Comme on discutait le moment présumable auquel il arriverait, un télégramme signé de lui annonça qu'il serait à Rotterdam le lendemain.

*

Dans la pièce grande où gémit le blessé somnolent, où craque la froissure d'une page tournée par Karl, où tinte la porcelaine des tasses choquées contre une fiole, Marthe perçoit une grande impression blanche, de la fenêtre.

La neige tourbillonne au dehors mollement, entre les mâts des vaisseaux. A la douleur qui plane parmi ces blancheurs de linceul, Marthe voudrait participer plus entièrement. Elle a l'intuition qu'il lui manque quelque chose d'humain, et de sensible. Elle s'apprécie au-dessus de ces amitiés extrêmes. Mais, rappelant sa vie, elle retrouve des besoins d'affections pareilles dans sa jeunesse et dans son enfance, besoins que le mariage a détruits. Supérieure à ces chagrins, elle les voudrait expérimenter comme inconnus. Un temps, Luc peut-être eût valu à son amour de semblables transes... Non, elle a pressenti la perversion de cet homme.

Le médecin, un vieillard chauve qui balbutie et regarde dans les cuvettes les crachats sanglants de Félix. Il s'effondre en un fauteuil, et cause difficilement. Henriette l'interroge, anxieuse de prendre espoir pour la guérison, avide aussi de connaître les mauvais symptômes, pour s'en désoler et tâcher à les pallier par un redoublement d'amour. Et l'homme de l'art, indifférent, semble ne point comprendre cette intention, mais il manifeste par ses mines béates qu'il se trouve bien là, à l'abri de la neige et du gel, dans la grande chambre propre.

Souvent Marthe essaya lui faire entendre l'émotion de sa cousine. Il hochait du crâne en disant :

— Une enfant, une enfant. — Ça ira, ça ira.

Et paisiblement il sirotait son thé.

Lui parti, plus rien. L'allumement de la lampe produisait un brusque réveil dans le monotone après-midi. Félix se tournait alors vers la fenêtre que la grosse servante voilait de stores blancs opaques. La face verdie de pulmonique riait à cette semblance de jour plus supportable, et son œil profond fixant Marthe, lui déshabillait l'âme. Plusieurs minutes il demeurait ainsi. Un sourire à la fin étirait ses creuses joues puis il tendait la main à sa femme. L'étreinte de ces deux êtres enlaidis durait.

A la longue Marthe s'agaça de ces expansions constantes à elle interdites, et qui la rejetaient seule en son coin. Elle s'imagina qu'ils jouaient pour elle une sorte de comédie. N'était-ce point d'ailleurs comme une insulte habile à ses malheurs conjugaux. Et elle affecta railler le ridicule vulgaire de l'amour. Elle se moqua d'eux, vindicative; elle les appela Monsieur et Madame Denis. Ils goûtèrent complaisamment la farce.

Et une nuit qu'elle palpitait encore d'un cauchemar affreux, elle s'aperçut d'une haine en elle contre les de Cavanon. Ce fut désormais une lutte intime et atroce pour réprimer cet imbécile penchant. Puis d'autres préoccupations envahirent son esprit. L'armistice conclu entre Français et Allemands multiplia les missives de l'oncle. Il dit la villa de Sceaux dévastée par les

Prussiens, tous les meubles rompus, les incrustations des marbres enlevées au couteau. Une active correspondance s'échangea entre eux, Marthe demandait, à chaque lettre, des nouvelles de ses affaires qu'elle chérissait. Ses fureurs politiques contre la brutalité germaine l'exaltèrent à nouveau. Elle se remit à suivre dans la presse toutes les péripéties de la politique et elle s'enthousiasma pour les articles chauvins, louangeurs du courage et de la probité française, comtempteurs de la massivité bavaroise et de la cruauté des uhlans. Ses tentures or et noir étaient volées : volés ses meubles blancs garnis en cachemire, volées les chaises curules de la salle; au feu ses plantes rares, ses caoutchoucs, ses daturas. Jack, le singe, mort de faim pendant le siège, et les cacatoës rotis pour un repas offert par l'oncle à des intimes. Tout ce qu'elle aimait, perdu.

Marthe eût repris tout de suite le chemin de France si Henriette avait paru moins souffrante et moins désespérée, mais il fallait bien garder attention à Karl, heureux de toutes ces circonstances contraires à l'étude.

Alors avec la tenacité de sa haine germanophobe, elle entreprit une éducation nouvelle du petit garçon. La géographie et les mathématiques, la géographie allemande surtout accaparèrent les heures de leçons. Elle acheta une grammaire allemande, apprit les déclinaisons et les verbes forts; puis elle lui inculqua ces connaissances.

Aux neiges hivernales succèdent les pluies, les interminables pluies. Le ciel bas, gris, se précipite vers l'horizon et les striures des averses hâchent sans hâte ce décor piteux.

Distribuées à dates régulières, les lettres de l'oncle le montraient encore à Paris chez les de Cavanon, n'ayant pas le courage de revoir la villa pillée. Vibrac redevenu artiste poussait sa bévue des couleurs jusqu'à peindre les fortifications, des ânes, et des tuiles. D'Ebrandes, malade de la campagne, prenait villégiature chez un ami, dans la Somme. Des envois se joignaient à ces lettres : quelques morceaux du pain de son en usage pendant le siège, et des journaux illustrés.

Félix, plus valide maintenant, passait les jours à parcourir ces publications. Sa femme, de minute en minute, après avoir regardé la face amaigrie du convalescent, appliquait sur sa joue pâle des baisers.

De plus en plus ce manège amoureux tourmentait Marthe. D'elle on ne tenait compte. L'enfant, de même naturel que sa mère, ne se lassait non plus de tendresse; et s'il voyait Henriette embrasser son mari, il courait vite mettre sa figure entre eux pour recevoir des lichades au vol. Marthe fût volontiers partie. Ses soins pédagogiques devenaient surperflus, Félix ayant bientôt repris la direction de son fils. Mais Ribéride ne se pressait pas de rendre habitable la maison de Sceaux. Marthe soupçonna que le séjour de Paris lui semblait trop plaisant. Avec son ami Vibrac, ils devaient faire des sottises. La voilà de nouveau victime de la débauche. Il faut qu'elle se plie aux caprices charnels des autres. Infamie des choses, des gens !

Encore longtemps pour ce honteux motif, elle sera contrainte à boire chaque matin le thé au lait, cette fade tisane. Dans les premiers temps de son arrivée à Rotterdam, elle tenta esquiver cette obligation inhérente aux mœurs hollandaises. Mais la maîtresse de la maison, cette vieille dame, l'avait dévisagée avec des yeux si secs et si froids qu'elle avait dû feindre un appétit et absorber le liquide tiède.

Heure terrible pour elle, quand elle s'asseyait devant la nappe jaunâtre à damiers blancs, et à franges. Un jour terne tombait en renforçant les ombres sur les rides de leur hôtesse et sur les argenteries. La fenêtre se mirait courbe dans les porcelaines. Du thé fumant s'exhalait un arôme de foin et de paille, et il semblait à Marthe que ce foin et cette paille, déjà, lui emplissaient la bouche. Elle en combattait la fadeur avec du lait, mais le goût de cette mixture épaissie n'était rien moins qu'agréable. Cependant elle l'avalait en deux fois, rapidement pour finir vite le supplice. Et la vieille, se faisant verser de nouveau, la regardait fièrement et malicieusement de ses petits yeux secs.

Des éructations secouaient la poitrine de Marthe. Sitôt cela possible, sans blesser les convenances, elle montait à sa chambre, déboutonnait son corsage, se livrait libre aux spasmatiques dégoûts de son estomac. Souvent elle rendait dans son vase de nuit.

Ses haut-le-cœur la torturaient ainsi une bonne partie du jour; et elle aspirait à vivre enfin suivant sa guise. Mais à cette époque le peuple de Paris constitua la Commune. Ils apprirent qu'on se fusillait dans les rues de la capitale, Ribéride écrivit son départ pour Versailles. Pendant deux mois ils supputèrent le pillage probable de l'appartement où les choses précieuses des deux familles étaient réunies.

La République enfin présentait son véritable caractère; d'ineptes massacres, et le triomphe de l'ouvrier stupide, et l'incendie des monuments d'art. Ainsi on ne trouverait plus que décombres en la place de l'Hôtel-de-Ville, des Tuileries, de la Cour des Comptes. Et Marthe imagina un Paris en ruines avec de grands trous crevant la file des maisons boulevardières, de grands trous béants pleins de ciel.

Dans les discussions sur le malheur de ces événements, elle prenait des tons d'importance, contente de ses prévisions anciennes réalisées.

Cependant lorsque les troupes versaillaises eurent reconquis la capitale, leur cruauté navra. Marthe trouva bête et ignoble mettre en œuvre cette brutalité même qu'on reprochait à l'insurrection. Et l'acharnement des lignards à anéantir le peuple qui risquait la mort pour leur épargner les maux du paupérisme, la confirma en ses mépris. Ainsi le plébéien, une fois sous la livrée militaire, s'estimait fier de son servage jusqu'au meurtre de ceux qui l'en voulaient sortir. A quoi bon, par suite, le dévouement d'un Rochefort pour une pareille race ! Ils se manifestaient inférieurs aux classes dirigeantes, et désireux d'obéir, et désireux de rester pauvres, honnis, plus bas que les autres : le vieux cri de leur sang vil.

Mais elle reçut un numéro de *l'Etendard tricolore*, avec la signature de Luc Polskoff, au bas d'un article, Il dénonçait quatre misérables bohêmes, hanteurs de brasserie, comme fauteurs de la révolution de Mars. Dans un autre article, postérieur de quinze jours à celui-là, Luc chantait triomphe en annonçant leur exécution. Une consternation l'abattit. Toute en larmes, elle se réfugia dans sa chambre. Elle se rappela livrée aux caresses de cet immonde, déflorée par lui, aimante de son rire, de sa personne, et de sa voix. A chaque expansion conjugale que la mémoire lui retraçait, un frémissement de honte et de douleur la parcourut, un frémissement algide qui la secouait de sanglots ; ses dents claquaient pour une fièvre violente.

C'est que les rêves encore une fois se brisaient. Depuis longtemps elle avait nourri cet espoir que le slave, engagé pendant la guerre, se distinguerait en quelque bataille ; et, si dans la suite, il demandait, pour récompense, la reprise des relations conjugales, peut-être n'eût-elle point opposé un refus. Car le contact habituel du vice admis, et presque choyé, l'avait faite plus humaine aux faiblesses des mâles. Elle eût pardonné la faute de son mari, ancienne maintenant. Jamais, au grand jamais, elle ne douta, même très vaguement, qu'il fût capable, celui qu'elle avait élu comme époux, de cette besogne infâme, infâme chez tous, partout, et dans tous les temps.

Le procureur avait joint à ces deux exemplaires une lettre où il narrait, d'après Vibrac, les agissements de Luc. Pendant sa vie de dèche à Montmartre, le triste monsieur passait l'hiver dans les tavernes afin de se chauffer à prix minime. Là il connut les ratés de la politique avec les ratés de la littérature. Il sut leurs aspirations, leurs enthousiasmes, leurs imaginaires complots, leurs utopies sociales. La guerre survenue, il apprit leurs espoirs de proche délivrance, il compta les enthousiastes et il nota les pauvres diables rêveurs de phalanstères et de soupes universelles. Sous la Commune il ne leur fut point suspect, étant pauvre comme eux. Ensuite — maintenant — il avait entrepris ces dénonciations lucratives dans une feuille spéciale créée sous les auspices d'un vieux journaliste. Car s'offrait excellente spéculation le soin de rassurer les bourgeois éperdus en dévouant au massacre ceux qu'ils redoutaient. On voyait Luc Polskoff vêtu à neuf, presque propre, seoir aux terrasses des grands cafés, en compagnie de militaires, de journalistes, et sa langue très savante, ses méchancetés habiles, l'incomparable élégance de son style lui ouvraient peu à peu les colonnes des journaux partisans de l'ordre.

Voilà ce que comprit Marthe à la longue missive. Le vieillard terminait en disant qu'il avait voulu l'avertir; le slave allait sans doute tenir, dans le monde, une situation honorable et enviée.

Craindrait-il une réconciliation entre sa nièce et cet homme ! Jamais.

Peut-être, au spectacle des Cavanon si heureux dans leurs communes tendresses, le désir, un instant, saisit la jeune femme de tenter une nouvelle existence avec son mari réhabilité par le courage militaire et promu par ses hauts faits à une sorte d'apothéose. Mais, aujourd'hui, l'ignoble industriel de littérature qu'elle découvrait en lui, les vertus d'épicier sans scrupule qu'il se dévoilait, cela constituait pour l'avenir, entre Marthe et son mari, un infranchissable dégoût. Et la haine, la haine d'avoir subi ses amours salissantes.

★

Avec ses petites boutiques toutes simples et les murs blanchis de ses jardins, la ville de Sceaux, pour la première fois, se révélait à Marthe Grellou dans son aspect de tombe neuve. Les bâtisses étaient fraîches de chaux, proprettes, calmes, honnêtement coiffées de tuiles en zinc à gros bords, de girouettes élégantes, de cheminées en tourelles. Des domestiques trôlaient sur les trottoirs avec leurs provisions, du côté de l'ombre. Et le soleil baissant allongeait les silhouettes géométriques des toits dans la ville silencieuse et nette.

Elle rentra.

Comme son parc, comme sa villa lui parurent

immenses en comparaison des propriétés voisines. Elle était donc riche, plus riche que les autres.

Le soleil d'août illuminait les splendeurs du parc virident. Tristes aux floraisons folles des glayeuls, des jacinthes et des roses, les épanouissements morbides des nénuphars, et les livrées sévères des pins. Et le fond ne s'apercevait point ni sous les grands arbres, ni au bout de l'allée après les verdures voutantes, ni derrière la Diane en plâtre que les Prussiens décapitèrent. Mais là-bas, dans les cimes, un ciel d'or lucide, un ciel blond se découpait aux contours des feuilles... Riche — elle allait recueillir un nouvel héritage : cent cinquante mille francs, fortune d'un Lorillon-Grellou mort d'avarice parce que les uhlans avaient bu sa cave. Un vaudeville cette mort.... Elle aurait voiture, voiture à deux chevaux. On réparait en ce moment d'anciennes écuries sans usage jusqu'alors. La richesse, cela voulait dire les belles étoffes, la bonne table, la nappe blanche, les cristaux limpides, les sauces épaisses, les viandes parées comme des parterres, le tableau où l'artiste a concentré un peu de ce jour insaisissable, un peu de la vie fugitive pour qu'on en jouisse toujours. C'est encore le luxe de soi, le parfum de sa peau, la gloire de ses mains blanches.

Bizarrerie : elle n'aimait pas l'argent et il lui en tombait. Ce qu'elle chérissait au-dessus de tout, le triomphe, un nom célèbre ; cela l'avait fuie. Et l'argent, l'argent elle en recevait, elle en empilait, comme les rustres ! Elle qui eût été heureuse dans un petit appartement, avec une modeste côtelette et un poulet le dimanche, avec des robes en drap. Ainsi tout allait contre le vouloir des êtres. Que sornettes, les romans !

Le squelette métallique de la véranda, dont toutes les vitres avaient été rompues à coups de pierre, méthodiquement, s'offrit à elle, et lui fit de nouveau maudire la stupidité populaire. L'état-major prussien, premiers hôtes de la maison, la quittèrent à peu près intacte ; ensuite, pendant la Commune, les marins de l'armée versaillaise avaient conçu spirituel de mettre en pièces la verrière. Des Français, plus brutes que l'ennemi, détruisant pour le plaisir de détruire ! Les avantages, les beautés de la véranda lorsqu'elle était entière, devinrent en son esprit des motifs de regrets et de rage.

La villa subissait une transformation. Contre la façade un badigeonneur suspendu peignait rousses les arcades des fenêtres ogivales ; et sa main agile écrasait le pinceau dans les creux de la pierre. L'ancienne salle à manger, faite vestibule, resplendissait d'un récent pavage en mosaïque jaune et rouge.

Mettant en doute la justesse de ses combinaisons, Marthe, quelquefois s'oubliait, dans les pièces vides, à pressentir la place d'un meuble, ou bien elle se rappelait une chose perdue durant la guerre, et elle parcourait le vieux salon parmi l'amas des objets en ruine, tassés là, pour découvrir une cuivrure, une frange que la destruction aurait omise par hasard. Puis, lasse de recherches vaines, elle s'asseyait sur une chaise que soutenaient des briques, les pieds manquants. C'était la seule qui fût au rez-de-chaussée ; car on demeurait à l'étage supérieur en attendant la restauration complète du bas.

Prise de découragement, au milieu des débris de porcelaines, des tessons, des boiseries déteintes aiguisées de cassures, elle pensait. Un avenir monotone, un passé de désillusions et d'amertumes, une existence dévastée par le mariage, comme la villa par l'invasion.

Elle tâchait à se distraire de ces lugubres mélancolies en visitant les travaux. La nouvelle salle à manger fleura plusieurs semaines le vernis. Marthe en y entrant aspirait ce parfum avec plaisir comme une note de luxe neuf. Les boiseries garnissant à mi-hauteur les murailles étaient de vieux chêne à multiples moulures, feuillues d'acanthe, ornées de rinceaux, d'écussons héraldiques où s'enlaçait le chiffre G. R., et peuplées de chimères étranges à croupes fleuries, ornementales. Deux dressoirs en vis-à-vis, couronnés d'aiguilles et de clochetons romans, comme des cathédrales, avaient sur les portes des fruits taillés à vif dans le chêne. Les supports des tablettes à vaisselle projetaient des sculptures, des têtes de loups saillant en manière de gargouilles. Tout pareils et tout sombres ils semblaient deux édifices anciens, deux abbayes rivales construites l'une en face de l'autre, et se défiant de beauté sévère, de splendeur maçonnique. Les battants de la porte reproduisaient plate cette décoration ; et les grandes aiguilles de bois simulant des clochers et des beffrois encadraient d'antiques panneaux achetés par Vibrac à des francs-tireurs qui, eux-mêmes, les avaient eus des pillards bavarois tués. Ces panneaux, reliques féodales de quelque nobiliaire demeure présentaient, l'un, des pages à figures strictement ovales, à membres anguleux et grêles, à chaussures pointues et les dextres sur les escarcelles; l'autre panneau offrait un seigneur faisant, à genoux, l'hommage de sa bonne épée à une madone qui paraissait chauve sous son diadème, et maigre dans les plis roides de sa robe, et son cou mince comme cassé vers le suppliant.

La quatrième face de la salle n'était encore qu'un grand espace vide tendu de toiles grossières où devait bientôt s'établir un gigantesque vitrail plein de fleurs et d'oiseaux que Vibrac alors s'occupait à peindre. Pour recevoir ce vitrail, une colonne à profondes cannelures munie d'un chapiteau dorique avait été construite à chaque coin. Il en jaillissait une large ogive dont la clef amincie très bas en arabesques se terminait par un trèfle. Et tout en haut, dans les pleins de la voussure, deux satyres sournois, assis sur leurs talons, jouaient de la flûte.

L'aspect archéologique de cette pièce se complétait par un plafond à poutrelles et à caissons où des lignes d'or relevaient l'uniforme teinte de vieux chêne. La composition de cet ensemble débattu par Vibrac, par Ribéride et par elle, la satisfaisait entièrement, toujours. Il lui restait une joie de cette visite : longtemps elle s'applaudissait de son goût artiste.

Egalement lui plut toujours le cabinet de toilette. Un carrelage noir couvert ici et là de nattes japonaises en jonc. Pour tentures une soie écrue, et un ciel de peluche havane. Dans ces teintes blondes et mystérieuses, une portière de pourpre cardinalice faisait tache grave devant la glace oblongue. Une baignoire en faïence rosâtre, des poufs en satin noir, un escabeau de porcelaine, une grande table noire soutenant des cuvettes et des flacons en verre noir, des écrins bleus où reposaient les nacres des outils à toilette, — c'était l'ameublement.

La jeune femme sacrifia sa chambre à cette pièce. Et son lit blanc et rouge, sur quatre griffes léonines dorées, occupa le milieu d'un minime réduit tendu en soie violette à bordure blanche et rouge. Seuls, le cartel d'onyx piédestal de la Flore en argent, le crucifix d'ivoire, le verre et la carafe de Bohême veinés de filigranes cuivreuses, y furent admis. Un minuscule vitrail à rosace multicolore, enchâssé très haut dans le mur et dans la soie violette, laissait choir un jour mystique, riche, enveloppant. Une sorte de tabernacle qui gardait le sommeil de Marthe Grellou.

Le cabinet de toilette blond, noir, rose :

les tons de la chair. De voluptueuses paresses y tenaient Marthe délectant se parfaire les ongles ou se rafraîchir la peau de quelque benjoin, de quelque cold-cream. Dans la baignoire rosâtre, elle prenait satisfaction contempler ses membres à travers l'eau, glauqués et pâlis comme ceux d'un cadavre.

Bien que malheureuse, elle détournait son esprit de la mort; car elle ne lui semblait pas banale ni indigne d'être vécue, l'infortune supportée avec courage par une femme se consacrant à l'amour des belles choses, loin du monde. Il lui parut qu'elle acquérait une noblesse à subir les plus affreux déboires, à végéter ici-bas sans illusions; souriante aux humaines misères et aux humaines convoitises ainsi que l'on sourit aux jeux des petits enfants. Et puis l'habitude de souffrir atténuait le mal; et l'on jouissait au souvenir des douleurs anciennes, en se comprenant aguerrie et moins vulnérable maintenant.

De Toulon vint une lettre par laquelle de Brennalleu annonçait son départ pour les missions chinoises. Très aimable sa missive, pleine d'encouragements et de paroles ecclésiastiques, de phrases éplorées sur le deuil de la Patrie. Il attendrait huit jours à Canton les offrandes que ses amis d'Europe ne manqueraient sans doute point à lui servir, en faveur de ses néophytes.

Marthe envoya mille francs, fière de pouvoir ce don. Elle compta : toutes dettes éteintes pour le renouvellement du mobilier et les réparations de la villa, il subsisterait un surplus de trois mille francs sur les vingt-cinq mille primitivement destinés à cet usage. Cette économie résultait de son ordre. A force de courir les magasins, de se faire étendre les coupons de couleurs inusitées, elle avait eu des occasions rares et possédé des nuances pas communes contre un prix modique. Les étoffes hors mode, les soies de doublures présentaient des teintes fades, mourantes, exquises. Et le bonheur de Marthe, c'était la mine méprisante des calicots lorsqu'elle y arrêtait son choix.

Puis deux couturières cousirent chez elle, et suivant ses indications, les lais ; elles les semèrent de broderies s'assortissant aux meubles ; et le domestique, Pierre, un homme adroit, sut remplir facilement l'office de tapissier pour leur disposition.

Un garçon funèbre que ce Pierre, et taciturne, avec ses larges oreilles, son teint jaune, bleui aux joues et au menton par l'usage quotidien du rasoir, ses cheveux rouges. Jamais il ne parla hors les besoins du service. Aux ordres il s'inclinait sans mot dire, et ses chaussons de feutre glissaient sans bruit sur la cire des planchers. Une perle. On aimait le voir très grand, raide dans son gilet jaune à drues rayures noires, le reste du corps ceint d'un tablier à bavette sans taches.

Si Marthe inspectait les travaux de l'écurie, elle l'y trouvait toujours méditatif devant les stalles en bois clair, et les pancartes émaillées surmontant les mangeoires; très attentivement, il écoutait les indications de l'entrepreneur. Ce mois-là, ses gages payés, il s'acheta des guêtres de groom couleur mastic et ne les quitta plus.

— Vous êtes content, Pierre, d'avoir bientôt des chevaux à soigner et deux voitures ?

A cette question de sa maîtresse, il s'inclina, flatté, et de plus en plus il passa les jours dans l'écurie claire.

Le cocher fut gros et rouge et mari d'une cuisinière experte.

✶

On déjeûna excellemment le jeudi de l'installation définitive.

Après la chartreuse, Vibrac et Ribéride sortirent pour fumer, et Marthe, seule, prit sa position habituelle, digestive. Elle s'adossa contre la haute chaise, les mains abandonnées sur les genoux, dans sa serviette, et elle s'oublia à contempler encore le vitrail de la salle.

Au centre, dans un lumineux frottis d'argent bleuâtre se détachait une Dryade dansant. La déesse à la peau lactescente avait un rire superbe, un rire écarlate autour d'une denture opaline. Elle semblait rire de sa splendeur, de son immense chevelure rousse, de ses yeux pers, de sa taille houlante à plis roses, de ses mamelles rigides, de sa gracieuse gambade. En réponse à ce rire, se penchaient vers elle les calices de mille fleurs, de mille fleurs épanouies, veloutées, aux colorations fulgurantes comme aux teintes pianissimes : les calices semblables à des prunelles d'or, les corolles pleurantes, les pétales déliés, toute une floraison de poème à travers laquelle se filtrait le jour principal, ce jour bleuâtre.

La jeune femme était insatiable de ce spectacle. A chaque détail elle s'attentionna, aux feuillages plus sombres qui cadraient la principale figure, aux oiseaux de la cimaise dont l'aile éployée contre le jour avait des transparences fauves et délicates, dont le bec marquait une ombre opaque et rouge, en morfil.

Pierre entra, coiffé de son chapeau à aigrette, étreint de la jaquette bleue à passepoils jaunes. Très gravement il annonça :

— La voiture de Madame est avancée.

Par un dernier coup d'œil, Marthe s'incrusta dans la mémoire la superbe impression du vitrail : Vibrac et Ribéride l'attendaient assis sur le divan en velours vert qui garnissait tout le vestibule. Des tapis orientaux, ornant les murs, donnaient un aspect sévère et musulman à cette pièce sans meubles revêtue seulement de leurs bizarres dessins.

La véranda remplie de fleurs tropicales, de plantes vertes, épineuses, en parasols et en éventails, complétait l'allure exotique de l'appartement liminaire.

— Mon Dieu, monsieur Vibrac, comme votre vitrail est superbe; voilà deux jours qu'il est posé, j'ai encore de la peine à le quitter même pour quelques heures.

Elle complimentait le peintre en nouant son chapeau. Il répondit :

— Décidément vous restez fidèle à la ficelle. Je n'ai pas de chance, vous n'en dites jamais autant pour ma vraie peinture, celle que j'aime.

— Comment voulez-vous que je tombe en extase devant votre dernière toile : un maçon qui badigeonne un mur, un maçon en blanc d'une couleur, oh ! mais d'une couleur ! Voyons, mon oncle, n'êtes-vous pas de mon avis ?

— Moi, dit Ribéride, je préfère la Dryade et nos portraits, et la Léda de Cavanon.

— Je parie alors, cria l'artiste, que vous aimez mieux un char romain que cette superbe machine.

Il montrait la voiture tournant sur le gravier criard de la cour. Les grands steppers de robe isabelle et d'encolure saluante, projetaient un cliquetis de gourmettes, un étincellement d'aciers, et de mousseuses baves. Leurs têtes hautes, casquées d'œillères mirantes, les poitrails musculeux, les jambes fines, laiteuses au-dessus du sabot, tendues comme pour résister à l'impatience de se mouvoir. Et sur leur pelage lisse où les cuirs se courbaient avec des luisances, le soleil se réfléchissait comme sur métal. Derrière la double silhouette roide des domestiques, le landau, nacelle courbe, offrait le miroir sombre de ses panneaux perchés sur les roues maigrelettes.

On monta. La voiture roula sur le chemin de Fontenay, entre des haies, des champs, des murs blanchis, des touffes de houx, où disparaissaient les toitures en ardoises des villas.

Un pli disgracieux dans la houppelande du cocher inquiéta Marthe. Il pesait énorme sur le siège, son cou gras débordant le col anglais. Il conduisit de superbe allure.

Elle se sentait heureuse dans l'amollissement des coussins bleus, du drap bleu, et le brillant de l'équipage mettait en son œil la manifestation constante du haut goût et de la correction impeccable.

A la vue d'une maison en ruines on parla de la guerre. Vibrac conta sa campagne, les misères du campement, des logis malsains, les fatigues des marches. Il parut qu'il adressait ses descriptions à Marthe particulièrement; et il perçait dans son discours un désir de se rendre pitoyable et intéressant.

Elle s'amusa de ce manège. L'éloignement nécessité par l'exil ne semblait pas avoir éteint les velléités galantes du peintre. Au contraire. Il se montrait plus encore qu'autrefois, aimable et prévenant. Et transpirait en tous ses actes l'envie tenace de reprendre ses tentatives amoureuses.

Elle feignit ne point s'en apercevoir, très affable aussi. Et si elle acquérait la certitude d'avoir été le but d'un regard ou d'une parole malicieusement esquivés par elle, quelle joie moqueuse, intime, elle éprouvait longtemps.

Ce jour-là, il se posait en courageux soldat, et, pour lui faciliter cet étalage de valeur, elle lui dit :

— Ce ne vous a rien fait le bruit des balles, du canon, l'appréhension d'être blessé ou tué peut-être.

Il répliqua : « non » naïvement. Puis il récita les anecdotes de la bataille, affectant nier le péril des postes où il avait combattu, déclarant inoffensif le tir à pareille distance, avouant à peine cinq camarades tués près lui en l'espace d'une demi-heure. Ensuite il narra comment son bataillon avait pris à la bayonnette une ferme occupée par les Prussiens. Et, sur l'ordre de ne point les faire prisonniers, il s'était vu contraint à fusiller un misérable tremblant dans une armoire. Le courage de l'éventrer lui avait failli : il préféra charger son chassepot et lui lâcher le coup en pleine poitrine; et puis il était redescendu bien vite sans regarder.

En bas, il reconnut de Cavanon tout pâle, assis sur un rebord de fenêtre et cachant sa blessure avec un mouchoir; et, du mouchoir le sang coulait goutte à goutte sur le rose briqueteux du carrelage.

Alors on parla des Cavanon, d'Henriette, de Karl. Une lettre de Rotterdam annonçait que le transport de Félix ne pouvait être entrepris, d'après l'opinion des docteurs, avant l'été prochain.

Et ils se turent, sombrés en des souvenirs tristes; la crainte mélancolique de la mort...

Près eux c'était la mort des chaleurs et des beaux jours. Les bois s'étalaient rouges de feuilles mortes, et le vent passait dans les ramures ténues, grêles, frileuses, avec des soupirs mous d'agonie ; les domestiques roides avaient l'attitude cérémonieuse et funèbre ; le trot quadrupédant battait, sans résonnance, le tapis de feuilles ; les roues ronronnaient à peine, et, se percevait le cliquetis des gourmettes, comme un remuement de chaînes.

Assis sur la banquette de devant, Vibrac regardait l'enfoncement des taillis. Il montait une senteur humide et fraîche de gommes arborescentes. Des traces lumineuses planaient tranversalement par les buissons.

Et la conversation reprit, d'un mot, entre les deux hommes. Bientôt la politique les absorba. Ils louaient le gouvernement de Thiers.

Marthe tranquillement pensait aux sommeils lugubres des défunts, s'interrogeant sur le sort futur, et philosophant sur la petitesse des hommes, du monde.

Soudain Vibrac cita une phrase de journal dont la rhétorique plut. Elle demanda :

— Qui a écrit cela ? C'est très bien.

Et comme le peintre hésitait, Ribéride renseigna :

— C'est votre mari, Marthe.

— Ah !

Il y eut un silence. Elle simula s'attentionner aux choses du chemin..... Mais au fond une grande curiosité l'avait saisie, un désir nerveux de savoir. Elle reprit :

— Alors, il marche, il avance.

— Parbleu ! remarqua Vibrac méchamment.

Aussitôt elle comprit la sottise de sa demande. Elle se rappela Ribéride révélant Polskoff, sur les avis de l'artiste. Et Vibrac aujourd'hui entamait cette conversation délicate pour honnir le mari, alors que lui-même venait de se prévaloir.

Le procureur s'exclamait :

— N'empêche : ce garçon-là possède un fameux talent. Et si le dernier ministère est tombé, il n'y a pas été pour rien.

Marthe eut un orgueil à découvrir qu'elle ne s'était pas trompée et que l'homme élu par elle se manifestait un génie. Seulement, avec une intonation d'indifférence, elle fit cette remarque :

— C'est vraiment malheureux qu'il emploie si mal ses aptitudes.

L'oncle le défendait. Polskoff ne consacrait-il pas ses articles au centre gauche, au centre gauche conservateur, le seul groupe de la Chambre qui eût quelque bon sens. Sans admettre l'intolérance réactionnaire des bonapartistes et des légitimistes, il réprouvait également l'intransigeance révolutionnaire des Gambetta et des Clémenceau. N'était-ce point la bonne cause ?

— Oh ! ce n'est pas de cela que je parle... C'est la manière dont il a attiré l'attention sur lui avec ses ignobles dénonciations.

— Bah, bah ! Dénonciations, dénonciations ! C'est facile à dire. Les communards ne valaient pas cher ! Il n'a guère dénoncé que des gredins.

— Quand même, c'était l'affaire de la police. Il a fait là une besogne de mouchard ! C'est malpropre, cela !

Des indignations vibraient encore en elle. Certaines phrases venimeuses plaisantant la mort des malheureux lui revinrent en la mémoire, la révoltèrent; ses doigts se crispaient dans une rage instinctive d'avoir subi les embrassades d'un mouchard.

A l'excuse Ribéride s'attarda : le pauvre diable n'avait que suivi des gens en estime. Pourquoi le juger plus mal que le rédacteur en chef de l'*Etendard tricolore*, que Francisque Barcey, cet ancien élève de l'Ecole normale, révéré par tous, dont Marthe elle-même admirait le talent et la critique impartiale. Pourquoi cette contradiction ?

Il parlait à voix traînante avec une indulgence, visiblement convaincu du mérite de Luc, il ajouta :

— Du reste, sa conduite politique n'a point varié. Il reste très ferme. Tout le monde le félicite. Je le voyais encore chez Tortoni dimanche ; il y avait toute la presse et on semblait, ma foi, en très bons termes avec lui.

Il dit des noms célèbres.

— Ça ne prouve pas en faveur de notre époque, répliqua-t-elle.

Durant toute l'explication, elle s'était tue, en proie à l'énervance de voir soutenir cet abominable monsieur par un homme honnête comme Ribéride. Sa réplique voulut être un reproche qui attaquât la morale trop large du vieillard. Il ne comprit point.

Vibrac, qui semblait le contredire par son silence, murmura :

— Il est arrivé diablement vite, tout de même !

On ne parla plus. Elle se garda de renchérir sur les paroles amères du peintre, devinant qu'il s'en gaudirait. Mais elle songea que pour la débauche, pour une fillasse, pour lui complaire et l'enrichir, Luc s'était rendu infâme et lâche. Une jalousie la prenait contre cette femme tant chérie, et une impatience enrageante de ne point savoir par quel charme les cocottes obtenaient de leurs amants l'impossible, et même de Luc le travail. Cette impatience la surexcita. En vain essaya-t-elle la tenir secrète, car elle jugeait ridicules des récriminations jalouses, cela lui montait comme par nausées, lui envahissait l'âme. Elle ne put bientôt se contenir et elle proféra :

— Dire qu'il a fait toutes ces sales choses pour une créature !

— Ah ! vous vous trompez, Marthe, vous vous trompez, ici.

Ribéride, brusquement tourné vers elle, l'envisagea. Il protestait, il gesticulait :

— Mais c'est faux, c'est archi-faux. Il n'a plus de maîtresse depuis au moins six mois avant la guerre. N'est-ce pas, Vibrac ?

— Oui. Son père et sa mère lui sont tombés sur le dos. Le gouvernement russe les a exilés à la suite d'une affaire politique. Il n'a plus eu le sou ; et cette femme l'a quitté.

Cette déclaration flua dans l'esprit de Marthe comme une chose rassérénante et douce. Une soudaine allégresse l'imprégnait : Luc trahi à son tour, Luc moqué par une fille, par celle-là même en faveur de qui, il avait abandonné sa femme et son intérieur, sa vie riche et calme, ses espérances de gloire. Mais elle n'en méprisa que plus cet homme dont une catin se jouait. A l'infamie, il joignait le ridicule.

Un sourire nerveux lui étira la figure, à cette vengeance inattendue. A peine, dans sa satisfaction, pouvait-elle entendre Ribéride décrivant l'existence misérable du slave :

— Par bonheur, j'ai obtenu pour son père la direction de l'asile des fous de Châlons. Et le pauvre vieux, pour empêcher son fils de mourir de faim, était obligé d'emprunter à ses pensionnaires de petites sommes qu'il lui envoyait. Ah ! tenez, Marthe, c'est bien beau de parler de loyauté, de grands mots, de générosité. Mais quand il faut manger.

Elle s'indigna :

— Mais les assassins tuent aussi pour manger et les voleurs volent pour manger. Mais c'est l'excuse de tous les crimes, cela.

— Oui, oui. Allez, Luc est un pauvre diable qui s'est donné bien du mal pour arriver et pour soulager ses parents. S'il a attaqué la Commune, ce ramassis de pétroleurs et d'assassins, il n'a pas eu tort, et vous vous avez été bien dure à son égard, trop dure même pour une bêtise de jeune homme, sur laquelle une femme sensée eût fermé les yeux. Ç'eût été plus digne que la manière dont vous avez agi, Marthe ; je regrette de vous dire ça, mais tant pis. Et maintenant vous devriez réparer. Voilà le conseil que je vous donne.

— Oh ! cela, jamais, jamais ! Mon Dieu, mon oncle, pour qui me prenez-vous ?

Une colère froide saisit Marthe, lui étreignit la gorge et lui brouilla la vue.

Ribéride, encore tout pâle de sa violence, essuya ses grosses lèvres rases. Vibrac, gêné, regarda plus fixement au fond des taillis. Au bout de quelques minutes, le procureur reprit la discussion politique.

Maintenant, les chevaux allaient au pas. La route forestière béait jusqu'au loin sous ses arcades de branches et parmi les roussissures du feuillage. Le ciel stagnait, de l'horizon au zénith, comme un grand velours gris. Parfois, le cocher lançait des « heep », ou claquait de la langue; et les steppers renâclaient en pataugeant dans les feuilles mortes.

✱

Et Marthe se jugea malheureuse extrêmement.

Seule parmi les gens elle ne transigeait pas avec l'honneur : ce lui valait leur haine. Combien faux ce monde, combien ridicules et sots les enseignements autrefois reçus pour y vivre. Jeune, on lui avait dépeint la débauche un crime monstrueux, innommable presque, dont le nom seul imposait souillure ; et voici que tous, sans rien perdre de leur réputation, s'y vautraient joyeusement ; même son oncle, un jurisconsulte. Qu'était-ce alors des autres ? Jeune, on lui avait appris que le délateur était le plus vil des êtres, condamnable sans rémission : on fêtait les Polskoff.

Jeune, on lui avait dit que frapper un adversaire vaincu était la plus réprouvable forfaiture, et voilà que depuis un an on fusillait les captifs de l'Insurrection avec la conscience du devoir rempli. Massacre, débauche, dénonciation, crimes contre Dieu et contre l'honneur mettaient au premier rang social les hommes qui s'en rendaient coupables ! Et ceux-là même qui l'avaient instruite à flétrir l'infamie s'indignaient maintenant parce qu'elle refusait de recevoir en sa couche un homme infâme. Loyauté, générosité, les principes immuables de l'éducation, Ribéride traitait cela de grands mots. S'ils ne répondaient à rien ces mots, tout était dol, mensonge, hypocrisie ; pour seule règle menaçait le tricorne du gendarme ; la réussite tenait lieu de vertu, et alors, quelle sinistre plaisanterie, vous enseigner le contraire pendant vingt ans !

De grandes phrases imposantes la hantèrent l'esprit. Elle les récitait tout bas, tâchant à les parfaire avec une envie de discourir devant un peuple. Oh, vomir éloquemment à la face du monde ses indignations et ses haines.

Et ce l'irritait surtout qu'on semblât la tenir pour une petite fille sans raison, diseuse d'enfantillages...

*

ELLE fut malade. Les ennuis de l'exil, les craintes de pillage, la fatigue d'une complète réinstallation, et principalement les secousses morales des derniers mois la terrassèrent. Saisie par une fièvre tenace, elle se débattait contre de vagues fantômes. Son esprit, aux heures de sommeil, ardait d'une effervescence douloureuse. Et de grandes ombres informes passaient, suscitant une peur immense. Des flamboiements noirs, ou pourpres, ou d'or vert, rapides et terrifiants s'avançaient à elle, de loin, par l'espace brunâtre du rêve, et puis se dissipaient. Des figures atrocement joviales, rondes, ridées, sans corps, livides, flottaient dans un lugubre silence, comme des lunes. Des paysages où il n'était que de l'herbe, de l'herbe visqueuse et répugnante, et des chemins creusés dans la glaise des cimetières. Une ridicule boîte en coquillages, grande comme une cathédrale, obstruait la rue; et les coquillages soudain marchaient, lâchant des monstres glabres à faces tristes. A la terreur d'essuyer leurs caresses froides et gluantes, et leurs embrassements doux, elle fuyait; tantôt avec une vitesse de fantôme à travers le vent, par-dessus les arbres, les toits, les clochers pointus, vers un ciel bleu noir; tantôt elle trébuchait en des boues sanglantes ou bien, d'une chute lourde, elle écrasait le vide.

La pleine lumière de l'après-midi surprenait son brusque réveil. Elle s'étonnait des persiennes ouvertes, des rideaux béants, de la pièce en ordre. Elle ne reconnaissait pas d'abord cette chambre d'amis trop vaste où la séquestrait l'ordre du médecin. Tout choquait son habitude matinière du vitrail encore obscur, et de la veilleuse à lueur timide, mourante. Mais bientôt il lui satisfaisait s'étendre jusqu'au fond des draps, et en mettre les plis frais sur sa peau. Elle se trouvait contente hors le cauchemar; et, au rappel de ses terreurs, un frisson lui ondait par les membres et la forçait à se blottir en elle-même. Puis le jour jaune, la fenêtre, les mousselines accaparaient sa vue. Dans la pièce, la fenêtre prenait une grande importance : elle indiquait le dehors, la vie, le jardin, le plaisir, le soleil. Un pli de mousseline la captivait des heures ; et l'ombre bleue qui dormait en ce pli ; et une mouche qui marchait à la découverte s'arrêtant parfois afin de polir ses ailes diaphanes avec les pattes.

Un jour, Marthe essaya concevoir l'entendement de l'insecte : des appétits très simples, de minuscules ambitions, un amour de lumière, l'idéal de voler vers les cadres d'or, la faim d'un atôme sucré. Elle sourit, s'attendrissant à cette gracieuse faiblesse. A cause de cet attendrissement, elle s'estima très bonne. Ses mains blanches gisaient lointaines au long de ses flancs. Sa tête pesait dans la mollesse des plumes. Elle perçut comme une saveur des literies propres. Tranquille, elle regarda devant elle le plafond de plâtre, les sinueuses arabesques renflées en bordure, la rosace médiane ; et cette grande surface blanche lui fit imaginer une campagne sibérienne sous la neige. Comme elle serait bien en un traîneau lancé à toute vitesse, par le froid, et elle très chaudement emmi les fourrures. A ce désir, s'associa l'idée des Russes, de Luc. Le conseil que son oncle lui avait offert de reprendre l'union rompue la désola. Peut-être, au fait, se trompait-elle dans son obstination.

Elle se prit à douter d'elle-même, de sa vie tout entière. L'affaiblissante maladie l'empêchait de retenir sa diffuse raison. Les mérites de son mari, souvent évoqués par Ribéride et par Vibrac, lui parurent valables. D'ailleurs, eût-elle pu jamais, avec son instinct d'élite, choisir pour époux un imbécile. Puis la hantèrent les souvenirs de cette conduite honteuse, excusable seulement par un motif vil, le gain. Des luttes intimes lui lassaient la cervelle et la jetaient dans un sommeil épais.

Et les douloureux réveils, la lancinante piqûre des sinapismes, le vésicatoire collant à la peau et dont les plis rudes pincent. Il roulait dans son ventre une pesanteur fluctuante, une chaleur âpre, acide, qui ardait les entrailles. De brûlantes nausées flambaient jusqu'à sa gorge, laissant après elles une cuisante déchirure. Sur la table, les fioles étiquetées de gris, coiffées de papiers vert tendre, cravatées de ficelles rouges notaient, par leur uniforme pharmaceutique, l'officielle présence de la Douleur. Des écorces d'orange, et les parts de citron mises en une assiette dominaient les odeurs âcres des médecines. Parfois un relent s'échappait des flacons, une odeur de végétal pourri. Alors ce relent imprégnait toute la chambre. Il paraissait sourdre des draps et des meubles.

Une impatience de son état souffreteux faisait maudire à Marthe l'éternelle maladie ; car à ses douleurs morales les tourments physiques qui s'adjoignaient impérieux ne permettaient même pas la mélancolie méditative.

Pour recevoir ses amis elle prenait un mouchoir de très fine batiste à longue dentelle rousse ; elle y crispait ses doigts, aux retours de souffrance ; et elle aimait voir les visiteurs contempler sa belle main sur le riche mouchoir. Une chose dans ces réceptions la contenta surtout : on lui apportait des cadeaux. Pour la joie de ses yeux c'étaient d'élégantes bonbonnières, des fanfreluches coûteuses, des porcelaines rares à paysages lavés en camaïeu ; pour la délicatesse de son odorat c'étaient des parfums divers, peu connus, exotiques, soigneusement recueillis sur de petites éponges, et clos en des œufs de palissandre. L'essence de rose, aux effluves humides comme un baiser, lui fut offerte dans le cristal de tubes dorés et taillés : une évocation de harem, de luxe oriental, d'armes en argent. Très vite Marthe acquit un dilettantisme. La verveine, exquise mais un peu amère, lui convenait comme la note de sa vie. Le musc avait une odeur fauve et pénétrante de femelle. Elle le respira de temps en temps, une seconde, afin de raviver sa puissance olfactive presque éteinte par sa perpétuelle contention sur des parfums trop subtils. La frangipane lui rappelait toujours sa jeunesse et certaine robe blanche à fines et drues rayures vertes que très longtemps elle dilecta, s'y croyant marquise. Et la lavande lui mettait au souvenir l'intéressante série de ses toilettes, parce qu'elle en éparpillait, d'habitude, dans les armoires. Elle consacra des séances à l'épreuve des bonnes odeurs. Souvent leur harmonie berceuse l'endormit.

Elle en voulut avoir de plus inédites. A certaines personnes elle manifesta cette envie adroitement, par des phrases diplomatiques élaborées d'avance. Ces personnes feignirent ne pas comprendre. Marthe leur en garda rancune. Bientôt elle étendit cette rancune à tous les bien portants; plus encore que jamais l'égoïsme des gens la dégoûta. Ils riaient, ils causaient de leurs plaisirs, ils semblaient faire un vaniteux étalage de leur force et de leur rubiconde vigueur. Dans leurs condoléances perçait un orgueil brutal d'être valides. Ils l'humiliaient. Elle devint maussade. Tantôt la longueur des inutiles visites pleines de bavardes niaiseries la désespéra : ne devait-on comprendre qu'elle avait des besoins naturels à satisfaire seule, sous peine de torture; tantôt les gens la quittaient vite, tristes de cette atmosphère médicamenteuse, et elle s'ennuyait, ne pouvant lire à cause des migraines.

Le calme de la chambre déserte pesait en un silence funèbre comme un signe de mort, de mort douce, de mort vertueuse avec le soleil automnal agonisant à la fenêtre, par teintes d'ambre.

Les pâleurs du linge, des meubles en bambou, des cretonnes pompadour se fondaient, à l'heure vespérale, en une couleur vague, grise et blanche, moribonde. La lumière se faisait linceul. Marthe étendue se croisait les bras sur la poitrine et simulait, non sans une agréable terreur, la posture d'un cadavre. Elle pensait à sa mort prochaine peut-être; de religieuses craintes l'empoignèrent, tandis qu'elle s'efforçait à prévoir Dieu trônant. Elle pensait à ses fautes, à sa trop inflexible justice envers son mari. Elle pensait à

Félix de Cavanon, à l'espèce d'influence mystérieuse qui mettait nue, devant lui seul, son âme féminine et recluse. Elle pensait au regard profond du blessé souriant d'une ironie compréhensible pour elle seule, souriant de blâme. Elle pensait à son mari qui allait atteindre, par la force du talent, une situation supérieure; puis toujours revenait l'obsédante vision de la taverne, de Luc aux lèvres d'une femelle immonde. Et la lutte fiévreuse recommençait en elle, et s'imposait l'absurde antithèse de la vie réelle et de la bonne éducation.

En dernier recours elle finissait par choir dans la plus intense religiosité. Les préceptes catholiques donnaient l'approbation de ses agissements. Rien autre que l'idéal divin ne concordait à ses convictions.

Et puis, le mal s'accroissant, la mort se montrait imminente et redoutable. Marthe se confessa. Le prêtre, la relevant de ses doutes, l'affirma très chrétienne de conduite : elle ne devait point soutenir de son affection un homme qui attaquait l'Eglise ; et il cita plusieurs articles récents où Luc fulminait contre les congrégations et l'enseignement des frères.

Dès lors, Ribéride lui-même cessa défendre

Polskoff. Maintenant, il passait les jours près sa nièce, visiblement anxieux.

A la catastrophe prochaine qui l'ôterait du monde elle se résigna, certaine d'être une sainte. Elle s'abandonnait tranquillement à cette somnolence torpide qui, peu à peu, se faisait dominatrice. C'était comme une douceur suave qui affluait en elle, une reposante langueur. Elle sentait à peine sa chair ; la douleur s'atténuait ; et les choses s'unifiaient dans une même sensation toujours présente de blancheur lumineuse. Les paroles des assistants lui parurent bientôt venir de très loin ; et elles n'éveillèrent plus, en son âme indifférente, ni raisonnement, ni lutte, ni plaisir. Elle se complaisait toute seule à être immobile moelleusement, à ne pas agir, à se savoir indemne de fautes, et belle dans sa pâleur de cire. Une question à elle adressée la troublait beaucoup, comme si déjà elle ne devait plus avoir de rapports avec les êtres. Rarement elle trouvait les termes pour y répondre. Elle planait au-dessus de l'existence devenue pour elle presque sans intérêt. Elle s'en déshabituait facilement. Et les gens, elle n'y songea plus, les ayant rejetés hors sa mémoire, hors son reste de vie. Elle gardait seulement une horreur pour les potions qui coulaient parfois dans sa gorge et qui, brutalement, l'imprégnaient d'un goût de sel, amer, nauséabond, et qui grouillaient ensuite dans son ventre.

Au soir, les bleus crépusculaires envahissaient la chambre et la grande sensation blanche. L'obscure nuit venait choir. Le coke en ignition paraissait un volcan rouge, étincelant, une ville en flammes ; et les écroulements des charbons, c'étaient des écroulements de cataclysme final.

La servante regardait sa maîtresse d'un air attendri ; et Marthe s'efforçait à rendre plus maladif son sourire : une satisfaction ressentait-elle de ce qu'on éprouvât du chagrin à son égard.

Et de la rue montaient de tardives stridences. Une à une, sur le trottoir, tombaient les barres de fer du forgeron voisin.

★

Oui, Madame, pour un testament. Je viens passer deux jours à Paris et ensuite je retourne m'enterrer à Saint-Eloi pour le reste de mon existence. Et vous voilà tout à fait bien, décidément.

— Je viens de sortir pour la troisième fois, répondit Marthe à d'Ebrandes.

— Tant mieux. Vibrac m'avait écrit des choses désespérantes : je vous croyais morte.

— J'ai été fort mal, en effet.

— Enfin, vous voilà en bonne santé. C'est l'essentiel. Et M. Ribéride ?

— J'ai de mauvaises nouvelles à vous apprendre. Il paraît qu'il a le diabète.

— Une maladie de centenaire.

— Je ne sais : quand on est dans cet état-là,

une coupure, dit-on, suffit pour amener la mort.

— Oui, mais il ne se coupera pas. A propos de mort, il faut que je vous conte celle de mon cousin.

— Le communard dont vous héritez ?

— Parfaitement.

— Il était riche ! Mais alors il s'est repu de la sueur du peuple. En voilà un drôle de socialiste.

— S'il avait eu le temps de tester, il aurait rendu au peuple sa sueur.

— Quand il n'en avait plus besoin. Et on l'a fusillé malgré ses bonnes intentions ?

— Oui, il y a deux ans. Il se croyait tranquille, à l'abri des poursuites ; il se figurait qu'on l'avait oublié : un beau matin, la police tombe chez lui ; une perquisition. On retrouve, au fond d'une armoire, un vieux képi de colonel de la garde nationale ; on l'emballe, pas le képi, mon cousin ; on l'emmène à Versailles ; on le juge ; on le fusille comme colonel : or, il n'avait jamais été que lieutenant.

— C'est habituel à la justice que l'Europe nous envie. Demandez à mon oncle : il n'a pas d'illusions là-dessus. Mais ça a traîné bien longtemps cet héritage ?

— Nous sommes en décembre 73... Eh bien, oui, deux ans, juste comme je vous le disais. Le notaire me réclame des frais énormes.

— Il faut bien qu'ils vivent, ces gens. Alors, le journalisme ?

— Je l'abandonne avec ivresse. Parmi mes biens immobiliers, je possède un château XVIII$^e$ siècle étonnant. Je vais acheter des fusils ; j'ai loué quelques hectares de forêt ; je me fais chasseur et cultivateur. Voilà.

— Et vous ne songez pas à vous marier ?

— Heu, heu... Non.

— Bon. Je ne vous demande rien. Voici mon oncle.

D'Ebrandes serra la main du vieillard. Ils se mirent à causer affectueusement et elle sortit pour leur faire servir des liqueurs.

L'ordre donné, Marthe pénétra dans son boudoir et dénoua les brides de son chapeau devant la glace. Sa figure était encore rose de froid ; cela lui donnait un éclat neuf et rassérénant après les fatigues de la maladie. Elle se reconnut définitivement bien portante, même un peu plus grasse qu'autrefois. Ses formes tendaient l'étoffe du costume bleu et sa poitrine lui parut saillir très fort sous le menton. A grand peine son regard pouvait-il maintenant franchir cet obstacle et atteindre ses genoux. N'importe : finies les souffrances et les longues journées de fièvre, et les douleurs d'entrailles géhennantes. Il lui sembla qu'elle se trouvait très forte, contente, toute prête à entreprendre des choses compliquées et difficiles dont la réussite ne lui pourrait faillir.

Puis en se regardant bien, elle découvrit dans sa chevelure une lueur ténue, longue, inusitée. Le cœur lui battit : elle redouta le premier cheveu blanc. Ses doigts tremblèrent à suivre cette luisance parmi les boucles, à l'en extraire, à l'étendre. Le doute ne dura point. De longs reflets blanchâtres et métalliques, coulaient dans le cheveu, survécu blond, cependant, à la pointe. Il se dressait au premier rang de la coiffure, sur le haut du front, comme un signe fatalement indéniable de vieillesse.

Un chagrin surprit Marthe, un chagrin très grand qu'elle ne s'expliquait pas raisonnable. Vieille ? C'était une partie d'elle-même qui fuyait dans l'autrefois, beaucoup de sa personne qui mourait à ce cheveu blanc ; c'étaient les funérailles du passé, de sa jeunesse, de sa féminine grâce.

Et défila le long rappel des triomphes jouis, des compliments reçus, des admirations muettes comprises; le souvenir d'un geste élégant qu'elle avait eu tel jour, d'une toilette qu'elle enlevait si bien de sa tournure svelte... Et puis à reconnaître cette vie perdue, son mariage ridicule et ses espérances de gloire littéraire déçues, elle se découragea. Elle prévit un avenir triste, monotone, solitaire, empli par cet immense regret : n'être rien dans le monde, rien parmi la foule imbécile. Maintenant lui manqueraient même les hommages, puisqu'elle ne valait plus la peine qu'on la possédât.

Mais à cette crainte, Marthe Grellou réfléchit qu'en somme la vieillesse désagréable était encore loin de la trente-deuxième année : d'Ebrandes, à l'instant, ne se montrait-il pas encore tout aussi aimable que jadis. Elle se fit vaillante ; elle se moqua de ses terreurs ; elle descendit, le cheveu dans ses doigts, criant à son oncle et au journaliste :

— Le voilà, le voilà.

— Qui ?

— Le premier.

Elle l'étira très fort et se mit dans le jour pour qu'on le vît bien.

— A sa santé ! s'exclama l'ex-chroniqueur en vidant son verre de chartreuse.

Tout le reste du jour Marthe Grellou demeura triste. Elle savait son existence intellectuelle finie. Ainsi avait raté le plan de ses rêves. A l'inertie de Luc, à l'hypocrisie des êtres, elle avait choppé durement et rien n'était plus possible aujourd'hui qui la relevât.

Et les autres nourrissaient des habitudes, des goûts ou des vices qui leur tenaient lieu d'ambition et leur marquaient des buts de vie ; pour elle, rien.

De nouveau l'hiver aux neiges tourbillantes engloba sa tristesse et la routine des jours. Souvent elle discuta dans la cuisine sur les sauces, par distraction ; souvent elle établit le triage des herbes officinales, des épices, du linge ménager. Pendant sa maladie, le service des domestiques ayant été plus soigneux qu'à l'ordinaire, elle prétendit qu'on n'abandonnât point ces prévenances exceptionnelles, après sa guérison. Elle prit l'habitude de se faire mettre sous les pieds un coussin en velours noir ; cela lui parut seigneurial. Et le soir, elle restait sommeillante en un fauteuil gardant près elle, sur un guéridon, du thé fort dans une fine porcelaine japonaise. L'oncle lisait *le Temps* à haute voix, avec des emphases pour les discours académiques et les réponses du secrétaire. Il appuyait sur les mots spirituels de Francisque Sarcey, le critique de bon sens. Marthe, à demi intéressée, prenait de longues attentions pour la figure de Ribéride grave, pour l'émouvance de ses grosses lèvres, pour le tremblement de son toupet lorsqu'il élevait le ton, à la fin des périodes.

La correspondance des pays étrangers l'amusa. Il venait hebdomadairement, à la deuxième page du journal, une lettre descriptive de Zanzibar. A imaginer ce pays de sable blanc, de plantes lancéolées, de pluies torrentielles et de poissons pourris, elle éprouvait le bien-être de n'y point vivre et de le connaître cependant.

Il y eut des soirs tranquilles au coin du foyer.

Les missives de Rotterdam annoncèrent enfin la convalescence de Félix et son retour à Paris pour la belle saison. Depuis deux ans on reculait ce voyage, eu égard à la faiblesse du pulmonique.

Et vers le 1er janvier une note parut dans les gazettes : « Nous apprenons avec plaisir que notre éminent confrère politique, M. Luc Polskoff, figurera sur la liste des promotions dans l'ordre de la Légion d'honneur, à l'occasion du jour de l'an. Services exceptionnels. » Ribéride se contenta de dire : « Il ira loin ce garçon-là. »

Encore une fois se rompait le calme relatif de Marthe Grellou. Les remembrances douloureuses l'envahirent. Luc parvenait sans elle, renié d'elle.

Et Vibrac s'obstinait à peindre en lilas clair ses effets de neige.

✦

La pendule sonne quatre fois.

De la fenêtre grande ouverte à la porte adverse béante, l'air court par-dessus le lit de Ribéride, et essuie sur le vieillard gangréneux les putrides émanations de son mal. Des bouffées de vent doux amènent du parc les effluves printanières, les senteurs fines des amandiers fleuris, des muguets et des violettes.

Marthe éloigne un peu de ses narines le mouchoir imbibé de verveine et aspire avec soulagement les parfums humides de la nuit. Mais bientôt une puanteur vaseuse de charogne, une pestilente fadeur la surprend.

Et son oncle agonise là, tout près, la chair parsemée de madrures noirâtres, comme truffée. Huit jours plus tôt, il se coupait un durillon de l'orteil, le rasoir glissa, l'entailla. Le sang diabétique a rapidement corrompu la plaie : selon les pronostics médicaux, il expirera vers la fin de cette nuit.

— Marthe, Marthe ! geint-il, encore celui-là !

Il montre son index enflé. Une bouffissure rose s'annelle sur l'articulation, s'étend, monte aux phalanges avec une croissance de teinte, en rouge-brun, en violet, en couleur d'encre, à l'ongle. Déjà le pouce pend, noir. La navrance du malade est extrême à mourir ainsi par morceaux. Sur ses joues hâves et tendues roulent de grosses larmes. Ses yeux scrutent la transparence rosâtre de la main qu'il a placée devant la lampe. Un par un, il y compte les points sombres qui, tout à l'heure, s'amplifieront, s'uniront, envahiront la paume entière. Oh ! ces pleurs de vieillard pour attendrir l'inévitable mort, ces pleurs sous les cheveux blancs, dans la barbe hirsute de poils courts. Et sans cesse il explique la manière dont le rasoir glissa, comme si l'éclaircissement de la catastrophe pouvait suggérer l'invention d'un impeccable remède.

Et Marthe se désole ; elle pleure aussi, songeant combien dure lui serait une semblable fin. Inutilement, M<sup>me</sup> de Cavanon, la mère, l'engage à prendre du repos. Elle refuse. Elle veut assister par devoir au spasme suprême de cette agonie, trouvant une grandeur à soutenir son oncle et à s'aguerrir, elle, dans l'idée de mort. Et elle continue murmurer de consolantes paroles, pour faire accroire au procureur la guérison prochaine. Puis, elle lui sert d'un sirop morphinique qui éteint les terreurs du vieillard et l'abat dans une somnolence.

Il règne à nouveau un calme silencieux. Les deux femmes, tenant leurs mouchoirs au nez, reprennent la lecture de leurs missels, sous la lueur circulaire de la lampe. Parfois, elles regardent la face du malade livide parmi la blancheur des traversins et cernée de cheveux luisants. Son bras demi-nu noircit; le mal monte, monte, prêt à joindre le coude par une succession de boursouflures vineuses qui s'allongent sous l'épiderme subitement aminci. S'accroît la puanteur de charogne.

La vieille dame chuchote cette interrogation :
— A-t-il été administré ?
— Oui ; il y a deux jours.
— Ça ne lui a pas fait trop d'effet ?
— Non, il ne se savait pas encore perdu : la gangrène n'avait pas dépassé le genou. Ça c'est

passé très convenablement. Du reste, M. l'abbé Berneix est si bien. Il a été très vite, en plaisantant.

— Vous allez être bien seule, maintenant, ma pauvre dame.

— Oh! oui, je ne sais encore ce que je ferai. C'est une bien grande perte pour moi.

Et Marthe pense: Comment agir dans la suite, sans protecteur, sans parent. Henriette arrivera bien d'ici à quelques semaines; mais elle ne quittera son mari souffrant pour lui tenir compagnie. Et, à l'appréhension de diriger sa fortune, de vérifier les baux, de présider à la vente et à l'achat des titres, de discuter avec les notaires, de mettre elle-même à la porte les domestiques, elle s'épouvante. Jusqu'à présent, le procureur régla ces détails. Et si jamais quelque manant l'insulte dans la rue, qui la vengera? Des rancœurs l'exaltent contre la félonie de Luc Polskoff qui la laisse sans appui, par l'existence.

— Marthe, Marthe, regardez : encore deux, depuis tout à l'heure.

Ribéride s'est dressé, la main dans la lumière. Il la fixe de ses yeux écarquillés où rampent de sanglants fils. Toutes les rides de sa face se creusent. Il halette. Des bruits grondent en sa poitrine. Ses lèvres bleuies saillent énormes, crevassées. Il en sourd du sang.

— Voyons, mon oncle, recouchez-vous. Vous vous trompez. Ce n'est rien.

Elle lui prend les bras de force et les cache sous la couverture. Une horrible chose que cette lutte avec le vieillard, afin qu'il ne mette pas à la lumière ses membres pourrissants. Elle a perdu son mouchoir; l'infecte pestilence l'étouffe; elle entend s'écraser les pellicules des tumeurs chaudes, et elle ne trouve plus de paroles pour convaincre le mourant de rester en repos. Cependant, M$^{me}$ de Cavanon parvient à border strictement les couvertures; et le voilà enfin sans mouvement.

Elles reprennent leurs places. A Marthe, il semble toujours percevoir sous ses doigts les molles bouffissures. Elle se lave et elle se relave, avec le soin de ne pas choquer les faïences du lavabo. Ribéride paraît dormir. Ses lèvres de plus en plus bleuissent. Il a sur le cou une large érosion où les cheveux se hérissent. Cela grossit violâtre, enfle à vue d'œil. Marthe terrifiée ne peut extraire son regard de cette masse pâteuse, qui fermente sous l'épiderme diaphane.

— Voyez-vous, il s'est donné un coup au bois de lit, remarque M^me de Cavanon.

Un effroi de Marthe se souvenant d'avoir, dans la lutte, heurté la tête de son oncle. Et, comme il ne bouge plus maintenant, elle l'a peut-être tué !

Doucement elles s'approchent. Déjà une vie d'autres êtres se devine latente en lui, indépendante de lui, et grouillant dans son corps. Il soulève ses paupières, et puis, comme lassé tout de suite par ce spectacle banal et trop connu, il les referme. Ses membres se tordent lentement sous le drap ; sa poitrine s'élève et s'abaisse, ahannante, comme s'il s'efforçait à une difficile besogne. Son front se perle d'une transpiration froide.

Elles restent debout là, terrifiées et fascinées par ces mouvements vermiculaires que ne dirige plus une raison sensible. On dirait qu'il veut sortir d'une étreinte gênante, d'une gaîne trop étroite. Et sa bouche exhale d'infects soupirs rauques. C'est, en lui, une volonté qui peine avec obstination contre un invisible obstacle. Ses regards intermittents, vagues, détachés de buts soupçonnables, semblent se recueillir pour une vision intérieure, profonde et surhumaine.

Vibrac est entré. Sans rien dire, tous trois se vont seoir loin du lit, à la fenêtre. Il plane dans le parc des froissures de feuilles, des frémissements d'arbres et l'odeur pénétrante des fleurs.

Eux se taisent ; car ils ont la certitude qu'il serait criminel distraire le moribond de son travail si pénible ; et ils ont hâte de le voir finir. Une impatience les oppresse : ils voudraient aider la mort.

Lui, sur la couche blanche, tord toujours ses membres par mouvements doux, comme s'il se gardait de perdre inutilement un atome de sa force essentielle.

Et le corps, sans hâte, perpètre sa gésine pour expulser la vie.

Une terreur solennelle imprègne Marthe. M$^{me}$ de Cavanon allume le gros cierge béni en cire jaune et la lumière se darde limpide. Elle s'agenouille. Sa voix chevrotante murmure les prières de l'agonie : « Seigneur, ayez pitié de nous. Jésus-Christ, ayez pitié de nous. Sainte Marie, priez pour lui. Saints Anges et Archanges, priez tous pour lui. »

Marthe s'agenouille également. Une tristesse immense surcharge sa poitrine ; un air lourd y roule et s'exhale en soupirs. Des larmes lui piquent les paupières. Tout cet appareil funèbre lui dénonce l'approche du redoutable inconnu. Elle se rappelle la bonté de son oncle, ses prévenances, ses opinions saines. Un sincère désir de rendre au mort quelque bien dans l'autre monde en échange de ceux qu'il lui a prodigués, l'incite à d'ardentes oraisons. Et elle supplie Dieu pour le bonheur éternel de cette âme ; elle marie sa pensée aux litanies de la vieille dame : « Soyez-lui propice. Pardonnez-lui, Seigneur. » Elle sait les fautes nombreuses et la luxure du pécheur : « De votre colère, délivrez-le Seigneur. D'une mauvaise mort, délivrez-le. Des peines de l'enfer, délivrez-le. »

Vibrac, tête basse, examine l'agonisant. Le râle grogne dans cette gorge noire d'où flue un sang malsain. De seconde en seconde, sa pâleur se fait plus candide, son nez s'étrécit, une teinte cireuse s'immobilise en sa face où papillottent les paupières violettes, humides de pleurs. Les lèvres verdies se contractent par instants pour une affreuse grimace et puis se distendent dans une placidité marmoréenne.

Et la vieille dame, très haut, appelle les saints

et leurs titres, tandis que très bas elle prononce les : « Délivrez-le. »

Un dernier spasme soulève le crâne du magistrat. Son cou se tord comme celui d'un oiseau qu'on étouffe. Sa bouche s'ouvre et se ferme deux fois. Il retombe les yeux mornes, fixes à la fenêtre.

Alors M$^{me}$ de Cavanon s'exclame :

— Partez du monde, âme chrétienne, au nom de Dieu, le Père tout-puissant qui vous a créée.

Et s'égrène en sa voix tremblottante la kyrielle des Trônes, des Dominations, des Chérubins.

★

Non, décidément, si la couturière ne voulait reprendre les pinces, sa robe princesse n'irait pas. Marthe empoignait le cachemire trop large de son corsage; elle se tournait et se retournait devant la glace, le menton sur l'épaule afin de comprendre par quelle suite d'ineptes raisonnements la faiseuse avait pu commettre cette balourdise.

Le trottin, une laide et maigriotte fillette, avec son ridicule chapeau de paille où brillait la pluie, restait toute bête, les mains sur son ventre, sans offrir un moyen de mieux faire. Marthe reprit :

— Vous direz à M<sup>me</sup> Bénard, Mademoiselle, qu'il faut absolument qu'elle reprenne le corsage là et là. Et puis il faut qu'elle songe que l'enterrement est demain à midi précis. Il faut que vous me rapportiez tout à onze heures au plus tard.

— Oui, Madame.

— C'est entendu ? Je l'aurai demain à onze heures sans faute ?

— Oui, Madame.

— Un deuil passe avant tout, n'est-ce pas ? Je puis compter sur vous ?

— Oui, oui, Madame.

La petite ouvrière replia le corsage et l'enveloppa dans la serge. Marthe Grellou vit avec impatience ses bottines, où manquaient une partie des boutons, inscrire sur le tapis leurs semelles boueuses. Et la bonne annonça :

— Madame... Monsieur d'Ebrandes.

— J'y vais... A propos, votre corsage va bien, à vous ?

— Les manches sont un peu trop longues.

— Eh bien, Mademoiselle, j'en suis fâchée, mais vous l'emporterez aussi et vous le rapporterez avec le mien.

— Oui, Madame.

Le trottin s'inclina, sortit.

Marthe revêtue en hâte de son peignoir gros bleu, le plus sortable en cette funèbre circonstance, songea que d'Ebrandes, pour arriver si vite, avait dû partir immédiatement après la réception du télégramme. Se mirant, elle ne trouva pas sa figure assez triste. Alors elle se contraignit à imaginer les soirs solitaires qu'elle passerait tristement sans l'oncle. Et des larmes aussitôt lui coulèrent faciles. Depuis la mort de Ribéride, chaque fois que la saisissait cette prévision, elle pleurait : un effet sûr. Elle s'examina de nouveau, puis, satisfaite descendit.

A d'Ebrandes très grave et pâle dans la correction de ses vêtements noirs, elle étreignit la main sans mot dire. De ce silence, de ce geste elle s'estima très digne. Lui-même paraissait ému :

— Allons, du courage, Madame, du courage.

Ces paroles excitèrent ses larmes.

— Je n'aurais jamais pensé, avoua-t-il, que le malheur fût si près de vous. Je le plaisantais encore il y a un mois : vous souvenez-vous ?... Comment ça est-il arrivé ?

Elle éprouva un soulagement à narrer la maladie, les étapes de la grangrène, l'emploi des remèdes et des soins. Cela lui donnait une importance. Elle cherchait des expressions justes pour dépeindre les plaies. Elle cita des termes techniques et s'attendrit aux terreurs de l'agonisant ; elle conclut :

— Monsieur Vibrac est parti une demi-heure après, à six heures.

Soudain d'Ebrandes lança cette remarque :

— Vous allez être bien seule maintenant.

Et, comme elle allait répondre, le domestique entra :

— Maître Brodrelle.

— Ah le notaire ! fit d'Ebrandes, et il salua ironiquement dans le vide; puis, s'adressant à Marthe : Il va falloir vous débattre.

— Je le crois honnête.

— C'est toujours une faute. Allons, je vous laisse. Je vais en haut voir mon pauvre ami une dernière fois.

Maître Brodrelle était grand, myope, ventru et chauve. Son regard allait au plafond comme s'il y cherchait quelque fortune perdue. Marthe le connaissait pour lui avoir dit des choses aimables, autrefois, à ses réceptions. Il se courba profondément devant elle :

— Madame, veuillez croire que je participe à tous vos chagrins. C'est un grand malheur : vous allez être bien seule.

— Oui, bien seule.

Cette réflexion que chacun lui faisait naturellement la navra. Elle se crut abandonnée, sans secours contre la canaillerie des gens. Car les convenances interdisaient qu'elle se laissât défendre par ses amis puisque Vibrac et d'Ebrandes n'appartenaient pas à sa famille. C'était autour d'elle comme un vide d'affections efficaces : une femme dans une position fausse, séparée. Comme cela coûtait ne pas chérir les infamies ; et comme cela coûtait se conduire selon les principes honnêtes. Elle reconnut sa faiblesse. Et un dépit la violenta, lui mit des sanglots en la gorge.

— Voyons, Madame, calmez-vous, vous êtes forte, vous êtes une femme de caractère, Monsieur votre oncle n'était plus jeune ; ce sont là des malheurs qu'il faut malheureusement toujours prévoir.

Il étendit les bras largement, dans un geste vague, et il continua ses consolations agaçantes avec bonhomie. Marthe se souvint des avis de d'Ebrandes ; elle se voulut capable de résistance. Elle s'essuya les yeux. L'autre reprit :

— Vous comprenez, j'ai une grande responsabilité envers vous. Toute la fortune de M. Ribéride vous revient : vous êtes l'unique héritière. Monsieur votre oncle s'était engagé dans des spéculations fort compliquées, et, dans votre intérêt, il est nécessaire que je vous mette au courant le plus tôt possible, pour que nous avisions ensemble aux moyens de réaliser votre avoir en valeurs plus maniables.

Elle regardait le vitrail, la dryade rousse qui riait de sa bouche écarlate parmi les fleurs retombantes et les oiseaux. Et brusquement un soleil blond filtra par ses chairs, les éclaira, les fit rayonnantes et superbes. Le notaire parlait d'hypothèques, de biens-fonds, de titres nominatifs et d'arbitrage, d'actions fondatrices, d'assurances, d'obligations minières, d'hectares, de créances, d'usufruits, de termes, de baux. Cela tintait creux à ses oreilles de femme élégante. Au premier mot elle chut dans un abîme d'incompréhensibles abstractions. Elle ne pouvait saisir la différence des choses que dénommaient ces vocables, et elle ne savait pas les conséquences inhérentes à chacune. Mais elle pensa faire mettre un grand crêpe sur cette nudité de faunesse, inconvenante un jour de deuil. Et le menu du repas mortuaire la tracassait : donnerait-elle du maigre ?

※

VIBRAC lut :

— « Veuillez, mon cher ami, remettre à M^{me} Polskoff cette procuration plénière afin que rien, au point de vue légal, ne puisse entraver ses décisions. Veuillez aussi lui présenter, avec mes respectueux hommages, la sincère assurance de mon *entier* dévouement. — Luc Polskoff... » Il a souligné le mot « entier. »

— Ah ! répondit Marthe..., il peut se tranquilliser, je n'en ferai point usage.

— Comme vous voudrez. Cependant, qui conduira le deuil ?

— Monsieur d'Ebrandes, vous, ou M. Brodrelle.

— Vous savez bien que c'est impossible et

ridicule, puisqu'en somme, le parent le plus proche de M. Ribéride, c'est Polskoff : ça ferait scandale.

— Et vous, Monsieur d'Ebrandes, c'est votre opinion ?

— Complètement. Il faut que Polskoff conduise le deuil.

— Il est impossible qu'il en soit autrement, affirma maître Brodrelle.

Vibrac expliqua :

— D'ailleurs, c'est une simple formalité. Il s'y prêtera volontiers. Il a tout intérêt à ce que la cérémonie se passe convenablement : Voyez, madame, il a déjà communiqué à tous les journaux une note biographique, très élogieuse pour le procureur. Ses amis feront tous leurs prochaines chroniques sur votre oncle, et ne manqueront pas de citer Polskoff comme son parent.

Tous la pressaient de raisons ; et leurs gestes amples se mouvaient en ombres gigantesques sur les boiseries de la salle. Au bout de la table, un Lorillon-Grellou, arrivé récemment de son village, mangeait encore du pain, bien que le café fumât dans les tasses. Elle se désespérait. Pour toujours elle se croyait hors l'approche de cet homme. Afin de ne le plus jamais connaître, elle avait consenti à fuir les relations, le monde, les amis de sa jeunesse, elle avait voulu sa position fausse de femme séparée. Et tout cela, aujourd'hui comptait pour rien : il lui fallait l'accueillir devant les autres. Et puis, une chose qui l'exaspéra, ce fut voir cet individu décoré, estimé, influent; ce fut voir Vibrac se laisser dire son ami; ce fut entendre lire les termes prodigues de sa procuration, où il semblait avoir le beau rôle du monsieur désintéressé. Cependant, elle dut se soumettre.

Le lendemain, dès son éveil, il y eut dans la villa comme un tapage de déménagement. On clouait les dernières draperies. Quatre hommes descendirent la bière. Ils peinaient et geignaient, s'arc-boutant au mur et à la rampe. Et la caisse jaune, énorme, polie, disparut dans la courbure de l'escalier. Ce spectacle peina Marthe, comme si Ribéride mourait une seconde fois, comme si un espoir de résurrection avait été possible tant qu'il restait là, dans sa chambre.

Un vent furieux souffla par la maison, secoua les tôles des cheminées, et poussa dans le ciel un vol de nuages cendreux. De l'église, la cloche funéraire gémit lugubrement, tout le matin, par longues plaintes.

Les provinciales arrivèrent et imposèrent à Marthe leurs embrassades humides. Elles s'asseyaient l'une après l'autre sur les sièges du cabinet de toilette.

Il montait de la cour un bruit de pas fréquents qui écrasaient les cailloux de rivière. M$^{me}$ de Cavanon, la mère, lisait le service des morts pour la centième fois. Marthe, en elle-même, méditait des attitudes dignes, et un salut très froid pour Luc. Mais surtout la hantait une crainte de lui voir tendre la main : refuserait-elle la sienne ?

La bonne vint lui dire tout bas que d'Ebrandes la demandait à l'instant. Elle passa dans le corridor. Le chroniqueur était en habit, avec des boutons noirs sur sa chemise blanche. Il dit :

— M. Polskoff est arrivé. Il reçoit. Il faut que vous descendiez. Il y a un monde fou, toute la presse, la cour d'appel en robes rouges et la troupe avec des tambours voilés. Ce sera superbe On va lever le corps.

Et il partit affairé.

Elle rentra dans sa chambre, demanda son chapeau. Une idée très adroite la conquit : en s'attardant à mettre son châle, son voile, en feignant une grande difficulté à se vêtir, le convoi se formerait sans elle ; et rien ne la contraindrait à entretenir son mari.

Alors, avec une obstinée lenteur, elle fixa son chapeau, s'interrompant sans cesse pour essuyer ses larmes. Pleurs sincères, pleurs honteux d'être obligée à cette feinte pour Luc. La bonne pleura elle-même de voir pleurer, et elle renvoya brusquement ceux qui montaient pour supplier que Madame se hâtât.

Enfin bruissa l'écoulement de la foule sur le marbre du vestibule. Et les chants liturgiques furent psalmodiés. Puis la cloche sonna : des chocs lourds, alternés.

Marthe partit. Elle pénétra dans l'église par une porte latérale. La décoration lui parut mesquine. Le chœur trop petit s'étrécissait encore sous les tentures mortuaires. La toge écarlate du procureur faisait sur le cercueil une grande tache luxueuse, au milieu du noir cérémonial. Le piquet d'honneur formait la haie. Les tambours voilés de deuil battaient aux champs. Elle aperçut enfin Luc au milieu des magistrats, contre la table d'eucharistie.

Il se tenait roide et digne, ses longs cheveux flottant sur le col de l'habit. Sa barbe croissante s'affinait au menton par une double pointe comme celle du Christ, et, du front haut, il fixait l'autel dans une pose de tribun inspiré.

Durant l'office, Marthe se redit ses raisons de haine. L'impudente majesté de son mari l'outragea. Des rages s'exaspérèrent en elle, roulèrent en sa poitrine, lui tordirent les entrailles, s'exhalèrent en sanglots et en pleurs. Ses doigts se crispaient sur les pages du missel. Il lui poussa des envies de meurtre. Savoir mort celui qui l'avait trahie, qui réussissait en un infâme triomphe ; elle eût, lui semblait-il, admis n'importe quel sacrifice pour cela.

A peine, à travers ses larmes tremblotantes put-elle voir les phases du service, les postures graves des magistrats, leurs têtes chenues, épaisses ou sèches ; plus loin, la moustache aiguë de d'Ebrandes, son col droit tout blanc, sa figure angulaire ; et le peintre, sa physionomie historique d'Henri IV.

On entonna le *Dies Iræ*. Les chantres béèrent leurs bouches énormes pour de gloussantes paroles latines. Et les rites s'accomplirent. Le prêtre encensa le cercueil en récitant le *Pater* ; puis il l'aspergea d'eau bénite.

Alors Luc Polskoff s'avança. Il devint cramoisi, se sentant regardé par sa femme. D'une main tremblante il agita le goupillon et se hâta vers la porte comme pris d'une lâche peur. Puis les magistrats en pourpre, retenant d'une main leur large manche et leur mortier, remplirent solennellement le même devoir. Et d'autres, des inconnus, interminablement.

Elle-même se leva ivre d'énervances, titubante, aveugle. Le goupillon remis au diacre, elle se dirigea sous la voûte basse, vers la grande lueur grise de la porte; et elle monta en voiture. Maintenant elle désirait éperdûment que toutes ces pompes prissent fin, qu'elle pût se recueillir seule et s'apaiser.

Au cimetière, l'assistance stationna silencieuse. Un air visible d'ennui stagnait sur toutes ces figures fraîchement rasées. La croix d'argent dominait toutes les têtes, très haute, après la pleureuse en marbre roussi qui culminait le caveau de famille. Tout en avant se percevaient les toges écarlates et, sur un monticule, Polskoff s'érigeait pâle et noble, la boutonnière rouge.

Il y eut la chute de la bière dans la fosse, le frottement des cordes; et le prêtre, un jeune homme gras, lut des prières. Les réponses de l'enfant de chœur, une voix grêle récitant sur un ton monotone et hâtif, résonnèrent, étrangement seuls, parmi la foule muette et lugubre.

Un magistrat, maigre, à la figure de garde-chasse, commença un discours qu'on n'entendit point. Ses bras s'étendaient enlevant à leur suite les ampleurs écarlates de la toge. A plusieurs reprises Marthe ne put s'empêcher de prévoir comme lui siérait bien un habit vert à boutons de métal, une casquette haute à côtes de melon avec un cor au-dessus de la visière.

Puis un orgueil peu à peu l'envahit, tout ce monde écoutait avec admiration les éloges dont la mémoire de son oncle était aspergée. Parfois l'organe de l'orateur prononçait distinctement à la fin des phrases : « Honneur, Patrie, Religion, Société, Morale, la Loi, la Justice, Intégrité, Exemple de toutes les vertus civiques » et puis il reprenait son vague murmure insaisissable.

Enfin il se fit un mouvement, les chapeaux recouvrirent les têtes, des parapluies s'ouvrirent; la pluie commençait choir.

Marthe remonta dans sa voiture et regagna la maison. Elle fit dire qu'elle n'assisterait point au repas de funérailles, s'excusant sur sa douleur.

Comme son appartement se transformait en

vestiaire pour les dames provinciales, elle se réfugia dans le cabinet de son oncle.

Elle se fit allumer du feu. La flamme bientôt rougeoya en illuminant le drap vert de la tapisserie. Les archaïques statues, les Minerves manchotes, les Hercules culs-de-jatte, les Hermès décapités pressaient sur leurs socles noirs les ombres ternes du jour pluvieux. Là, sur des chapiteaux feuillus, les caractères grecs offraient l'impression bizarre de lettres modernes intercalées sans ordre avec des figures géométriques.

L'averse giflait les carreaux, et s'écrasait en longs pleurs sur le verre. Le feu subitement lança des lueurs plus ardentes et s'alla mirer dans les vitrines de la bibliothèque, en avivant les titres des volumes.

Une stridence de vaisselle parvint d'en bas.

Marthe, à coups de mouchoir, se tamponnait le visage tout enflé, ses narines picotantes, ses chaudes paupières. Dans un fauteuil elle s'assit. Elle tremblait de fièvre. Elle déboutonna sa robe et défit son corset. L'expansion libre de sa poitrine lui fut un soulagement.

A considérer cette pièce magistrale aux rideaux de reps vert, le secrétaire à cylindre, mosaïque d'inscrustations en bois de rose, en nacre, en thuya, en écaille, couronné d'une galerie en bronze doré, et ventru de tiroirs à poignées de bronze, elle eut une satisfaction propriétaire. Mais elle songea que sans la procuration octroyée par son mari, elle n'eût pu jouir de ces choses. Et cette marque d'asservissement obligatoire la versa dans un chagrin nouveau.

Alors elle regrette à grosses larmes Ribéride qu'elle n'imaginait plus, depuis le matin, étant conquise par la haine seule. Et dans cette affection, un besoin la saisit de revivre avec les souvenirs du défunt. Elle ouvre le secrétaire. Une odeur de tabac et de cuir émane, agréable, virilement élégante. Marthe retrouve la pipe où un artiste rare cisela dans l'écume une chasse au cerf. Elle la réserve à Vibrac. Voici des lettres, des factures, des invitations. Elle parcourt un carton teinté de rose : deux amours joufflus s'y embrassent, en exergue :

« *Si demain* soir, à dix heures, vous me faites l'honneur, Monsieur, de venir prendre le thé, vous rencontrerez chez moi une nouvelle élève dans vos goûts, une charmante blonde aux yeux noirs. J'ai pris soin de lui parler de vous, elle vous aime déjà et connaît vos habitudes. Elle vous réserve *son plus précieux*. Elle a à peine quatorze ans. Vingt louis rendront bien contente la gentille fillette. Je compte sur vous, n'est-ce pas? — Baronne CHÉRUBINI. »

Une surprise de comprendre son oncle patronnant un pensionnat de jeunes filles pauvres. Mais le format du billet, cette vignette, et cet argent demandé c'était curieux. Et voici des factures soldées pour une fillasse :

### DOIT M<sup>me</sup> FLORINE

| | | |
|---|---|---|
| Une patte lièvre, manche d'ivoire .. | 15 | » |
| Un paquet de veloutine ........ | 5 | » |
| Une éponge Syrie, extra........ | 18 | » |
| Deux paquets épingles à cheveux .. | » | 50 |

Marthe pense que cette femme, au moins, soignait sa marchandise. Et des factures, et des factures encore, des notes de couturière, de modiste, de logeuse en garni, de restaurateur. Puis encore des cartons de cette baronne Chérubini ; et toujours l'annonce d'une fillette qui réserve à son oncle « son plus précieux. » Soudain, comme elle se demande pourquoi Ribéride a mis dans le même tiroir ces pièces si différentes, un jour se fait en son esprit ; elle devine que ces malheureuses petites servaient à la débauche du procureur; elle devine qu'il a poussé la luxure jusqu'au crime. Et, du coup, son chagrin se perd en un suprême mépris des magistrats, des hautes classes, du peuple qui se vend. Elle se redresse dans son unique orgueil, elle, la seule chaste et la seule probe. Et le plus tard lui apparaît comme une existence d'adoration pour soi, qui la mérite.

★

Trompée par la luisance du jour, elle arracha un cheveu, le croyant blanchi. Mais il apparut franchement blond au bout de la pince ; et elle eut beau l'étirer, l'étendre, le mettre en pleine lumière, son erreur se manifesta sûre. Alors, avec le regret de ce sacrifice inutile, une espérance la surprit : peut-être s'était-elle toujours trompée, et ses cheveux n'avaient-ils jamais blanchi véritablement. Au miroir elle approcha son front ; et se montrèrent deux fils argentés perdus dans l'épaisseur blonde. La crainte de se faire mal la contraignit à de grandes précautions pour les séparer de la boucle, les saisir entre les pinces et tirer, d'un seul coup, en fermant les yeux. Une grimace alors, de petites larmes aux paupières clignotantes.

Elle songea se poudrer comme au xviiie siècle, mais elle remit cette mesure à l'époque où elle atteindrait la quarantaine.

Cependant, l'étreinte du corset lui parut de plus en plus gênante. Chaque semaine, elle la relâcha quelque peu. Elle excusa cette nécessité par de fréquentes douleurs stomacales, bien qu'au fond elle redoutât un subreptice embonpoint. Tout habillée, cet embonpoint douteux la taquina plus encore. Il saillait davantage sous les étoffes tendues. Mais le deuil ne grossissait-il pas? Les bouffissures roides du crêpe anglais, l'épaisseur du cachemire, l'ampleur du châle plié quadruple, c'était de quoi élargir singulièrement l'envergure d'une toilette. En partie rassurée par cette réflexion, elle gagna son boudoir. Tel que jadis il s'étalait, Ribéride ayant pris soin, pendant le siège, d'en garantir à Paris les tentures et le miroir vénitien, tant il savait cette pièce chère entre toutes à sa nièce.

Un délicieux moment que ce repos dans les coussins avant le déjeûner; une jouissance de soi, de sa toilette fraîche, de sa peau odorante, de son mouchoir fin, propre, à parfum d'iris; une admiration de ses mains, de ses ongles curves et arrondis. Sa tête blonde et mate surmontait la robe noire comme un bijou s'enchasse en la monture d'un habile orfèvre. Et si des ressouvenirs la venaient joindre dans cette béatitude vague, elle n'y trouvait que motifs pour son mépris des autres. Puis, elle pensait au menu du repas. Elle imaginait des prégustations de vins et de sauces, s'excitant l'appétit par ces rêves de victuailles qui bientôt l'énervèrent. Enfin, par la porte ouverte, le profil angulaire du domestique s'inclina, et un murmure voulut dire :

— Madame est servie.

Comme toujours, l'aspect blanc de la table la ravit : La Dryade du vitrail, majestueusement rieuse, présidait à l'ordre des cristaux, des carafes à longs cols, des verres calices, à toutes les surrections graciles et étincelantes où elle dardait sa lumière d'argent bleu. Le soleil estival avivait ce rayonnement, et l'exportait très loin sur les bosses des boiseries, sur les panses des métalliques vaisselles. Le haut dossier du fauteuil qui reçut Marthe était couvert de peau chamoisée avec, sur la gauche, la gaufrure du chiffre M. G. gothiquement fleuri.

Elle pêcha dans la ravière deux énormes crevettes roses. A la délicate besogne d'en faire choir les écailles et d'extraire la viande anémique, elle s'appliqua, très attentive, percevant, en récompense, le savoureux écrasement de cette chair mi-résistante entre sa langue et son palais. Sur l'oblongue étendue d'un plat en argent, les filets de sole s'alignaient, revêtus de chapelure rousse, et baignant dans une sauce épaisse aux méandres grassement clairs. Un cordon de violette, fleurant encore l'humide matin, ceignait les tranches du poisson. — Ainsi en était-il pour tous les services : de jaunes chrysanthènes et des brins de houx formaient une couronne sylvestre autour des pigeons farcis, les cardons à la crême gisaient au centre d'œillets rouges. Et cette habituelle décoration offrait, par ses fraîcheurs agrestes, un luxe naturel qui écartait le souvenir des culinaires tripotages. — En même temps que se diluait en sa bouche la saveur aqueuse de la sole, elle y mélangea la fluence chaude et aigrelette un peu du vin de Chablis ; et elle apaisa les gustations trop ardentes du rôti en s'assimilant les tièdes vigueurs d'un très vieux bourgogne. Mais elle réserva à son mets de prédilection le dilettantisme le plus raffiné de son art gastronomique. Un œuf, maintenu quelques heures au contact de truffes récemment coupées, lui fut servi cuit dans sa coque. Et Pierre l'ayant déposé devant elle, s'en alla prendre une demi-bouteille de champagne. Elle le regarda faire, veillant surtout à ce qu'il ne laissât échapper le bouchon, et à ce qu'il réprimât le bruit ridicule cher aux boutiquiers en liesse. Avec une parfaite aisance il opéra, sans casser son plastron blanc, ni salir son habit à épaulette de laine noire. Marthe prit une gorgée du vin. Le pétillement l'imprégna, et, par sa brusque incitation, mit en éveil la muqueuse buccale, un peu lasse. Sur cette impression vivace se greffa le parfum de la truffe : un goût fort, suggestif, un arôme mystérieux qui fluait dans le jaune de l'œuf avec un crescendo de sensations précieuses, jusqu'au moment où, prêt à choir dans la gorge, il effleurait l'extrême bord de la voûte palatine. C'était là le summum de la jouissance, le subtil triomphe de la symphonie savoureuse. La coquille vide desservie, Marthe se rinça la bouche avec du champagne et goûta longtemps le liquide ainsi truffé. Quelques fraises naturelles, du camembert, une tasse de café très fort, à la transparence rougeâtre, terminèrent son repas. Alors elle se sentit dans un bien-être, l'estomac plein, les lèvres encore liquoreuses de café. Et Pierre, cérémonieusement, interrogea : — Curaçao ou anisette ?

Un instant elle examina les bouteilles que le domestique présentait : celle au curaçao avait des pans rectangulaires, une couleur noirâtre, une seule étiquette transversale munie d'une signature. Cadeau d'Henriette, elle venait directement de Rotterdam. Ces considérations décidèrent Marthe. Elle sirota tranquillement, heureuse de la pièce, du bel ordre de son argenterie massive, du vitrail. Elle regretta ne pouvoir plus, maintenant qu'elle était seule, recevoir Vibrac. Il paraissait toujours galant. De ses mines adorantes, de ses compliments drôles, de ses brusqueries jalouses elle s'amusait sans fin. Cet artiste connu, à barbe grise, qui se faisait son assidu craintif, elle trouvait cela très cocasse.

Encore un verre de curaçao.

Maintenant, seule, elle s'enthousiasma pour la restauration parfaite de la villa. A cause des Prussiens elle avait entrepris ce changement; elle leur en conservait une presque reconnaissance. Comme elle finissait son troisième verre de curaçao, toute la salle ondoyait dans une tremblerie. La Dryade riait plus large de ses lèvres ondées, de son corps vibrant. Les luisances des cristaux étincelaient davantage, et Marthe, fière de sa petite débauche, s'avouait un peu grise, en souriant.

L'après-midi, elle fut boulevard des Capucines, chez son banquier. En échange de coupons jaunes, on lui remit des billets de banque et des louis. A saisir les pièces d'or elle éprouvait une joie rapace, un orgueil d'être riche, d'enfouir tout cela dans une minuscule aumônière, avec une apparente indifférence, à l'étonnement du caissier obséquieux. Avant qu'on payât, lui persistait la crainte d'un cataclysme imprévu qui eût détruit sa fortune. Et comme on soldait sans objection, elle ratissait le numéraire de ses doigts hâtifs, prise par une peur soudaine que l'on se ravisât. Une impatience de voir les louis résister à sa main dans les rainures de la tablette en cuivre. Sortie, elle éprouvait une intime joie. Ces passants ne se doutaient point de la richesse qu'elle portait. Ce mystère la délectait. Cependant, à l'aspect d'un loqueteux, elle redouta le vol. Elle étreignit avec force son aumônière. Une haine par avance contre le coupable. Arrivé près elle, il se baissa et cueillit un bout de cigarette sur l'asphalte. De nouveau cette question occupa Marthe. Pourquoi ne point déporter en quelque île lointaine les gens sans moyens d'existence, et qui font peur.

Ensuite surgit la crainte d'apercevoir Luc. S'il avait l'impudence de lui parler. Aperçu une fois sur le trottoir adverse du boulevard, il était devenu pourpre et l'avait saluée profondément. Elle, d'une inclinaison digne, avait répondu.

A l'angle de la chaussée d'Antin et de la rue de Lafayette, elle pénétra dans la demeure des Cavanon revenus enfin. Elle monta doucement un étage par le silencieux escalier recouvert d'un tapis. Devant la porte, une nouvelle peur : la mort de Félix. Elle se moucha. Son cœur battait très vite ; elle se comprit pâle. Elle chercha se remettre ; se traitant de sotte. Pourquoi cette existence craintive comme celle d'une petite fille ? Et, moqueuse d'elle-même, elle récapitula toutes les appréhensions éprouvées depuis deux heures. Enfin, elle tira la sonnette, un valet ouvrit :

— Bonjour, Jean. Comment va Monsieur ?

— Toujours de même, Madame. Monsieur est au balcon. Il fait si beau.

Il planait un calme, dans le grand salon qu'elle traversa, un calme de choses claires et dorées, immobiles sous le soleil discrètement épandu. Cavanon, de loin, sourit, se leva du fauteuil et s'avança au-devant d'elle, d'un pas traînant. A chaque visite, elle le trouvait plus maigri avec un teint plus cireux. Sa barbe longue et grise tachée de larges plaques absolument noires, couvrait sa gorge, le bout de son gilet blanc, le nœud de sa cravate brune.

Les bonjours donnés, il se rassit et Henriette, heureuse depuis leur retour, entra. Selon ses dires, l'air de Paris, la chaleur guériraient Félix certainement. Elle accusait la Hollande et son détestable climat de la maladie persistante.

Ils furent sur la large terrasse abritée par un store. Lui parlait peu, ou, quelquefois, son rire éclatait sardonique, pour rien, avec d'inquiétantes stridences; puis il crachait rouge. Sa tête s'appuyait alors au siège, dans les fleurs japonaises de l'étoffe, et sa joue mate formait un pli sur l'épaule où elle penchait.

Marthe l'examina longtemps, certaine de la mort; et une tendresse l'émut. Cette héroïque blessure l'allait soustraire à la passion de sa femme, à l'emploi heureux de sa richesse. Comme il devait pâtir en soi, s'il savait. Elle fut pitoyante, attendrie. Elle eût désiré offrir d'infaillibles consolations qui lui fissent oublier son malheur.

Il la regarda de ce regard unique qui profondément fouillait en elle. Et il y vit cette pensée. Car, dans ses yeux clairs de phtisique, une lueur gaie, une lueur bonne et aimante saillit. Rien en sa figure ne bougea cependant. Cette intime et mystérieuse communion emplit Marthe d'une joie extraordinaire, comme d'un bien-être. Et soudain, elle eut la très grande envie d'embrasser, à la naissance de la barbe, la joue penchée de Félix.

Elle fut contrainte à un extrême effort pour s'en retenir.

Henriette contait tranquillement des mésaventures bataves. Au loin, la montante rue Lafayette cadrait de ses maisons lumineuses un angle immense du ciel bleu.

Le soleil fluait de là-haut sur les ferrures infinies des balcons et sur les toiles parasols des boutiques ; puis, dans la masse sombre et chatoyante des fiacres, des promeneurs, il giflait de sa lumière éclatante un omnibus au flanc jaune.

Tristement, Marthe contempla cette animation indifférente à la mort. Son chagrin de perdre Félix s'en accrut ; et s'accrut aussi sa tendresse et le désir d'embrasser cette joue. Elle en fut honteuse. Mais son imagination, malgré tout, marchait. Il lui parut qu'elle ressentirait d'infinies délices à mettre ses lèvres sur la peau douce, et que lui-même en serait heureux jusqu'à frémir. A prévoir cette caresse elle s'exaltait. Et sa chair se troubla. Alors, elle se reconnut en péché. Cependant, la faute lui parut tellement énorme qu'elle ne s'en crut pas capable, même d'intention. Elle attribua cette brutale et fugitive démence à son amitié pour les Cavanon, et elle n'osa plus regarder son cousin.

La conversation se traîna par toutes choses. Elle y faisait de banales réponses, occupée surtout en elle-même à esquiver le mal. Et elle se disposait à partir, comprenant ses discours bêtes, lorsque Karl rentra du collège. Brusquement, il jeta sa serviette de cuir et courut embrasser Marthe ; puis il cria :

— Vous ne savez pas, tous ; j'ai été troisième en histoire.

— Ah ! c'est très bien, ça.

— Tu me donneras vingt francs, hein, père ? Tu me les as promis pour chaque fois que je serai dans les cinq premiers.

— Oui ; c'est entendu.

— Moi aussi, je te donnerai vingt francs, déclara sa mère. Viens m'embrasser.

Il s'élança vers elle, l'escalada ; ses jambes

nerveuses, revêtues de bas gris, se crispaient agilement. Il avait un faux air de grande fille avec sa peau blanche, ses cheveux ras, blonds, ses yeux noirs, son nez en trompette, sa maigreur gracile dans du velours frippé.

— Et moi aussi, je te donne un louis.

Il le prit lui-même dans le porte-monnaie de Marthe; puis il gambada, faisant sauter la pièce et la rattrapant dans sa main sale :

— Oh ! mince ! quelle veine ! soixante francs ! Ce que je vais me payer un chic bateau, tu sais, mère, avec une machine à vapeur, comme Jules Vibert en a un. On met une lampe à esprit de vin et puis les roues tournent. Tu verras, ma cousine, tu viendras avec moi ; nous le ferons aller au bassin des Tuileries.

Il claquait ses doigts, délirant.

— Singe, va, cria Cavanon.

Et il lâcha ce rire strident qui faisait mal à entendre, et il cracha rouge. Sa joue redressée n'attira plus les yeux ni les désirs de Marthe. Elle reprit son naturel aplomb, se moquant de soi pour cette crainte de faillir qu'elle avait eue. Elle appela Karl :

— Tu sais : je t'ai donné un louis, mais c'est à une condition.

— Ah ! fit l'enfant piteux.

— Oui, écoute-moi bien. Il faut d'abord que tu parles comme un petit garçon bien élevé, que tu ne dises plus « mince, » ni « ce que je m'en « vais acheter un bateau. »

— Oh! au collège, nous disons tous comme ça.

— Eh bien et vos professeurs ?

— Ah ! à eux, on leur parle autrement, tiens.

— Eh bien, il faut parler à ton père, à ta mère, à moi comme aux professeurs ; et puis il faut que tu te laves les mains : ce n'est pas propre.

Il s'en fut, sans la laisser finir. Quand elle se retourna, Félix, de son mauvais sourire ironique, la fouillait. Elle se sentit rougir et, afin de cacher son trouble, elle se mit à entretenir Henriette de chiffons.

Karl revint, montrant ses mains lavées. Il prit un livre crasseux, maculé d'encre, et, s'étant assis dans un coin, il balbutia du grec : « eimi, je suis ; eis, tu es ; ei, il est ; eimen, nous sommes..... »

Très peu, et très bas parlait le docteur introduit, un jeune à face de yankee. Reconduit par Marthe, il lui recommandait à la porte :

— Dites donc à M$^{me}$ de Cavanon qu'elle tuera son mari, si elle continue.

— Comment ?

— Elle l'aime trop. Elle l'aime trop matériellement parlant : vous comprenez, Madame. Dites-le-lui.

Et Marthe préféra partir tout de suite, se sentant disposée à confondre sa cousine de reproches.

Dans la rue une navrance la tenait inattentive aux choses. Très habilement, d'instinct, elle se faufilait dans la foule, évitant les fiacres, les camions, les garçons bouchers, et les vieillards. La joue de Félix l'obsédait en une vision tenace. Il allait mourir. Ce héros tué sottement par l'appétit bestial d'une femme !

Elle sonna chez son notaire où elle était parvenue. M$^e$ Brodrelle se montra très aimable :

— Bonjour, Madame; asseyez-vous donc. Vous avez l'air souffrant.

Elle lui dénonça la fin prochaine de son cousin; et, tandis qu'elle énumérait les maladifs symptômes, le but intéressé de sa visite lui revint en mémoire :

— Je voudrais bien avoir mes obligations du Nord parce qu'il faut que je les fasse renouveler.

— Mais, Madame, quelles obligations ?

— Oui, mes quatre-vingts obligations du Nord qu'on vous a remises.

Il feignit un étonnement. Aux affirmations

très claires de Marthe, il étendait les bras avec bonhomie, en haussant ses robustes épaules, en balançant la tête de façon négative. Marthe se crut dupe : on tentait lui soustraire ses trente mille francs; mais elle cacha adroitement son indignation et elle se fit minaudière, féminement capricieuse,

— Voyons, Monsieur, vous êtes trop aimable pour résister à un caprice de femme : je voudrais voir votre coffre-fort ouvert. Je suis sûre que vous les avez placées là, sur le second rayon, il y a huit jours, devant moi.

— C'est impossible.

Elle insista et il ne put se refuser plus longtemps à la satisfaire. Très confus, il trouva les titres et les lui livra en déclarant :

— Madame, excusez-moi. Je ne sais où j'avais la tête. Je l'avais oublié.

A larges gesticulations il s'épongeait le crâne.

Dès lors elle nourrit des doutes sur l'honorabilité de M<sup>e</sup> Brodrelle. Comme absurde, elle écarta la supposition d'une erreur involontaire. Ces gens-là trop retors pour se tromper. Et la préoccupation d'être victime la poursuivit, ce jour-là, jusque chez elle. Le repas fini, elle gagna prestement l'ancien cabinet du procureur où elle enfermait sa fortune; car c'était la pièce la mieux défendue, par construction, des escalades.

La nuit elle emportait les valeurs dans sa chambre et les mettait dans une boîte de fer, scellée sous les tentures, à la tête de son lit.

Très vite elle avait pris le goût des affaires : une lutte de ruses, d'audace, de prévoyance engagée contre les autres riches. Elle y voulut vaincre, comme en tout. Elle joua. Elle vendit à la hausse de l'échéance proche; elle racheta ensuite à la baisse du coupon échu. La différence de ces deux trafics augmentait fort ses revenus. Ou bien, selon le taux, ayant reçu le solde annuel d'une action, elle vendait; et, avec l'argent de cette vente, elle acquérait une autre action payable à trois mois, pour opérer de même, une fois l'intérêt de celle-ci perçu.

Elle aima une économie stricte. Pierre, le valet flegmatique et correct, devint le responsable dispensateur de l'argent consacré aux emplettes ménagères. Chaque soir il soumettait le registre de ces emplettes; elle vérifiait les additions et le reliquat de la somme confiée le matin. Cependant il attendait le bon plaisir de Madame, debout, tendant l'oreille à ses remarques, expliquant. Marthe trouvait commode n'avoir à faire qu'à lui seul ; et cette révision de la vie journalière lui plaisait, le soir, dans la grande pièce sombre comme un cabinet de ministre. Elle dictait des ordres pour le lendemain ; elle promulguait des lois meilleures pour le gouvernement de la cuisine, des communs et de la lingerie. Avec largesse elle accroissait les gages, mais elle exigeait en retour une complète probité et une tenue irréprochable. Elle prétendit toujours que les domestiques fussent à l'unisson de l'ameublement.

Avant de congédier Pierre, elle visita les écuries. Il la précédait élevant un candélabre à cinq bougies flambantes. Ainsi traversèrent-ils les couloirs, l'office, la cour. La porte de chêne, ouverte par le cocher court, découvrit les deux bêtes, droites dans les stalles claires. Elles tournèrent la tête, leurs gros yeux pacifiques et piétinèrent un instant la paille. La lumière léchait les murs peints à l'huile, les pancartes nominatives des chevaux, « Princesse, » « Duc. » Sûre qu'ils étaient au mieux, Marthe tapota leurs croupes luisantes, timidement, avec la peur qu'ils ne ruassent. Le cocher traînait ses heep, britanniquement.

Elle rentra précédée de son porte-flambeau fantastique dans la nuit. Une des joies quotidiennes cette promenade, où elle se paraissait une reine de drame.

Très tard elle écrivit à sa cousine une lettre exhortante, en y reproduisant la recommandation du docteur. Henriette n'y daigna répondre.

Et, à quelque temps de là, un après-midi, comme Marthe se trouvait en visite près Cavanon, elle le vit subitement écarquiller les pupilles, laisser pendre ses bras hors le fauteuil. Son menton s'emboîta dans sa cravate. Très rapidement il cessa vivre.

Sa femme ne le voulut croire mort : elle lui passait sous les narines une fiole d'ammoniaque en appelant : « Félix, Félix, réponds-moi, voyons. »

Marthe eut alors l'irrésistible désir de son baisement. Elle voulut au moins l'attoucher. Sur les paupières du cadavre elle appuya son pouce pour les clore; et la sensation frigide la fit se reculer brusquement, rompit le charme d'attirance. Et il parut à Marthe désolée que quelque chose de très bon venait de la fuir.

Henriette se traînait autour de son mari répétant à voix rauque :

— Mon Dieu, mon Dieu, ces syncopes, ça le tuera.

★

La lettre du banquier ? La lettre du banquier ? voyons... je l'ai laissée sur la... sur le... sur le... sur le chose, sur la machine, non sur le tiroir de maison. Ah ! non.

Henriette, de dépit, se frappa la tête.

— Sur la table de la salle à manger ? interrogea Marthe.

— Oui. Que c'est stupide de ne pas se rappeler les mots.

Il peina Marthe, ce visage de pleurante enflé, couperosé par dix-huit mois de chagrin. Et l'amnésie des substantifs ne se modifiait que lentement chez la veuve. Dire tout de suite les noms des choses, au cours de la conversation, lui était rare. Il en résultait une fatigue humiliante qui désespérait. Et, pour ne la point laisser s'engourdir dans son deuil, Marthe l'avait prise avec elle dès la mort de Félix. La vieille M^me de Cavanon soignait sa bru avec tendresse, par reconnaissance maternelle de l'amour posthume qu'Henriette gardait au défunt. Dans cette terrifiante infirmité de l'esprit, Marthe Grellou devina le châtiment de la passion meurtrière. Et une pitié la conquit pour sa cousine qui, d'ailleurs, fort regrettante de son mari, restait là, assise toujours, les yeux gros, fixes. Des spasmes subits tordaient parfois la veuve et, en leurs contractions nerveuses, elle serrait les jambes, elle se dégrafait follement le corsage, comme étreinte par une angoisse insoutenable. Les médecins parlèrent de la remarier. Marthe ne songea même point proposer ce remède que seuls des hommes, ignorant l'existence de sa cousine, pouvaient vouloir.

Et la vie coulait. L'administration de ses biens et ses domestiques occupait Marthe suffisamment. Elle se levait tard, ayant découvert une volupté très grande à lire le matin, dans son lit, des voyages. Elle aima déchiffrer les pages en jaune, en rouge, en bleu selon les couleurs du vitrail où le jour se tamisait avant de choir. Puis, dans la mollesse des matelas et dans les soyeuses caresses des couvertures, elle s'enfonçait béatement, avec le rêve d'être une princesse hindoue qui trône nonchalante sur les divans précieux.

Mais, à dix heures, elle commençait sa toilette. Le soin de répandre la poudre blanche sur ses cheveux la retenait attentive longtemps. Aujourd'hui que son corps grossissait à l'évidence, elle réservait sa sollicitude pour l'ouvrage de se faire une tête énergique et noble, proportionnée à sa stature puissante.

Descendue, elle retrouvait M<sup>me</sup> de Cavanon et Henriette. A leur parler, à prendre sur leur sommeil d'affables informations, elle s'estimait méritante. Elle fut heureuse de cette cohabitation qui rendait moins funèbre l'énorme bâtisse aux pièces hautes, aux interminables couloirs. Ces dames lui payèrent par mois une somme pour leur entretien; et le grand bonheur de Marthe, c'était, en révisant ses comptes mensuels, acquérir la certitude que le surcroît des dépenses valu par leur séjour demeurait inférieur à leurs dons pécuniaires.

L'après-midi, il arrivait quelques visites, aux jours de beau temps : de vieux amis corrects et banals, à peine discernables les uns des autres;

des dames également loquaces, potinières, élégantes; des jeunes filles discrètes; des éphèbes souriants et gauches. Jamais ces gens n'ennuyèrent Marthe facilement complimenteuse et empressée, donatrice de vins liquoreux et de bonbons, cicerone des curieux bibelots et des toiles artistiques, avec son orgueil propriétaire. Tous lui manifestaient leur admiration pour son dévouement à l'égard de la veuve; et elle, en riant :

— Mais c'est tout naturel.

Et une joie vaniteuse la surprenait à ces paroles :

— Ce doit être bien triste cependant, pour vous, cette folie; et même insupportable. Vous êtes héroïque.

La vieille dame, proprette en son embrasure de fenêtre, semait un canevas grisâtre de fleurages en laine, sans emploi probable. Silencieusement, elle se levait pour essuyer de son mouchoir une poussière aperçue très loin sur un livre, sur une cassette, et que, plusieurs secondes, elle avait examinée de sa place, par-dessus ses lunettes. Oh! comme agaçaient Marthe les tapes de ces vieux doigts secs sur le poli des meubles. Ne semblait-elle pas, cette insolente vieille, lui reprocher un manque d'ordre en affectant s'astreindre à cette servile besogne. Et M^me de Cavanon, se voyant remarquée, lui souriait aimablement dans l'étirance de ses rides rêches.

Henriette tentait souvent émettre une opinion, un souvenir ou un récit; et il fallait qu'à chacune de ses hésitations, Marthe devinât et lui soufflât le substantif perdu. Heureusement, Vibrac venait ragaillardir la veuve de son ami. Seul, il savait mettre des clignotements joyeux dans ces orbites plissées, teintes de bistre. Comme à une enfant, il lui chantait des scies en vogue, il contait des nouvelles à la main et d'invraisemblables canards.

Le landau les transportait dans les bois par toutes saisons. Et l'hiver, le spectacle s'imposait grandiose de ces chemins profonds, blancs de neige que les ramilles voûtaient encore d'arceaux blanchis aux sculptures grêles, jusqu'au bout, jusqu'à la trouée grise du ciel uniforme.

Et le soir ramenait les préoccupations d'argent, plus sérieuses alors que Marthe plaida contre son notaire. La liquidation Ribéride n'avait pu clairement être présentée par maître Brodrelle. Toujours il proposa des atermoiements, sous prétexte que les valeurs sur hypothèques ne devaient revenir à l'héritière avant l'expiration des contrats. Cette expiration, il la laissa échoir, sans prévenir. D'autres tripotages encore, des trafics malhonnêtes, le refus de payer les dettes certaines, mais dont elle ne possédait pas les reçus, fixèrent à plus de cent mille francs les malversations. Et les juges, à la plainte de Marthe, unanimement répondirent cette ineptie : « Comment, Madame, pouvez-vous attaquer M. Brodrelle, notaire à Paris depuis vingt ans, riche, et possédant des immeubles ? » Pour eux, cette situation se montrait la preuve inconstestable de sa bonne foi comme si, au contraire, il n'avait pas meilleure raison de voler, ayant meilleure chance d'écarter les soupçons. La procédure traîna d'instance en appel, d'appel en cassation ; et les frais énormes s'accumulèrent sans résultat.

A cette époque, une chose exaspéra Marthe : ce Brodrelle, qu'elle savait voleur, faisait l'aimable, la traitait en femme capricieuse et hors bon sens, mais avec une galanterie parfaite, des inclinaisons brusques de son grand corps et des coups de chapeaux exagérément bas quand il la rencontrait.

Elle se désespéra de sa fortune diminuante. Les coups de bourse ne réussissaient plus dans l'incertitude des affaires, de la politique bête, des ministères inopinément renversés et dont on n'avait pas le temps de savoir les titulaires. Le dégoût l'empoigna des hommes, de tout.

C'était l'immense goujaterie des gens parvenus à leur but et qui se complaisent dans la stagnance du résultat, avec des admirations enfantines pour leur œuvre républicaine, des effarouchements contre les logiques qui la veulent parfaire, et des injures basses, grossières de populace en triomphe contre la réaction vaincue. Finies les passionnantes luttes du second empire, les attaques épiques, acerbes, spirituelles de l'opposition et les ruses savamment et délicatement canailles des extraordinaires escrocs qui furent les maîtres aux Tuileries. La politique, maintenant, se faisait épicière, replète et économe, hurlant à chaque impôt, à chaque soupçon de guerre avec des effrois de rentiers gras que terrorisent le mouvement et la dépense.

Vibrac, furieux de cela, paraissait superbe à Marthe qui humait les résonnances énergiques de ses phrases. Et la justification de ses fureurs, elle la trouvait dans la lecture des débats parlementaires, l'absurde comédie où des vieillards toussoteux élaboraient péniblement des discours sans but. Ou bien le tribun borgne, l'obèse

Gambetta, le fils d'épicier, lâchait ses grandes machines sonores dénuées de raison et de grammaire, toute une éloquence d'arrière-boutique propre à convaincre le client sur la qualité des marchandises.

En littérature, la même influence dominait. Le naturalisme établissait, pour l'existence humaine, un méticuleux inventaire de toutes les ordures et de tous les déchets, pareil à ceux en usage dans les magasins bien tenus où rien n'est à perdre.

Polskoff ne manquait pas, dans ses articles, à défendre ces misérables opinions. Et comme il dédaigna rééditer les antiques cochonneries adverses aux moines et aux nobles, il fut bientôt inférieur à ses confrères, presque oublié, lui et la finesse monocorde de ses chroniques. Régulièrement, il donnait par semaine deux colonnes à un journal sérieux, deux colonnes pleines de discussions ennuyeuses et logiques, de petites méchancetés sur les ridicules physiques des gouvernants, et d'oracles souvent réalisés sur le résultat des disputailleries politiques. En outre, une revue d'art éditait de curieuses études signées par lui, sur la peinture. Marthe lisait cela, fière en elle-même de lui reconnaître le talent qu'elle avait prévu, étant jeune fille. Mais aussi, elle lui en voulut de cette réputation qu'elle ne partageait point, par sa faute, à cause de l'opprobre qu'il avait volontairement encouru, selon son jugement de femme honnête. Vibrac, interrogé sur Luc, répondit :

— Il vit, il se lève, il mange, il écrivasse, il cause dans les cafés, il lit les journaux et les livres, il touche l'argent de sa copie, il va au théâtre, il se couche : il vit.

Il vit. Voilà précisément ce qu'en son for intime elle lui reprochait. Félix, Ribéride morts; et lui vivant, lui qui l'avait eue, le seul. Elle le rêva moribond, écrasé par une voiture, assassiné le soir, tué en duel, étouffé par l'apoplexie — il était toujours si rouge — enlevé par une fluxion de poitrine. Et, tout à coup, elle se retrouvait méditant le moyen d'aider la mort. Une horreur d'elle-même, de cette fièvre d'assassinat. Elle s'efforçait à fuir sa haine en fixant son attention aux choses présentes.

Autour d'elle, il y avait Henriette folle, taciturne et laide, les yeux grossis dardés sur un point vague, ou balbutiant à la recherche d'un substantif perdu. Autour d'elle, il y avait Vibrac avec sa figure de satyre, avec les sales envies qu'elle lisait dans son regard lubrique, qu'elle apercevait dans son geste embrassant, qu'elle sentait dans les modulances de ses paroles ; Vibrac, qui restait là pour le seul but de l'avoir elle, ou même à son défaut la pauvre sotte, sa cousine. Autour d'elle, il y avait la vieille, repliant une serviette, rangeant toujours sans à propos, avec l'ostentation de sa niaiserie sénile. Et puis Karl, pensionnaire au collège, ne venait plus ; étant puni les dimanches, en raison de ses devoirs bâclés et de ses leçons non sues, de sa conduite frondeuse. Si elle l'allait voir, il parlait à peine ; mais, avec gloutonnerie, il se ruait sur les friandises et déclarait, entre deux masticutions, que le bahut l'embêtait.

L'ébouriffement de cette petite tête hâve effaroucha, et la négligence sale de l'enfant, ses habits à reprises, ce langage de voyou qu'il bavait avec des intonations grasseyantes. Belle chose que l'éducation universitaire. Et il n'apprenait rien. Le peu qu'il connaissait d'histoire, d'orthographe, de style, il le devait à Marthe. Si un stupide tuteur n'avait eu l'exigence de cet internat, elle l'eût pris avec elle, et commis aux Pères le soin de l'élever. Au reste, les prêtres ne valaient pas mieux que les laïques.

Il ne fut point une lettre de Brennalleu qui ne réclamât des aumônes. Une fois, Marthe excédée, répondit par un refus net. Il s'ensuivit la brouille définitive. Mais elle n'étendit pas à Dieu la défiance qu'elle éprouvait à l'égard de ses ministres. Lorsque, sombrement affolée de haines et de regrettantes mélancolies, elle se comprenait malheureuse et brutalement indifférente, Marthe Grellou, en suprême consolation, se rendait à Saint-Sulpice, pour ouïr une grande messe.

Là, dans les effluves d'encens, près l'or des chasubles et des ciboires, au milieu des massives architectures marmoréennes, le luxe rayonnant du temple l'imprégnait d'une artistique joie. Elle s'oubliait jusqu'à s'y croire chez elle, toute heureuse de l'ordonnance, jouissant des colonnes, des voussures, du transept, de la coupole, de leurs proportions rhythmiques. Les lampes pendues si haut, leurs ornements martelés dans le cuivre, le lampion rouge attaché de chaînettes, la ravissaient par leur unique magnificence de liturgie. Et la grandiose élévation de l'édifice lui offrait un plus large champ pour ses rêveries, pour ses aspirations. Là, elle se sentait capable d'imaginer et de vouloir des bonheurs plus amples, plus suaves, plus éternels, ressentis déjà alors qu'elle se plaisait au désir de les joindre.

Ce ne l'empêchait point de relire ses prières, mais leur sens ne l'attachait pas à une méditation fixe. Si longtemps elle les avait dites et approfondies, qu'il n'était plus une espérance d'en tirer des suggestions nouvelles. Elle préférait revoir le grand crucifix tordu, ou la vierge aimablement souriante. Les efforts du sculpteur à faire saillir de la matière ces muscles, ces côtes, ces traits divins, les obstacles qu'il avait dû vaincre, les moyens sans doute employés par lui, voilà qui l'intéressait durant le murmure intime de ses oraisons. Même elle ne songeait plus guère aux souffrances de l'Homme-Dieu, à la clémence de Marie, et à sa mystérieuse maternité. Les personnifications de l'Etre lui parlaient de moins en moins à l'âme. Vers Dieu, vers l'Inconnaissable de la Bible, vers le Père, le Jéhovah mystique, elle emportait ses vœux, ses espoirs et ses tendances. Il ne se présentait point à son esprit par une forme déterminée, ni celle du vieillard, assis, gras, à longue barbe blanche, et à mains bénissantes, ni celle du Très-Haut trônant avec les tables de la loi entre le Fils et la Vierge, sous le vol planant de la Colombe trinitaire. Mais elle le sentait comme une lumineuse harmonie très lointaine, glorieuse au fond du triangle apocalyptique, comme une attirance souveraine, et douce, et enivrante à laquelle elle s'unira certainement dans la mort.

Et puis son attention revenait se prendre aux luxueuses cérémonies du Sacrifice, aux agenouillements profonds des diacres dans l'ampleur moirée des dalmatiques, aux marches lentes et graves de l'officiant que suivait, sur les marches d'autel, l'ondulante traîne de la soyeuse simarre.

★

MARTHE ne fut pas au mariage de sa cousine avec Vibrac, mariage consommé de grand matin, clandestinement, ainsi qu'une action honteuse.

La nouvelle l'en avait stupéfaite. Quelle femme était donc Henriette, aimante d'abord, puis oublieuse complètement. Et on lui avait pris son assidu, son adorateur si longtemps fidèle encore que sans espoir. Vibrac ne la viendra plus distraire ni lui dire ses théories paradoxales, avec cette chaude conviction qui amusait. M^{me} de Cavanon aussi la quitterait. Et ces appréhensions lui valurent un dépit exaspérant. Se fâcher, c'eût été ridicule. Tout le monde approuva Vibrac qui recueillait la veuve de son ami et la prenait folle, en se vouant à la guérir. D'ailleurs Marthe compatit aux prévisions tristes du peintre prêt à vieillir seul. Pour elle, il lui allait falloir attendre la mort dans cette grande maison vide d'amis et de parents. Luc, de nouveau, fut vilipendé pendant le silence des soirs, avant le sommeil, haineusement.

A Cannes, les époux passèrent leur lune de miel. D'après les lettres, M$^{me}$ Vibrac se rétablissait rapidement. M$^{me}$ Vibrac..... cette appellation parut toute drôle à Marthe, elle espéra revoir bientôt sa cousine telle qu'autrefois, bonne et joyeuse. Bientôt elle ne lui garda plus rancune pour son volage esprit. Avec une bizarre envie de lui parler et de l'embrasser, elle se reprit à la chérir.

L'Exposition de 1878 lui ramena l'affluence des provinciaux, pleurnichards, cette fois, à cause du mauvais rendement des terres, des récoltes noyées par les pluies incessantes, et de la concurrence étrangère mortelle au commerce des céréales. Des navrances se lisaient sur leurs faces épaisses, recuites, et dans leurs gros yeux bleus. Tristement ils hochaient la tête en étendant leurs mains potes, et puis ils avalaient brusquement la soupe, sans paraître comprendre l'infinie délicatesse de ces cuisinages. Mais devant la nudité de la Dryade, ils ne purent tenir leurs plaisanteries obscènes ; et les vierges en rougirent ; et Marthe furieuse de cet imbécile vandalisme fit servir les repas dans le salon.

Heureusement le séjour des rustres ne se prolongea point ; ils ne pouvaient suffire à une dépense raisonnable.

De l'Exposition elle n'aima guère le luxe banal, l'entassement de marchandises vues déjà, les files de wagons neufs, la locomotive suspendue en l'air par une grue monstrueuse. Le palais incurve du Trocadéro avec ses minarets, son jardin à cascade, ses bêtes d'or en symbole, lui sembla ridicule. Cependant elle prit des joies à se promener entre les boutiques orientales. Derrière les boiseries vert tendre des échoppes, et à travers leurs découpages en arabesques, se filtraient les parfums entêtants de sérail, s'étalaient les brimborions des étalages et les costumes riches des marchands. Elle marchait là avec une crainte délicieuse de ressentir encore les sensations charnelles subies onze ans plus tôt ; et elle éprouvait aussi la curiosité de ces sensations trop vagues maintenant au souvenir. Mais en vain regarda-t-elle les Orientaux : leurs mines lui parurent abruties ; le blanc de leurs yeux à pupille noire ne la troubla plus. Cependant les yeux c'était pour elle l'important d'un être, la marque de sa beauté et de son caractère. A chaque parole d'un interlocuteur, elle devinait, par le mouvement des yeux, le degré de valeur qu'il accointait à ses dires. Et le rappel des personnes lui vint souvent par la nuance de leurs orbes visuels. Donc cet oriental, autrefois, l'eût peut-être bien aimée, aimée avec des jalousies de Maure, et des luxes de sultan, et des férocités fauves pour Luc.

Et ce lui fut toute la mémoire de sa jeunesse. Elle délecta se retrouver ces ardeurs comme quelque chose de vivace, d'étourdi, de fou qui la faisait sourire. Et sa fameuse escapade : la course nocturne en fiacre après le cœur de son mari ; un véritable scénario de vaudeville. Elle en riait comme de ses jupes courtes, de son chapeau cabriolet et de son premier cerceau.

Dans ses promenades, Karl l'accompagna, le dimanche. Un extraordinaire changement s'était produit dans la tenue du jeune homme. Rendu studieux par l'approche du baccalauréat, il sortait régulièrement. Ses cheveux, taillés à la capoule, s'étalèrent sur son crâne à égale distance d'une raie droite ; il porta de larges cols cassés, de bouffantes cravates en faille noire, des bottines pointues, des gants jaunes, un binocle ; et son langage redevint poli. Abandonnant les sempiternelles histoires de bahut, de professeurs et de camarades dont jadis il navrait sa cousine, il s'habitua à commenter les nouvelles d'actualité générale, avec des appréciations justes ou du moins raisonnablement discutables. Il complimentait fort Marthe Grellou. Il marchait à son pas alourdi d'embonpoint.

— Vois-tu, ma cousine, répétait-il, j'aime beaucoup à me promener avec toi, parce que tu es une femme chic. Ta poudre ça fait très bien, et puis tes toilettes noires avec ça, ça te donne l'air sévère et très aristocratique. Tous les types que j'ai rencontrés quand je me promène avec toi, me font ton éloge, le lundi. Ça me pose à la boîte.

Du premier coup, il fut reçu au baccalauréat de rhétorique. Lui et les autres s'étonnèrent fort de ce succès.

Un jour, Marthe et Karl allèrent attendre à la gare de Lyon le ménage Vibrac revenant de Cannes pour la circonstance. Marthe y éprouva un sentiment étrange, un impatient désir de voir immédiatement les voyageurs, et une crainte qui ne leur fût arrivé mal. Elle piétinait de long en large, se rappelant toutes les bontés d'Henriette, les spirituelles conversations du peintre, et son œuvre. Karl l'agaçait en demeurant impassible, les mains dans les poches, le képi en bataille, la tunique lâche. Et un besoin d'expansion la brûlait, elle, un besoin d'étreindre.

Lorsqu'enfin ils parurent, elle sauta au cou d'Henriette. Comme la cousine pleurait suivant son habitude les jours d'émotion, Marthe pleura aussi, sans motif.

Dans la voiture, elle complimenta M$^{me}$ Vibrac qui, tout à fait bien portante, s'exprimait facilement. Son teint, sous le hâle, avait repris une uniforme souplesse.

— As-tu de la chance d'avoir encore les cheveux noirs comme ça.

— Ne le dis pas à mon mari. C'est une eau anglaise qui les maintient dans leur couleur.

— Vraiment ? Je regrette presque ma poudre.

Sur la banquette de devant, le lycéen et Vibrac parlaient d'études. Karl se préparerait à l'examen d'admission pour Saint-Cyr. Toujours ce fut le vœu d'Henriette et celui de M$^{me}$ de Cavanon, qu'il vengeât un jour la mort de son père, les armes à la main. Enfant, il l'avait voulu avec enthousiasme, fasciné par l'héroïsme présumable de la vie militaire et l'existence active des camps. Plus sage, il entrevoyait les ennuis du métier, la solde misérable, l'avancement rare, la discipline stupide. Mais une loi nouvelle forçait au dévouement militaire tous les citoyens ; et il préférait y obéir en officier plutôt qu'en simple soldat. Et puis, le prestige de l'uniforme, la certitude d'avoir comme collègues des gens du monde, le décidèrent à suivre ses premiers enthousiasmes. Marthe l'y engagea. Elle trouvait noble cette carrière ; elle pensait aussi que, pendant les loisirs nombreux du service, il pourrait écrire et obtenir un nom dans les lettres. Durant ses classes, il avait conquis les premiers rangs dans les compositions en discours français. Il rentra au collège pour le cours préparatoire à l'école, et fit arrondir la visière de son képi comme celles des officiers. A chaque sortie, il se montra plus homme et nanti d'opinions politiques et littéraires un peu banales, mais de bon ton. Il les exposait en termes autoritaires, avec une gesticulation rapide. Il se rasa les joues, gardant quelques poils clair-semés et blondasses, par-dessus la lèvre supérieure. Marthe l'aima de plus en plus, séduite par son extrême convenance. Souvent elle lui donna des louis :

— Qu'est-ce que tu en feras ?

— Je ne sais pas encore : je m'achèterai un porte-cigarettes, ou bien, peut-être, un atlas allemand.

— Tu ne feras pas de sottises au moins ?

— Mais non.

— C'est si ignoble, vois-tu, pour un homme bien élevé, de courir.

— Oh ! il n'y a pas de danger : on nous tient trop pour cela.

— Alors, si on ne vous tenait pas...

— Oh ! non, non.

— Avec ça, vous êtes tous les mêmes.

Ce lui causait un véritable chagrin savoir que ce garçon aimable et gentil portait tout cela, sans doute, à des filles. Dans la rue, il lançait aux femmes de longs regards chauds qui leur faisaient clore les paupières. Une fois, Marthe lui découvrit des phographies de figurantes, dévotement cachées dans du papier rose :

— Tes adorées platoniques, hein ? demanda-t-elle.

Et lui piqué.

— Pas si platoniques que ça, peut-être.

— Eh bien, c'est du propre.

Cependant, elle se résigna peu à peu à le voir

sortir durant les après-midi pluvieux, et revenir avec des mines triomphantes, les cheveux récemment peignés, le nœud de cravate évidemment rétabli par une femme. Mais elle ne voulait alors lui tendre la main. Elle avait le dégoût de ses doigts mâles qui avaient eu de sales caresses pour elle ne savait quelle femelle. Dans la demeure honnête de sa mère, il rapportait des puanteurs de mauvais lieu, sans qu'elle-même ou Vibrac parussent s'en apercevoir. Du reste, entre les nouveaux époux, susurrait un duo d'amour qui ne cessait pas. Ragaillardis par leur union, ils se montraient frétillants, vêtus à la dernière mode, lui, le pantalon extrêmement large par le bas et le col très ouvert, elle, le costume collant et le chapeau mousquetaire à grandes plumes. Marthe bientôt se comprenait intruse dans leur ménage, et gênant leur tendresse. Elle retournait, toute triste de sa solitude présente, et moqueuse un peu de cet amour retardataire. Chez elle, il planait un repos des choses luxueuses, elle se trouvait à l'aise, unique maîtresse d'un milieu chaste. Minutieusement inspectante, elle allait d'un meuble à l'autre avec la peur qu'ils n'eussent subi des éraflures ou des taches. Elle s'enfermait à double tour dans l'ancien cabinet de Ribéride, pour recompter ses obligations et ses titres, et elle échafaudait d'infinis calculs sur plusieurs feuilles de papier à lettre.

Son existence intime devenait une perpétuelle terreur de l'inconnu. Elle prévoyait fatales les plus redoutables occurrences : sa maison en feu, ses fleurs mortes, des voleurs. A bien des reprises elle mesura les murailles et leurs aspérités, s'effarant, si elle découvrait une saillie où pourrait s'accrocher un malfaiteur afin d'atteindre la fenêtre, briser une vitre, et s'introduire.

Deux énormes molosses, mastifs de pelage gris-perle, de tête carrée et de gueule sanguinolente furent une emplette protectrice. Lourdement ils trottèrent dans la cour, avec un roulis de leurs panses ballottantes. A un bruit extérieur ils dressaient leurs courtes oreilles, signe de vigilance qui enchanta Marthe. La nuit, elle se rassura en les entendant geindre sitôt qu'on approchait à la grille.

Elle ne craignit plus que l'incendie. S'il éclatait précisément dans le cabinet de Ribéride, il réduirait en cendres le secrétaire, il chaufferait à blanc le métal de la cassette où elle enfermait ses titres et, par conséquent, les détruirait. La ruine. En ce cas, il ne lui resterait que sa maison et ses meubles remboursés par les assurances. Tout vendu, elle vivrait avec ses petites rentes de telle et telle façon.

S'étant trouvée fort bien au Louvre, un mercredi, elle conclut que ce jour-là il y venait moins de monde ; et elle prit l'habitude de s'y rendre chaque semaine à la même heure. Les sièges profonds en velours rouge la reçurent de salle en salle. Elle s'y affalait, pour un repos de ses chairs pesantes. Des préférences l'acquirent à certaines toiles : *l'Enlèvement des Sabines*, de David ; *Les Jockeys*, de Géricault ; *Le Mendiant*, de Ribéra ; *Les Buveurs*, de Lenain. Chacune lui plut, non par l'ensemble mais par un morceau particulier de l'œuvre, où son regard s'attachait de préférence. Ainsi la tête blonde de la Sabine agenouillée près ses enfants et son air de douleur classique ; ainsi le nuage couleur d'encre devant lequel passent les jockeys ; ainsi le pied bot du mendiant, ce pied qui repose seulement sur les orteils, et la grimace rieuse, et la face noiraude ; ainsi encore le verre si délicat où transparaît la lèvre du buveur. Les autres tableaux ne l'intéressaient pas autant, bien qu'elle n'osât en faire l'aveu. Elle admirait Rubens comme tout le monde, mais, au fond, la banale texture de ses carnations identiques, roses, lourdes et grasses, la dégoûtait un peu. Elle ne s'expliqua point l'engouement général pour les bonshommes ridicules de Téniers, et elle se fatigua vite de l'éternel coup de lumière dans l'ombre trop cher à Rembrant. *Les Noces de Cana* l'horripilaient comme une terne enluminure de Keepsake, et les saintes à faces géométriques du Perugin, elle en avait de mieux faites sur les images à dix sous de son missel. Cependant elle consacrait une longue station adoratrice pour un portrait d'homme, signé Antoine de Messine. Jamais, de toute sa mémoire, elle n'avait connu une toile aussi impressionnante que cette tête simple. Il s'y offrait une richesse de tons infiniment nuancés en une harmonique synthèse qui lui sembla la perfection même de l'art. Chez les Flamands, Memling et Van-Eyck, les pasyages de fond bleus, nets, limpides, minuscules, savamment reculés par les teintes sombres d'une draperie ou d'un édifice, aux premiers plans, charmaient par une fraîcheur vivace. Eux seuls avaient su rendre l'infinie ténuité du cheveu d'enfant, les frisures à peine perceptibles d'une boucle folle, et les rides profondes, et les teints sans couleurs des vieillards.

Dans la galerie d'Apollon, Marthe se sentait

devenue subitement sérieuse. La magnificence du salon royal lui mettait à l'âme une vénération pour les hôtes défunts, les Maîtres. Ils devaient être d'une noblesse incontestable et très convaincus de leur grandeur, les hommes qui avaient voulu l'ordonnance majestueuse de cette pièce, sa décoration picturale, et des dieux au plafond pour présider leurs fêtes. L'impression venait des grandes fenêtres à cintres surélevés, de leur jour froid, cérémonieux et métallique, épandu par nappes dans la luisance du parquet qui prenait, sous lui, des reflets d'armure. Ce jour montait à l'or des astragales et des médaillons ; il dormait dans les bleuâtres émaux ; il étincelait sur les bosses des cuivres, sur le flanc d'une cuirasse, au col d'une aiguière en cristal. Au vernis de cette lumière, le luxe se faisait hautain, d'une ternissure magistrale. Et s'évoquaient les époques anciennes, les Suisses, les hallebardes, les seigneurs babillant derrière leurs feutres à plumes, sans perdre du regard la porte où doit apparaître le Roy.

Et il s'imposait à Marthe que seuls le Roy et l'Eglise avaient su comprendre l'art et ses infinies ressources. Les palais et les cathédrales étaient les réceptacles des merveilles luxueuses.

Ailleurs rien. Alors s'infiltrait en elle une regrettante mélancolie des règnes passés, des splendeurs finies, de Versailles, de la Cour, des épiscopales cérémonies.

Elle rentrait chez elle, triste du présent.

★

La patte d'oie creuse, les bajoues qui se coupent sur un faux-col anglais; et, s'enfonçant dans la poudre de riz, ses yeux gris de fer que l'Europe est venue admirer à l'ancien Opéra; une bouche toujours rouge, comme si elle venait de lapper du sang. Avec cela, ses formes si étriquées dans un costume de chasse en velours, qu'elles paraissent être d'une toute jeune fille; et, dans une guêtre jaune, sa jambe au galbe florentin : vous voyez ça d'ici; comme ça.

Du pouce, Vibrac dessina la courbe dans le vide. Et Marthe :

— Quel âge a-t-elle maintenant ?

— Cinquante ans à peu près. N'empêche que la vieille ballerine, lorsqu'elle a voilé les décatissures de sa face sous une gaze bleue, lorsqu'elle a campé son feutre sur le coin du chignon, on voudrait encore...

— Il y a longtemps qu'elle vit avec M. d'Ebrandes ? Je ne m'en doutais certes pas.

— Attendez. Longtemps ? Mina Rositi, c'était en 69, oui en 69, vers le mois de mars, après le ballet de Robert le Diable. Nous avons soupé à la Maison d'Or. Il pleuvait...

— Eh bien, mon ami, ne te gêne plus, réclama Henriette. Nous sommes là, tu sais.

— Oui, ils vivent tous deux depuis la guerre dans le château. C'est un château xviiie siècle, un peu fêlé, mais superbe, avec des amours joufflus au-dessus des portes, et des chaises qui ont des lyres pour dossiers. Huit chiens qui ne cessent d'aboyer. D'Ebrandes ramène ses cheveux gris à la bonapartiste, et il porte des cravates en soie large, comme notre pauvre Félix.

Le ressouvenir de Félix tua la conversation. Le café dormant dans les tasses exhalait des vapeurs fines. Au flanc de l'atelier, entre les murs incarnadins et les tentures safran, par delà les verrières, le grand Paris bleu gisait, ayant au cœur un dôme d'or.

Il restait à Marthe une navrance du récit.

D'Ebrandes, de Cavanon, les nobles de son entourage, ceux dont les relations lui furent le plus exquises, celui-ci mort, celui-là gagné par l'habitude d'une courtisane. Finies ces charmeuses et froides conversations exemptes de la familiarité grossière.

Dans son uniforme de Saint-Cyrien, Karl blond, tout ras, regardait pensivement la splendeur de la ville. Une cigarette brûlait entre ses doigts féminins; et sa figure distraite, enfantine, laissait l'illusion qu'il n'avait revêtu ce costume militaire que par jeu. Subitement, il dit :

— C'est superbe, cette vue. Pourquoi faut-il que Montmartre soit un quartier de populace ?

Vibrac objecta :

— Le peuple, c'est la couleur. C'est la seule classe de la société où il y ait tant de bleu et de blanc. Les blouses des travailleurs très pauvres c'est un bleu mort, usé, passé avec d'extraordinaires ombres verdâtres. On voudrait ces teintes-là, en peluche, pour faire des portières.

Marthe examina l'œuvre dernière, une grande toile longue, appuyée contre le lambris.

Elle examinait, prête d'avance à dénigrer ces empâtements clairs. La saisissante vie d'un paysage parisien, s'enfonçait dans la toile à travers une atmosphère bleue et grise de matin. Les silhouettes des maisons, Notre-Dame, et son ossature de pierre, et sa flèche et ses deux tours se notaient lointaines par un progressif éclaircissement des teintes. En avant, un pont surplombait la Seine qui coulait entre les verdures d'un jardin public et la masse circulaire, jaune d'un massif théâtre à panoramas. Ce groupe posait la ligne médiane de l'œuvre ; une chromatique gamme entre le ciel et le fleuve, les deux grandes variations qui occupaient l'amplitude du tableau.

Le ciel : une infinie multitude de tons volutant avec les formes des nuages, variant avec elles, gris à leurs rondes panses, rosâtres sur leurs flancs, d'un blanc terne à leurs panaches. Et ces tons s'encastraient, naissaient l'un de l'autre par de minimes transitions, avec un élan pareil vers le même angle de toile, en faisant pressentir la violence du vent qui les pousse.

Le fleuve : une verte nappe épaisse, clapotante, fluant du pont en une continuité verte. Dedans, le reflet du ciel moutonneux, et ce reflet fréquemment interrompu par les crêtes ombrantes des petites vagues.

Ces deux variations et la gamme médiane elle-même s'unifiaient dans une grande sensation bleue, un glacis bleuâtre d'air. Et le la de cette synchromie sonnait dans la réclame gros bleu du *Petit Journal*, couvrant toute la coupe d'une maison isolée sur la berge.

Marthe approchante s'étonnait de l'extrême division de teintes obtenue avec ces touches grasses et raboteuses.

Ces teintes s'analysaient par gouttes colorantes et minuscules juxtaposées comme les points d'une tapisserie fine ; et l'impression venait de la parfaite harmonie atteinte par cette multitude orchestrale de petites taches.

A Marthe ravie de comprendre cet art neuf, le peintre, tout ému de l'avoir conquise, murmurait à voix chevrotante :

— Voilà. Le difficile c'était de reproduire la mobilité des nuages dans la mobilité de l'eau, en tenant compte de toutes les ombres et en faisant couler mon fleuve. J'ai fait l'eau d'abord ; et puis il m'a fallu attendre trois semaines pour avoir un ciel comme il était le premier jour.

— Avec ces manies-là il devient insupportable, se plaignit Henriette : le matin on a bien chaud, on dort ; il faut qu'il se lève, qu'il aille voir le temps, et puis, si ça lui paraît convenable, le voilà parti.

Elle allongea une tape sur l'épaule de son mari en mimant des lèvres une moue de petite fille. Elle devenait risible avec ses manières amoureuses de pensionnaire. Enfin cela plaisait sans doute au peintre. Malgré tout elle larmoyait à la moindre évocation de Félix. Etendue de son long, elle renversait sur l'épaule de Vibrac sa tête, sa gorge blanche en laissant voir ses dents humides.

Karl affecta ne point remarquer cette posture, mais, regardant le tableau il dit :

— C'est le meilleur Vibrac que je connaisse. L'art est tout là-dedans, dans cet ensemble bleu qui unit les couleurs des toits, des boutiques, de ces bonshommes, de cette voiture, de ces arbres. C'est l'impression ça.

Alors il exhiba des toiles plus anciennes. Marthe s'enthousiasmait devant cette peinture pour ainsi dire philosophique. Ce n'étaient plus des groupements détachés plus ou moins agréables à l'œil, des machines morales et décoratives comme un rideau ou un tapis : l'œuvre se synthétisait en une allure d'ensemble ayant sa vie psychique.

Ensuite Vibrac montra d'autres peintures : les sols lépreux de Raffaëlli, ses banlieues hirsutes de cheminées et maculées de tuiles neuves, ses ciels ternes, ses ouvriers musculeux et leurs hardes loqueteuses. Des gommeux de Forain, messieurs corrects et grues à tournures géométriques : toute la série des modernes marionnettes. Un vase de fleurs, des soucis jaunes et des œillets blancs ; et le vase mire en son vernis les dessins de l'assiette où il est posé ; en un angle de la toile, la signature Dubois-Pillet. De Seurat, un paysage caniculaire, des gens couchés sur la berge herbeuse de la Seine qui papillotte, les contours des choses et des hommes ondoyant à travers une atmosphère qui bout. De Signac : des eaux moroses et vertes au pied de futaies sombres et de bateaux noirs ; une mer bleue monte, scandée par une file d'ilots s'amincissant vers le loin, et, du soleil invisible il choit une clarté pleine qui le fait concevoir.

Une femme à la fenêtre, et sa toilette s'unit au poudroiement vert de la lumière estivale ; devant son regard, s'enfonce la charmille, lointainement : Pissaro.

A l'échine du coteau, les violâtres brumes d'une nuit montante assombrissent, tandis que se pourprent le soleil adverse et sa fuyante caresse sur un toit de ferme : Guillaumin.

★

Avec Karl, dans la voiture qui les conduisait aux gares, Marthe causa. Comme elle l'interrogeait sur ses espérances, il affecta une désillusion de tout. Il conta des anecdotes sur l'absurdité de la vie militaire, et décrivit fatal l'abrutissement des officiers dans les garnisons de province. Lui allait là avec indifférence : un métier comme un autre. Il prétendit d'ailleurs être de trop dans le ménage de sa mère si jeune encore :

— Oui, c'est pour cela que je me suis représenté à l'examen l'an dernier, bien que j'eusse été refusé les deux années précédentes.

Il parlait simplement de ce sacrifice. D'abord, elle l'admira. Ensuite elle crut à une comédie ; et, sûre de recevoir une négative réponse, elle n'en avoua pas moins qu'elle lui supposait un motif agréable mais secret pour cette détermination.

— Oui, dit-il, ce qui me décide c'est l'uniforme.

— Quelle plaisanterie ! Pour plaire aux femmes ?

— Oh ! non, c'est fini, ça. Mais je n'aurais pu me résoudre à endosser des vêtements neutres. C'est pour moi une véritable jouissance que de voir le rouge de ma culotte et le vernis de mon ceinturon. Il me semble que je suis moins bête que les autres gens là-dessous, moins mannequin.

— Et puis, ces dames en raffolent.

— Oh ! ça m'est bien égal, si tu savais. C'est bien fini. Voilà six mois que je n'ai commis une galantise. C'est si bête, si monotone.

— Ah ! Monsieur est blasé.

— Tu crois que je pose, n'est-ce pas ! Tu as tort. Tiens, par le fait, tu es mariée, n'est-ce pas, je peux bien te dire ce que j'en pense...

— Mais, autrefois. Et, il y a un an, M$^{me}$ Ranières ?

— Tu as su ?

— Oui, M. Vibrac m'a conté cela comme

une folie de jeunesse, une parmi bien d'autres, sans doute ?

— Non, elle était à part celle-là. Je crois presque qu'elle m'a aimé... pour moi : elle a voulu me payer.

— Ça te flatte ?

— Non. L'amour des femmes est trop imbécile pour qu'on s'en puisse flatter. C'est un hasard. Une femme vous aime plutôt qu'un autre, sans plus de raison qu'un distributeur d'affiches vous poursuit de son papier, de préférence aux autres flâneurs.

— Merci.

— Oh! tu n'as jamais distribué de papiers. Tu ne rentres pas dans la catégorie des aliénés d'amour.

— Il est vrai que ça m'a toujours répugné.

— Parfaitement. Tu es comme moi. Tu as l'horreur de ce qu'on appelle le spasme humide.

A ces mots crus, elle fut sur le point de lui imposer silence, toute surprise de se trouver fort loin de la réserve habituelle. Mais il continuait dire, avec des vocables si indifférents qu'elle écouta, satisfaite de voir un homme ayant expérimenté toutes les manifestations de l'amour, conclure comme elle à l'extrême turpitude de cette chose. Elle voulait aussi connaître une vie d'homme franchement confessée, comme elle eût désiré connaître un livre traitant de choses neuves. Lui bonnement narrait :

— J'ai eu, bien jeune, de quoi faire la noce ; j'ai mis mon nez et mes lèvres sur bien des plâtres, sur des figures sales et sur d'autres propres. La première fois j'ai cru que je m'y étais mal pris, tant le plaisir avait été négatif. J'ai recommencé, recommencé encore. Rien. Des sensations malpropres qui donnent chaud, et puis la cuvette. C'est drôle : toutes mes amours me reviennent à l'esprit avec leurs cuvettes terminales, depuis les faïences raccommodées d'agrafes, jusqu'au bidet en porcelaine de Saxe à l'entour duquel dansent des amours emmelés à des guirlandes de roses. En ai-je vus, sans plaisir, par fanfaronnade, pour dire à mes amis : « Oh! mon cher, j'ai été avec une femme chic. » Il me semblait vaguement que c'était un devoir, le devoir du mâle. Ça m'assommait, mais j'y allais avec cette conviction qui vous fait changer de linge et porter des chaussettes de soie parce qu'on se respecte. Quand j'ai été externe, à dix-sept ans, j'ai entretenu. Je crois que tous les calicots de Paris m'ont trompé à cette époque.

J'ai même surpris une fois en flagrant délit un employé de chez Godchau.

— Mais, M^me Ramières ? Elle t'a aimé, cette femme-là.

— Le sais-je ? Elle me faisait venir constamment chez elle ; elle pleurait, elle pleurait toujours ; elle me disait des choses que j'avais lues dans la *Dame aux Camélias*. Ça a traîné six semaines. Elle m'apportait tout, son or, ses bijoux, ses obligations. Il me fallait imaginer des ruses impossibles pour les lui faire reprendre. Et puis, v'lan : l'affaire que tu sais, le mari qui l'emmène à Gisors, où il la martyrise froidement avec des vengeances de cocu rageur...

Il se tut. Le double chapelet des lumineux lampadaires s'égrenait vite à rebours de la voiture filante. Vaguement, Karl regardait les noirs flâneurs processionnant, l'incandescence rouge d'un cigare, une luisance de gaz allongée sur un chapeau. Marthe lui retrouvait son visage fin d'enfant, les lèvres charnues de sa mère crispées en une méprisante moue. La visière du schako lui mettait à la face un loup d'ombre, et dans sa main gantée blanc fumelait l'éternelle cigarette. Une triste vision semblait tenir son esprit. Marthe se le rappelait tout jeune, collégien, turbulent et sot. En si peu de temps, comme il a changé. Il exprime maintenant ses idées de vieille femme ; mais il n'a pas les révoltes et les colères qui font du bien et qui vous détendent. Une navrance froide l'accable.

En tout cela Marthe trouvait la preuve que sa vie sagement avait été conduite, hors la bêtise et les affections affolantes qui détruisent le bien-être. Elle sourit. Il vit son sourire et y répondit péniblement.

— Pourquoi, demanda-t-elle, es-tu triste ? Tu as fait l'expérience de la vie. Te voilà débarrassé de cette illusion ridicule... l'amour. Tu es fort, plus fort que les imbéciles qui gâtent leur existence pour ça.

— Une illusion ? A savoir si nous ne sommes pas des incomplets. Regarde ma mère, Vibrac, M. d'Ebrandes.

Cette idée qu'elle pût être incomplète exaspéra Marthe. Elle se souvint des premiers jours de son mariage et de la peine qu'elle avait eue à vaincre les délices charnelles :

— Non, non. C'est leur imagination qui marche, qui croit à l'indomptable nécessité d'un instinct ; c'est leur intelligence qui ne se dégoûte pas facilement parce qu'elle est trop brutale.

— Peut-être.

— Certainement. Pour nous qui sommes au-dessus, il y a tant de belles choses à aimer.

— Lesquelles ? Tu nourris longtemps la marotte de la gloire littéraire. Au fond, qu'est-ce le succès ? Un certain nombre de gens qui crient que vous êtes un génie et un certain nombre d'autres qui s'exclament que vous êtes un idiot. Lesquels savent ? Alors quoi ? L'argent ? Il faut frôler, pour l'acquérir, trop de pignoufs et de sales financiers. La politique ? Maintes fois c'est un moyen hypocrite d'acquérir la gloire et l'argent ; si l'on croit véritablement, il n'est plus qu'un désir : une révolution en faveur de la Cause qui donne le droit de fusiller les adversaires. Les débats parlementaires : des disputes de garçons d'abattoir. Aimer la musique, la peinture, la littérature ? Et tout cela ne parle-t-il pas d'amour. N'est-ce pas l'évocation de tous les accouplements et la résurrection de toutes nos rancœurs ? L'ameublement, les étoffes, les fleurs ? Mêmes choses : les meubles ont des courbures de hanches, et les fleurs des teints de femme. L'héroïsme militaire ? Quelle vaillance peut-on montrer pour recevoir, à cinq cents mètres de l'ennemi, un morceau de plomb dans le corps ?

Il y a plus de courage à sortir dans Paris par un grand ouragan, lorsque les cheminées tombent. Au moins la législation n'oblige pas à s'y exposer. Il est une chose vraiment délectable : la bonne chère. Par dérision, la nature m'a gratifié d'un estomac abominable : tu le sais, je vomis trois repas sur cinq. En définitive il ne me reste que cela.

Un étui d'écaille à fermoir d'or, semblable à un porte-cartes bombé. Il l'ouvrit. Dans le double écrin de peluche olive, Marthe aperçut une petite seringue en verre montée sur argent, et un minuscule flacon de vermeil. Effarée au soupçon de la substance vénéneuse, elle s'écria :

— Ce n'est point de la morphine ?
— Si.
— Mais tu es fou ; tu te tueras.
— Non, on gradue les doses ; et puis d'ailleurs...

Un instant elle prétendit lui prendre le bijou qu'il faisait sauter dans son gant blanc. Il résista ; et, comme elle le suppliait, un refus sérieux, émis d'une voix priante et alarmée, lui fit taire son désir. Elle le pensa fou ; mais elle avait tenté guérir tant de folies, sans résultat, qu'elle préféra ne point se donner ce mal, encore. Seulement elle lui dit :

— Après tout, c'est ton affaire ; tu es assez

grand pour savoir ce que tu fais. Mais où as-tu pris ces idées-là ?

— Dans toi et dans moi. Je t'ai vue toujours ennemie de l'amour et des gens pareils à tout le monde. D'abord, je ne t'ai pas aimée : tu me paraissais une empêcheuse de danser en rond. Ensuite, quand j'eus expérimenté un peu tout, j'ai compris que tu avais raison. C'est ta faute si je me morphinise.

— Eh bien, merci : ne dis pas cela.

— Pourquoi ? Je ne t'en veux pas. Au contraire tu es peut-être au monde la seule personne pour qui je ne sois pas indifférent.

— Allons, tais-toi. Et ta mère ?

L'orgueil immense triomphait en Marthe d'avoir conquis entièrement Karl par la seule influence de la vertu et de l'esprit.

Ils arrivèrent à la gare Montparnasse. Devant, le trottoir grouillait de Saint-Cyriens. Un grand tapage de conversations, de rires, de pas bruissait et étourdissait. Ils entendirent :

— Malvina du Médicis ? une vache, mon cher.

— Oh, tu ne sais pas, je lui ai posé un de ces lapins.

Et plus loin :

— Au handicap de la Coupe, j'ai mis dix louis

sur Pervenche. Gagnés, mon cher, d'une demi-longueur. Quelle veine, hein !

Et plus loin :

— Nous avons dîné chez la marquise de Vérivelle ; elle était charmante : elle avait une robe d'au moins quinze cents francs.

— Que penses-tu de ces entretiens, demanda Karl à sa cousine ? Faut-il être fils de juifs. Ils n'ont que l'argent à la bouche. Dire qu'on est forcé de vivre avec eux : nos semblables.

— Ce n'empêche pas qu'il est triste de n'avoir ni affection ni croyance. Au moins, j'ai la religion, suggéra-t-elle. Ça console.

— Ne serait-ce que pour ne pas se croire libre-penseur, comme les gens. Et puis les hallucinations, le mysticisme, une vie en soi, une vie d'âme qu'on se créerait, tout autre, peut-être.

— Voilà ce que je désire pour toi, tu serais moins malheureux.

— Au revoir, ma cousine. Je vais rejoindre ces quatre, là-bas, qui causent ensemble. Nous pensons à peu près de même.

Il s'enfonça dans la foule. Quelque temps encore parurent ses cheveux blonds, ras sous le schako, et ses épaules étroites, et sa nuque blanche de femme dans le col bleu de ciel.

La victoria repartit vers la gare de Sceaux.

Et Marthe ressentit une brûlante rougeur à la face, un malaise chaud. Ce la prenait sans cesse. Une migraine violente lui ceignit le crâne ; puis subitement, en quelques secondes, le mal s'apaisa, disparut.

Elle reconnut les vapeurs habituelles à l'âge critique. Se prévoir bientôt soustraite aux répugnantes maladies mensuelles la ravit. Elle se rappela le jour où, pour la première fois, elle avait découvert sa chemise sanglante, en se déshabillant, et sa terreur, et sa gouvernante qui assurait que tout le monde souffrait ainsi périodiquement. Depuis lors, ce fut son existence malheureuse, ses désirs ridicules de mariage, son union expéditive et mal assortie, l'escapade de Luc, leur rupture, et sa fausse situation de femme séparée, et les dégoûts d'une lutte contre la débauche de tous, et elle-même, chaque mois, contrainte à subir cette pollution. Maintenant elle allait vivre enfin, hors les infirmités charnelles ; et la conversation avec Karl lui revint comme un résumé de ses actuelles croyances. Au fait, pensa-t-elle, peut-être s'était-il prétendu blasé, par pose.

L'inquiétude d'avoir été moquée l'empêcha du sommeil toute la nuit.

★

Sous la caresse tiède des couvertures, elle rêvasse, les membres épars, dans une béatitude.

Il glisse au long des tentures un reflet vineux. Du vitrail, la rosace multicolore se peint sur le plancher, et parfois elle s'efface avec le soleil, que voile, sans doute, un nuage. Et la chambre tapissée de soie lui semble un écrin violet.

Marthe Grellou s'abandonne dans l'amollissement d'elle-même. Un bien-être ne plus sentir le poids de son corps qui plonge dans les profondeurs duveteuses. Et chantent à sa mémoire les poésies musiciennes du volume qu'elle a perdu entre les plis de la courte-pointe :

> Poète prends ton luth ; la nuit sur la pelouse,
> Balance le zéphir dans son voile odorant,
> La rose, vierge encor, se referme jalouse
> Sur le frelon nacré qu'elle enivre en mourant.

Elle aime Musset par-dessus tous les écrivains, comme celui le plus tangible et le plus facile à comprendre. Il s'agenouille à chaque vers devant la femme et il sait comment il la faut honnir pour que la diatribe lui soit aimable. Hugo est plus âpre : un génie qui gronde et puis il met dans ses vers trop de bêtes qui parlent, toute une ménagerie savante mêlée à l'histoire sainte et à des noms barbares de ville. Elle trouve plaignard le mystérieux Baudelaire ; elle déteste ses dissertations ennuyeuses sur un flacon vide ; pourquoi endeuiller tout ainsi. Il restait à Marthe la répugnance de La Charogne : en définitive un poète croque-mort. De Sully-Prudhomme elle adore le Vase Brisé. Ne serait-ce pas elle en ses jours de désespérance. Verlaine, le poète chéri de Karl, l'a conquise par certaines pièces délicates :

> Le piano que baise une main frêle
> Luit dans le soir rose et gris vaguement,
> Tandis qu'avec un très léger bruit d'aile
> Un air bien vieux, bien faible et bien charmant
> Rôde discret, épeuré quasiment,
> Dans le boudoir longtemps parfumé d'elle.

En des rhythmes suggestifs où la pensée s'estompe et se synthétise avec des buées de rêve triomphal, *Les Cantilènes*, de Jean Moréas, lui sonnent l'harmonique cadence de leurs vers aux imparités syllabiques. De là s'évoque un monde tel que suggère la peinture du maître Whystler, peinture mystérieusement reculée dans ses fonds gris et dont les lignes voilées laissent l'imagination se complaire à suivre leur énigmatique fugue. Mêlée au macabre songeur et délié de Burger, la pénétrante violence de Schakespeare y domine. Marthe dilecte cette semblance d'eauforte qu'on dirait l'œuvre du vieux Dürer :

### LA CHEVAUCHÉE DE LA MORT

La Mort chevauche dans la nuit à travers la plaine
Le vent de la nuit à travers la plaine halène ;

Le vent halène dans les ajoncs et sur les prêles.
La Mort monte un hongre pie et borgne aux jambes
[grêles.

Et les trépassés sont pendus par la chevelure,
Sont pendus par les pieds, à la queue, à l'encolure,

L'encolure du hongre borgne qui caracole.
La Mort chevauche à travers la nuit, comme une folle.

[course
Les vieillards disent : « Bonne Mort, cesse un peu ta
« Nous boirons dans le creux de nos mains à cette
[source.

« Et nous, disent les beaux garçons et les belles filles,
« Pour faire des bouquets nous cueillerons des jonquil-
[les. »

Ecrits sous ce nom de leude « Ajalbert » des vers impressionnistes lui mettent en l'esprit les clartés chères de ses peintres favoris ; et chaque pièce offre une toile brossée de couleurs vives, franches : des coins de banlieue, des grand'routes, des rues, des villas abandonnées au givre.

*La Nuit* de Rodolphe Darzens lui a révélé, pour ainsi dire, le cauchemar de l'amour.

Et c'est là toute sa lecture. Aucun goût pour la prose. Les seuls qui ne rabâchent pas, les naturalistes, ne sont pas lisibles, et si peu de la littérature. Mais à ses poètes elle pardonne tout, leurs rêves et leur dépravation ; elle n'y soupçonne pas le mal, non plus qu'on n'en peut soupçonner dans la musique. Quel plaisir, au lit, chantonner leurs hémistiches, tout en gardant les yeux clos, les bras nus unis au-dessus du front, de manière à ce que leur peau fine caresse celle des joues. Et les oreillers doucement cèdent sous la pesanteur de la tête qu'ils enveloppent de mollesses, de fraîcheurs.

Mais l'heure tintante la fait surgir de son ensommeillement. L'aiguille du cartel marque le onzième chiffre. Au-dessus la Flore d'argent, sur un pied, s'élance, présente sa guirlande avec un sourire. Marthe d'un coup rejette loin l'amas des couvertures ; elle craint, si elle s'attarde, être reprise par la torpeur délicieuse. Sitôt levée, ses préoccupations domestiques l'accaparent. Elle sonne la cuisinière ; par avance elle est certaine qu'on a omis exécuter une partie de ses ordres. Et elle admoneste la maigre femme à bandeaux plats, à tablier propre, qui répond sournoisement et parvient toujours à placer cette ridicule excuse :

— Madame ne me l'avait pas dit.

— Et si je ne vous disais pas de manger, vous vous laisseriez mourir de faim ?

Chaque matin c'est les mêmes disputailleries. On la garde parce que changer serait tout une affaire, parce qu'en somme elle réussit passablement le poisson, parce que son mari ne vole pas trop l'avoine, et que, depuis son service, il n'est pas advenu d'accident aux chevaux. Henriette, elle, vient de faire abattre un de ses alezans qu'on a couronné ; et elle paiera trois à quatre mille francs pour réassortir sa couple.

A deviner que pareil malheur lui pourrait échoir, Marthe se dépite et elle se trouve dans son bain, fort surprise, ne se rappelant comment elle s'y introduisit, tant l'absorbait cette appréhension.

Ses orteils roses, elle les agite en l'air ; elle s'amuse à les crisper et à en secouer les gouttelettes brillantes ; puis le doux attouchement de l'eau soutient sa jambe tandis qu'elle la laisse glisser au fond de la baignoire. Elle s'examine, elle s'admire. Le peignoir, collé à la chair, moule ses courbes et l'épiderme transparaît sous la mouillure du linge avec des tons d'ambre clair. Supérieure en ceci à toutes les femmes, son embonpoint ne l'a pas déformée. Sa poitrine ne s'écrase pas sur le ventre mais elle est encore ronde et ferme ; et sa cheville reste fine jusqu'au mollet bien haut. Seulement le corps lui blanchit comme les cheveux. Il lui naît des blancheurs laiteuses à l'intérieur des bras, sur les seins ; elles s'étendent sur sa peau mate, aux renflements des parties grasses. Serait-ce un signe, sa chasteté revenue ? Elle n'est plus femme depuis six mois. Il lui semblerait maintenant d'une dépravation abominable commettre l'acte d'amour même avec son mari. Plus elle ne le verra sans doute bien qu'il n'ait pas voulu le divorce depuis le vote de la loi. Ce lui fut une terreur pendant les semaines qui en suivirent la promulgation : elle redoutait le scandale d'un débat public, et les intimités de son alcôve découvertes, et sa honte de délaissée connue par des gens. Mais elle obtint de Vibrac qu'il interrogeât M. Polskoff sur ses intentions. En cas de rupture légale elle eût au moins pris les devants et porté plainte la première. Le slave avait répondu qu'il ne pensait pas à une si grossière indélicatesse, et qu'il s'estimerait toujours heureux d'être son mari, même quand elle limiterait les privilèges de cet apanage au titre officiel.

D'une telle déférence, elle ne lui sut pas gratitude. Elle l'imaginait déclarant cette concession avec son sourire faux et ses airs de grand seigneur qui octroie une grâce. Toujours elle sera donc l'obligée de cet homme. Et, si elle songe à lui, elle esquive cette pensée, sinon l'envie de l'apprendre mort s'impose, et lui met dans l'esprit de condamnables impatiences dont il faudra s'accuser ensuite au confesseur, qui la réprimandera sévèrement. C'est là son plus grand crime. Hors ce désir de mort elle n'a même point de vénielles fautes à avouer. Elle fera, cet hiver, en expiation du péché tenace, le pèlerinage de Jérusalem. Longtemps elle se promit une visite à la sainte ville. Aujourd'hui, comme elle n'a plus à ménager les manies d'un vieil oncle ou d'un époux veule, comme Henriette n'a plus que faire de ses soins, comme sa fortune paraît immuable, pour quelques mois, rien ne s'oppose à un de ces voyages qui la charmèrent toute jeune, et dont la prévision la rend folle de plaisir.

Devant son miroir de Venise, tandis qu'elle noue le ruban qui serre à sa taille un peignoir de flanelle crême, elle présume comme elle paraîtra élégante, dans les vastes couloirs des hôtels, aux voyageurs anglais saluant et s'effaçant contre les murs pour lui laisser libre le passage vers la salle de bains. A petits coups de doigts elle ordonne les frisures des dentelles qui cascadent en larges flots de sa gorge à ses pieds, et dissimulent sa corpulence dans un nuageux fouillis. Encore une œillade à la glace pour s'assurer que la poudre exactement épandue sur sa chevelure la coiffe en manière de casque blanc ; et elle se félicite de son goût, de cette notation exquise trouvée par elle et pour elle : des toilettes pâles, crêmeuses, en concordance avec sa face mate et le cimier blanc de sa chevelure dominant cette harmonie.

Les verdures ternes des plantes grasses, les acuités des cactus, les épanouissements des fougères hors leurs vases brillants de luisante majolique, les étagères chargées de minuscules pots rouges où végètent des embryons de plantes, tout cela l'amuse dans la vérandah, pendant sa promenade matinale et quotidienne, hygiénique. Dehors la brume automnale huméfie les roussissures des feuilles défuntes. La bise geint aux fentes des portes. Les raffales inclinent les cimes des frênes et secouent les aiguilles des sapins, pendant que le soleil gaîment s'irradie dans un coin de ciel lavé.

Le froid pénétrant gèle le nez de Marthe. Elle n'en continue pas moins sa promenade que l'habitude lui ordonne. Vingt-cinq fois elle ira de la volière où chantonnent les bengalis jusque le bout adverse de la vérandah, jusque le Bouddah de jade aux paupières saillantes et à l'air paterne qui trône sur une console de teck incrusté. C'est comme un point d'honneur : elle se mépriserait profondément si elle cédait à la bête nature.

Et la vieille M$^{me}$ de Cavanon, qui demeure décidément avec Marthe, arrive souhaiter le bonjour. Sur ses mains noueuses elle tire de chaudes mitaines et remarque :

— Il fait bien froid, ma chère dame.

— Oui, un peu : c'est l'hiver qui approche.

— Nous aurons chaud là-bas ; ça fera du bien à mes vieux os.

Elle rit dans ses rides épaisses, de sa voix cassée et qui chante. Ensuite elle lisse ses boucles anglaises machinalement.

— Voici ce qui me paraît le plus raisonnable, démontre Marthe. Nous irons tout droit à Constantinople par l'Oriental-express. Nous y resterons quinze jours, un mois, le temps de bien voir la ville. Et puis nous tâcherons d'être à Jérusalem quelques jours avant Noël pour entendre au Saint-Sépulcre la messe de la Nativité.

Et comme elle termine son vingt-cinquième trajet :

— Je crois que j'ai suffisamment marché comme ça. Allons un peu au salon. Est-ce qu'il y a du feu ?

— Oui, Pierre vient de l'allumer.

— Ah, vous ne savez pas : il m'a confié hier qu'il était très content d'aller avec vous à Constantinople et de connaître les Turcs.

Le salon avec ses trumeaux copiés de Fragonard, ses fauteuils à bois courbes et blancs, ses soies à fleurages, ses glaces rondes inclinées et ses bandes bleues de ciel cadrant les soies, offre le charmant ressouvenir du siècle dernier mièvre et poli. Et le bibelot date de la même époque. Beaucoup d'éventails à paysages bleus où s'esquissent des fillettes pâles qui refusent le bouquet d'un jouvencel, éventails dont la monture en ivoire est toute une œuvre, s'émacie en cordes de lyre, se sculpte de Céladons flûtistes et de Philis guitaristes, en habits d'argent plaqué.

Bien vite M$^{me}$ de Cavanon a recueilli deux brochures qui traînaient. Elle les serre dans un tiroir de bonheur du jour, puis, de son mouchoir, elle avive le brillant du meuble et de ses cuivrures finement ouvragées ; elle essuie les abeilles peintes qui y butinent aux centres de florales couronnes. Cette respectable dame se montre fort agaçante, des fois. Elle doit s'estimer bien heureuse qu'on ait feint croire à son dévouement, qu'on l'ait prise à la villa sous le vague prétexte qu'il serait téméraire d'y habiter seule. Sinon elle serait restée avec sa bru, — détestée depuis le remariage — ou bien, en la provinciale ville de Limoges, elle aurait vécu tristement, loin de son Paris. La minutieuse besogne enfin terminée, la grand'mère demande :

— Nous partons mercredi soir ?

— Oui : les Vibrac arriveront l'après-midi avec Karl et sitôt qu'ils seront installés nous partirons.

— Alors ils restent ici jusqu'à notre retour ?

— Bien entendu. M. Vibrac va travailler tout l'hiver à son fameux tableau de neige, le Parc. Et Karl rejoindra en octobre le 33$^e$ de ligne pour aller traîner à Arras son sabre de sous-lieutenant.

— Et sa mauvaise habitude ?

— Ça n'a pas l'air de lui faire mal.

Marthe la sait inquiète de la santé du jeune homme et très interrogeante sur la morphine et ses conséquences. Elle-même les ignore, et, pour fuir cet embarrassant bavardage où elle serait contrainte à s'avouer insuffisante, elle simule être attentive absolument aux résonnances de l'harmonium sur lequel elle entame les premières mesures de *Tristan et Iseult*. Bientôt la captivent réellement cette musique wagnérienne, les graves sonorités qui enflent et déferlent. Parfois c'est un retrait de notes moutonneuses qui bruissent avec des chevrottances cristallines comme le flot marin, quand il recule ; et de nouveau les sons montent, gagnent d'amplitude, culminent, retombent brusquement avec une note sourde.

Marthe susurre l'harmonie et règle sa respiration sur la mesure. Il lui vient une envie d'unir sa voix aux accords. Elle entonne la chanson du mousse.

> Adieu la belle, adieu pour toujours,
> Ainsi finissent, finissent nos amours.

Mais elle lâche un couac. Elle rougit. Elle frappe les touches au hasard, enfantinement : ainsi M<sup>me</sup> de Cavanon se persuadera-t-elle peut-être que ce couac est une plaisanterie, non une faute. Comme elle se lève, la grand'mère lui sourit sans abandonner le canevas qu'elle brode. Alors Marthe se sent très contente. Ainsi qu'une petite fille, elle sautillerait. Une satisfaction vague, le triomphe de sa ruse, la perspective du voyage en Orient ; cependant qu'elle cherche en cela la cause de son bonheur actuel, elle oublie déchirer la bande de son journal. Aucune calamité n'immine prévisible. Dans sa mémoire les remembrances désagréables s'atténuent de jour en jour et disparaissent. Il y demeure surtout des souvenirs gais.

L'évocation de Ribéride et de Félix en agonie lui communique un attendrissement doux où elle se complaît. Sitôt qu'elle pense à eux, s'immisce le regret de joyeuses parties faites ensemble, de succulents repas où ils furent convives et de choses complimenteuses qu'ils lui dirent. De Luc elle se rappelle souvent la délicate galanterie ; seulement elle ne trouve pas convenable qu'il vive, l'ayant possédée après tant d'autres filles. Et elle s'apitoierait bien sur les funèbres mélancolies du sous-lieutenant, mais est-elle sûre qu'il ne pose pas ?

Pierre entre très grave ; il murmure :

— Madame est servie.

Au déjeûner la conversation s'entreprend sur les détails du prochain voyage, et, s'il ne fallait pas donner toute son attention afin d'extraire proprement les huîtres de leurs écailles, Marthe ressusciterait à M$^{me}$ de Cavanon d'anciennes lectures faites sur Constantinople, et sur la Corne d'Or. Ce nom, la Corne d'Or, lui fait pressentir un paysage féerique, une mer d'azur qui se fond dans une atmosphère d'or volatil comme celle contemplée souvent à Venise jadis...

Au vitrail la dansante Dryade rit de ses lèvres

écarlates parmi les oiseaux et les pendillantes fleurs.

Marthe se délecte à humer du kümel. La liqueur flue douce entre ses lèvres, puis la saveur se poivre dans la bouche avec un goût d'amande qui très longtemps se rappelle, progressivement plus faible, comme un écho.

Ensuite devant le feu du salon elle s'amuse à voir crouler les bûches noircies. La lèpre blanchâtre des cendres s'effrite. Au centre du foyer brille une façon de grotte rose avec de métalliques éclats qui peu à peu se ternissent. Et la chaleur radieuse picote les yeux. Marthe les ferme. Des palais de rubis se tracent à ses paupières. Elle jouit à contempler leurs enfoncements d'or sombre, des perspectives infinies, et qui bougent.

Elle est bien ainsi. Ses mains s'appesantissent dans la soie du fauteuil; il semble que pour les mouvoir il serait besoin d'un grand effort, peut-être d'une souffrance.

Vaguement rôde la vieille dame, infatigable rangeuse. Oh l'obsédante peur qu'elle n'approche, ne parle. Mais la porte s'est refermée doucement. Sortie.

Il n'est plus que le pétillement par intervalles du feu qui croule.

Plus continu le bruit de la vaisselle choquée dans la pièce voisine, bruit clair et subit qui commotionne, bruit-souvenir d'assiettes luisantes et propres, rappel d'intérieur riche, de confort. Marthe s'y endort.

Dijon. Imp. Darantiere, rue Chabot-Charny, 65.

www.ingramcontent.com/pod-product-compliance
Lightning Source LLC
Chambersburg PA
CBHW070545230426
43665CB00014B/1814